知识共享与业务协同

邱小平　韩　敏　赵其刚　张博宙　著

科学出版社

北　京

内 容 简 介

　　本书旨在探索知识共享与业务协同的相互关系，从基础、技术、应用等三个视角展开，基于工作流，综合集成演化博弈、知识图谱和区块链等，构建不同业务协同场景下的知识共享框架与关键技术，推动业务协同的智能化，应用于供应链管理、智能仓储、物流网络等实际场景，让网络业务协同融入多源知识共享，用主动知识共享支撑高效的业务协同。

　　本书适合人工智能技术与应用、信息管理与集成、计算机科学与技术、管理科学与工程、物流工程与管理、供应链管理等专业研究生及相关领域从业人员等阅读。

图书在版编目（CIP）数据

　　知识共享与业务协同 ／ 邱小平等著. -- 北京 ： 科学出版社，2025．4. -- ISBN 978-7-03-081031-1

　　Ⅰ．F512.6

中国国家版本馆 CIP 数据核字第 20257NT865 号

责任编辑：朱小刚／责任校对：陈书卿
责任印制：罗　科／封面设计：陈　敬

科学出版社出版

北京东黄城根北街 16 号
邮政编码：100717
http://www.sciencep.com

成都蜀印鸿和科技有限公司 印刷
科学出版社发行　各地新华书店经销

*

2025 年 4 月第　一　版　开本：720 × 1000　1/16
2025 年 4 月第一次印刷　印张：16 1/2
字数：330 000

定价：148.00 元
（如有印装质量问题，我社负责调换）

序

  我们走在人类文明新形态的道路上，传承着优秀文明成果，创造着时代的新文明，践行着人类命运共同体的使命。华夏文明数千年传承，无数先辈励精图治，留下了灿烂的文明成果，生生不息，传承不止。正是因为文明成果创造和传承的不断接续，让现在的我们触摸到陶器的自然、瓷器的斑斓以及青铜器的精美，感受到楚辞的豪迈奔放、唐诗宋词的清新细腻。作为新时代的一员，如何在历史的光影中传承文明背后的民族精神，唯有励精图治、不忘初心。

  总结过往，最初的文明传承以口口相传为主，这种方式受到外界环境、个人经验等影响较大，多见于神话传说；后来人类尝试借助身边的物资来实现信息的传递，比如结绳记事，逐步发展到龟壳、竹简刻字，以及羊皮、布匹书写等，使其保存更为久远；随着造纸术、印刷术的发明，纸张作为文明成果的传播载体，使得大量的知识传播成为可能，这也是现在的我们能够方便地从历史宝库中汲取古人智慧的重要前提条件，为我们创造新的文明打下坚实的基础，也把新文明创造的责任摆在了我们面前。

  瞩目当下，文明成果的创造与传承除了纸张外，更多依托于信息技术。信息技术的快速发展为高效的知识文明创造与传承带来新的机遇和挑战。我国经济已由高速增长阶段转向高质量发展阶段，正处在转变发展方式、优化经济结构、转换增长动力的攻关期，迫切需要新一代人工智能等重大创新添薪续力。业务高效协同是现代企业组织推动高质量发展的重要内容之一，它不仅仅限于企业内部，更要关注企业之间，这对企业的知识管理与共享提出了更高要求。本书的撰写为知识共享与业务协同呈现了新的视角，可为产业链高效协同贡献新质生产力。

  展望未来，人工智能是新一轮科技革命和产业变革的重要驱动力量，努力在危机中育新机、于变局中开新局，提升产业链供应链韧性和安全水平，构建现代化产业体系，离不开业务协同，更离不开知识共享，此二者相辅相成，一定会高效助力社会主义现代化强国建设中的技术创新与文化传承，实现中华民族的伟大复兴。

林良才

2025 年 2 月 12 日

前　　言

　　知识共享是人类文明发展演进过程的常用方式，无论组织交流，还是代际传承，它都必不可少。随着信息技术和人工智能的快速发展，知识共享的数字化、智能化越来越多地受到广泛关注。从本质上看，现在的信息管理系统其实就是知识共享系统，最初以数据承载的信息资源共享为主。随着大数据、大模型技术的推广应用，基于数据资源的模型和标准等形成的知识资源共享，已逐渐成为产业链供应链现代化水平提升的有力支撑。

　　长期以来，作者一直致力于业务协同与优化方面的研究，从21世纪初选择业务自动化作为博士论文主题，到博士后流动站时开始业务智能化研究，到工作后致力于业务流程仿真与优化研究。从企业业务到供应链业务，从组织信任到技术信任，从信息共享到知识共享，业务协同与优化方面的研究在智能仓储的管理、仿真与优化上得到一定的应用。2021年作者有幸加入"云服务平台技术创新团队"，参与产业链价值链工作，将业务协同扩展到价值网络业务中，同时与制造业产业链大数据相结合，构建融入知识图谱、区块链等技术的服务资源，展开基于制造业产业链大数据的智能服务，推动制造业产业链生态建设。在当前我国高质量发展的背景下，研究成果可有效支撑产业链供应链现代化水平提升。

　　在成稿过程中，近年来参与相关研究工作的研究生做了大量的研究工作，包括西南交通大学交通运输与物流学院的硕士研究生罗茂、张伟、刘沙沙、杨珺雯、胡越、崔雯、崔鹏、李娟、游彬慈、吴燕姣、陈炯、郑克梅、王宁、程晓莉、李海锋、陈晓迪等，以及西南交通大学唐山研究院的兰聪、刘海翔、李鹏飞、王铮、王予浩、王浩等同学。西南交通大学计算机与人工智能学院的硕士研究生杨科、杜世玲、王旭、吴玲、岳中健、王芊岚等同学完成了大量的编辑工作。在此感谢各位同学的不懈努力与辛勤付出。感谢"云服务平台技术创新团队"孙林夫首席教授、李天瑞教授、韩敏教授、邹益胜研究员、何松林老师，成都高新信息技术研究院赵其刚博士、四川（成都）两院院士咨询服务中心张博宙老师、四川省卫生健康信息中心沈明辉副主任和林晓东技术总监、中国机械工程学会物流工程分会邱伏生副秘书长、中国中铁基础设施绿色低碳研究中心李照宇博士后、中铁科研院文化遗产保护研究院王逢睿院长、孔德刚副院长和王捷部长对本书撰写的大力支持。撰写过程中，参考引用了多位相关领域研究人员的辛勤成果，在此一并表示感谢。

　　同时，感谢科技云服务产业技术创新战略联盟、综合交通运输智能化国家地方联合工程实验室、可持续城市交通智能化教育部工程研究中心、数字交通智能安全成渝重点实验室、制造业产业链协同与信息化支撑技术四川省重点实验室、四川省工业软件技术研究院、四川省人工智能学院、四川省健康医疗大数据中心、中铁二院工程集团有限责任公司、中铁文保科创有限公司、四川禾嘉实业（集团）有限公司、四川瑞孚医疗科技股份有限公司、四川瑞孚智简医疗科技有限公司、上海冬塔米智能科技有限公司、成都国龙信息工程有限公司、成都市智越俊视科技有限公司等的鼎力支持，感谢西南交通大学计算机与人工智能学院、交通运输与物流学院、人工智能研究院、唐山研究院和中国计算机学会、中国铁道学会物资管理委员会、四川省系统工程学会、四川省科技青年联合会、成都高新信息技术研究院的领导和同事的无私帮助。

　　成书之际，感谢国家重大科技专项（2024ZD0524700）、国家重点研发计划（2023YFB3308602）、国家自然科学基金项目（72071139）、中国中铁股份有限公司重大专项课题（中铁科研院（科研）字 2025-KJ005-Z005-A1）和中国中铁科技研发项目（2025-重大-05）、四川省重点研发计划项目（2022YFWZ0007）、河北省自然科学基金项目（G2023105007）和西南交通大学研究生教材（专著）建设项目（SWJTU-ZZ2022-026）的资助。

目　　录

第1章 基 本 概 念

1.1 知识与知识共享

知识是人们通过实践和学习对客观事物及其运动过程和规律的认识结果,它是哲学认识论领域最为重要的一个概念。知识共享是知识价值体现的一种典型方式,也是知识传递的必然结果。

1.1.1 知识的基本概念

知识也是人类在实践中认识世界(包括人类自身)的成果,它包括事实、信息的描述或在教育和实践中获得的技能。知识是人类从各个途径中获得的经过提升总结与凝练的系统的认识。知识可以分为显性知识和隐性知识两种形式。显性知识是可以以明确的方式表达出来的知识,如文字、数据、公式等。这种知识相对容易捕捉、存储和传播,可以通过文档、数据库等形式进行记录和共享。显性知识具有明确性和可验证性,可以被广泛传播和应用于组织的各个领域。

隐性知识则存在于个人的经验、技能和意识中,难以以明确的文字形式表达出来。它通常需要通过观察、交流和实践等方式来获取。隐性知识是个体在特定领域或任务中积累的经验、洞察力和直觉,对解决问题和创新具有重要作用。隐性知识包括技能、专业知识、直觉等,它们通常不容易被文档化或被传统的知识管理方法所捕捉。

在组织的知识管理过程中,显性知识和隐性知识都具有重要价值。组织应该注重管理显性知识,将其整理、存储和传播,确保知识的可访问性和可用性。这可以通过建立知识库、文档管理系统、在线平台等方式实现。同时,组织还应该激发和促进员工的隐性知识的产生与传播。这可以通过提供学习和培训机会、组织内部交流和合作等方式实现。

对于隐性知识的转化,组织可以采取一些策略。例如通过开展专家访谈、推行学徒制、促进团队协作等方式,系统性地将个体特有的隐性知识转化为显性知识,具体实施路径包括总结经验、编纂技术文档、制定最佳实践等。这样可以将个体的经验和知识转化为组织的共享资产,方便其他人员的学习和应用。

然而，也要意识到隐性知识中存在无法完全转换为显性知识的部分。这些知识可能涉及个体的直觉、情感和非正式的交流方式等。在这种情况下，组织需要建立人员交流的渠道，鼓励员工之间的互动和知识分享。这可以通过团队会议、跨部门合作、社交活动等方式实现，以促进隐性知识的传播和共享。

知识具有多个重要特征，这些特征使其成为组织和个人最具价值的战略资源之一。以下是知识的几个主要特征。

（1）积累性：知识具有积累的特性。通过学习、经验积累和持续的知识创造，组织可以不断积累新的知识并加以利用。这种积累使得组织和个人能够不断提升自己的能力和竞争力。

（2）体系性：知识往往以体系的形式存在，具有内在的逻辑关系。知识体系能够帮助组织和个人更好地理解和应用知识。通过建立清晰的知识体系，组织和个人可以更好地组织、管理和传递知识。

（3）增值性：知识能够为企业创造利润。通过应用和整合知识，企业能够提高生产效率、创新产品和服务，从而获得竞争优势，增加市场份额并实现更高的利润。

（4）互补性：不同的知识之间可以相互补充和结合，共同创造新的知识。通过整合不同领域的知识和专业，组织和个人可以获得创新和新的发展机会。

（5）依赖性：新知识的产生往往依赖于某些基础知识或其他相关知识。不同的知识之间存在相互依赖和关联，形成一个知识的生态系统。因此，组织和个人需要注重基础知识的积累和发展，以支持新知识的创造和应用。

在知识管理过程中，组织和个人应该注重知识的持续积累，并建立完善的知识体系，促进不同知识之间的有效结合。同时，组织和个人也需要认识到知识具有时效性，需要不断更新知识结构以适应环境变化。核心知识的维护也是重要的，组织和个人应该精心管理和发展核心知识，以保持竞争优势。

1.1.2 知识共享的内涵

知识共享是在信息技术的支持下，通过有效流通和利用，提高知识创造和应用效率的过程。它的核心目标是打破知识孤岛，实现知识的开放获取和再利用。通过知识共享，个人和组织可以共同分享他们所拥有的知识资源，从而实现知识的集体智慧和协同创新[1]。

实现知识共享的方式之一是建立知识库和讨论区。知识库是一个集中存储和组织知识的平台，它可以包含各种形式的知识，如文档、文件、图像、视频等。讨论区则是一个交流和分享知识的虚拟空间，人们可以在这里提出问题、分享经验和观点，从而促进知识的交流和传播。除了显性知识的传播，知识共享还涉及隐性知识的传播，主要是通过人员交流、经验分享和学徒制等方式来实现。

知识共享的好处之一是避免重复创造相同的知识。通过共享和访问已有的知识，个人和组织可以节省时间和资源，避免重复劳动，从而提高知识的应用效率。此外，知识共享还能促进协同创新。通过与他人合作和交流，不同的观点和想法可以相互碰撞和融合，从而激发创新思维和创意的产生。

然而，知识共享也面临一些挑战。其中之一是知识产权和保密性问题。在共享知识的过程中，需要确保知识的合法性和合规性，遵守知识产权法律和保密协议。可以建立知识评估机制和访问控制机制，对知识进行鉴定和管理，确保知识的安全和合理使用[2]。

另一个挑战是如何建立激励机制，以促使更多人贡献知识。人们需要得到回报和认可，才会积极地分享自己的知识。因此，可以采用奖励制度、知识贡献评价和认证机制等方式，激励和鼓励知识贡献者贡献知识。

此外，知识的组织和管理也是实现知识共享的关键。知识应该以一种有组织的方式进行分类和组织，建立元数据和标签，使用户可以准确地定位和访问所需的知识。有效的知识管理可以提高知识的可发现性和可用性，进一步促进知识的共享和利用。

1.2　业务与业务协同

1.2.1　业务的基本概念

业务是指个人的或某个机构的专业工作，它是多个组织，按某一共同的目标，通过信息交换实现的一系列过程，其中每个过程都有明确的目的，并延续一段时间。

业务类型分为运行管理、工程建设、技术装备、设计咨询、经济法律、教学科研和其他等。业务最终的目的是"售出产品/服务，换取利润"，所以业务也用来指商业上相关的销售活动，书中业务的内涵不限于此，是软件工程中的业务。随着信息技术的快速发展，电子业务作为一种新兴业务模式应运而生。

在此背景下，业务流程管理（business process management，BPM）得到诸多研究和管理人员关注。20 世纪 90 年代初，美国著名企业管理大师、麻省理工学院教授迈克尔·哈默（Michael Hammer）提出了 BPM 理论，引发了新的管理革命浪潮。美国的国际商用机器公司（IBM）、通用汽车公司、福特汽车公司和美国电话电报公司（AT&T）等纷纷推行 BPM，试图利用它发展壮大自己。实践证明，这些大企业实施 BPM 以后，取得了巨大成功。由此，企业等组织纷纷将它作为一种以规范化构造端到端的卓越业务流程为中心，以持续提高组织业务绩效为目的的系统化方法。

BPM 是一套达成组织各种业务环节整合的全面管理模式。BPM 涵盖了人员、设备、桌面应用系统、企业级后台管理系统应用等内容的优化组合，从而实现跨应用、跨部门、跨合作伙伴与客户的企业运作。BPM 通常以 Internet 方式实现信息传递、数据同步、业务监控和企业业务流程的持续升级优化。显而易见，BPM不但涵盖了传统"工作流"的流程传递、流程监控的范畴，而且突破了传统"工作流"技术的瓶颈。BPM 的推出，是"工作流"技术和企业管理理念的一次划时代飞跃。

业务流程的管理按照其变革的程度可以分为三个层次：业务流程的建立与规范、业务流程优化和业务流程重组。这三个不同层次的变革分别适用于不同阶段和管理基础的企业。

1. 业务流程的建立与规范

对于初期建立的中小企业，其企业生存压力大。管理者普遍关注市场和销售，对流程和制度不重视，运作基本靠员工的经验和一些简单的制度，企业的成功往往取决于企业主的个人能力和偶然的机会，比如拥有该行业成功所需要的特定资源。在解决了生存问题之后，企业开始走向规模化的时候，面临着从人治向依规治理的转变。此时要解决从无到有的问题，企业会推行 ISO9001 质量管理体系或其他一些基本制度建设，国内的中小企业和市场化程度不高的行业企业属于这种情况。

对于企业管理的无序问题，通常会出现组织结构不健全、机构因人设岗、权责不清和没有制度流程等现象。从流程管理的角度来讲，此时企业亟须建立起基本的流程和规范，如业务运作流程、作业指引、岗位说明书、人力资源管理体系等，重点不是业务流程的精细化，而是明确权责，识别和描述流程，使工作例行化。

2. 业务流程优化

由于企业规模的扩大，组织的机构会逐渐庞大，分工会越来越细，企业官僚化程度会变得严重。针对此时的低效问题，虽然组织机构完整，也有书面的职责说明和制度流程，但是存在部门间合作不畅、跨部门流程工作效率低下、制度流程虽有但不精细、流程执行不到位等现象[3]。为了提高企业的效率和反应速度，通常采用的方法是先对现有流程的绩效进行评估，识别缺失的关键环节和需要改善的环节。针对流程各环节，可从以下四个角度进行分析。

（1）活动：是否过于复杂，是否存在精简的可能性。

（2）活动实现形式：能否用更有效率的工具来实现活动。

（3）活动的逻辑关系：各环节的先后关系可否调整以达到改进的目标。

（4）活动的承担者：能否通过改变活动的承担者来提高流程效率。

然后，通过对现有流程进行简化、整合、增加、调整等方式来提升流程效率，还可以通过明确流程所有者（process owner）的形式来监督流程的整体表现，从而避免部门间推诿的问题。

通常，流程优化关注的是较低层次流程的效率和成本等，可用一些方法和工具对现有的流程进行改良，同时强调流程的有效执行。其优点是一些局部的变革对企业的冲击相对较小，相对比较容易实施；缺点是对一些存在结构性问题的企业往往不能解决根本性问题[4]。

3. 业务流程重组

对于处于战略转型期的公司，需要对流程进行根本性的变革，需要全面评估业务流程，需要对流程进行重新设计和重组流程以适应公司的战略。流程重组往往伴随着信息技术（IT）系统的实施、重大的组织变革和业务模式的变革。这个阶段往往是一次重大的管理变革。

这个时候企业的流程本身并没有很多的问题，但是往往不能适应新的战略，一般伴随信息系统的实施或者新的战略调整，需要对企业的流程进行全面的评估和战略性思考，同时随着流程的调整需要进行一系列的配套措施。

1.2.2　业务协同的内涵

业务协同是指企业内部不同职能部门、不同系统之间在业务目标、业务流程、数据接口、信息系统等方面进行有效连接和整合，以实现信息畅通流动，从而提高企业的运营效率。这是一种重要的管理活动，强调打破部门和系统之间的壁垒，实现业务协同，从而提升企业的响应速度和整体绩效。

要实现有效的业务协同，首先需要管理层高度重视，并划定清晰的职责和提供所需的资源支持。此外，还需要采取以下措施。

（1）形成项目团队：组织跨部门的项目团队，由不同职能部门的成员组成，共同协作解决业务协同的问题。项目团队应明确协同目标，并制定相应的计划和策略。

（2）重新设计业务流程：对现有的业务流程进行再造和优化，以确保各个部门之间的协同顺畅。这可能涉及对现有流程进行改进，打通信息流通的障碍，并实现数据共享和协同工作。

（3）确保信息流通：确保各个部门之间的信息畅通和流动。这可以通过建立有效的沟通渠道、共享信息平台和协同工具来实现。信息的及时传递和共享是实现业务协同的关键。

（4）实现系统互联：在软件系统方面，需要设计统一的接口和标准，以实现不同系统之间的连接和数据交换。建立中央数据库或数据仓库，可以帮助整合和共享企业的数据资源。

（5）提供 IT 支持：业务协同需要得到 IT 系统的支持。组织应投资建设和维护适当的 IT 基础设施，包括硬件、软件和网络设备，以满足业务协同的需求，并确保系统的安全性和稳定性。

（6）建立协作与沟通机制：建立跨部门的协作和沟通机制，消除部门之间的界限和障碍。可以通过定期的会议、协作工具和知识共享平台等方式，促进信息共享和协同工作。

业务协同具有过程重构、信息共享、系统集成等特征，通过调整部门之间的工作流程来实现优化。它旨在实现不同系统和部门之间的信息互通，使后台系统和数据库能够互联互通。通过业务协同，企业可以有效减少重复工作、降低操作成本，提升综合反应速度和竞争力。

实现有效的业务协同需要信息系统的支撑及相应的管理变革和配套措施。业务协同是一个持续优化的过程，企业需要建立协同文化，并不断完善协同机制。

具体而言，要实现业务协同，可以采取以下措施。

（1）梳理流程：对企业的工作流程进行梳理和优化，消除不必要的环节和重复工作，确保流程的高效性和协同性。

（2）共享信息：推行信息共享的理念，消除部门之间的信息孤岛，建立起全员共享的信息平台。通过共享信息，不同部门可以更好地协同工作，避免信息传递的延迟和错误。

（3）集成系统：打通不同系统之间的数据接口，实现企业资源计划（enterprise resource planning，ERP）、客户关系管理（customer relationship management，CRM）、决策支持系统（decision support system，DSS）等的集成连接，构建统一的信息平台。这样可以实现数据的共享和统一管理，提高数据的准确性和可靠性。

（4）建立协同文化和激励机制：建立协同文化，鼓励员工主动沟通和合作。同时，建立激励机制，如团队奖励等，以推动不同部门的员工积极参与协同工作。这样可以增强员工的协同意识和动力，促进跨部门的合作和协作[5]。

业务协同不是一次性的业务再造，而是一个持续优化的过程。除了推行上述措施，还需要培养协作文化，鼓励员工主动优化流程、分享信息。只有持续推进和优化协同，企业才能在市场变化中提升应变能力，提高竞争优势[6]。

第2章 相关理论与技术基础

2.1 相关理论基础

在过去的几十年中，业务流程一直是现代组织的核心，对企业运作产生着重要影响，并不断发展以满足业务需求的变化。对此，基于企业管理合理化需求，以及信息化带动，出现了工作流技术，从而实现了业务流程计算机化的管控。近年来大量文献围绕业务流程展开研究，通过研究工作流建模、调度优化、流程再造等方式来不断改善业务流程运转，并不断增加对业务流程效率的关注。

2.1.1 工作流理论

在办公自动化或者生产组织领域，为了把工作中固有流程有计划地拆分为若干个任务或过程，提出了工作流，它主要按照一些特定的规则或步骤对拆分的内容进行管控，以此达到提高效率、监控流程、改进客户服务、管理业务流程的作用。但由于研究者们研究的角度不同，目前对于工作流的概念还未达到统一认知[7]。

工作流管理联盟将工作流定义为一类能够完全或者部分自动执行的经营过程，它根据一系列过程规则，将文档、信息或任务在不同的执行者之间进行传递与执行。工作流能够根据业务规则对流程的各个操作步骤进行描述执行，可以让参与者在交互信息的过程中更快速地执行，从而达到业务目标[2]。为了方便理解，以下对一些工作流基本的概念进行说明[8]。

（1）业务过程：在功能确定的组织结构中，能够实现业务目标和策略的相互连接的过程和活动集。

（2）活动：业务过程的一个执行阶段，由执行者完成。执行者可以是人、软件系统或二者的集合。活动是过程执行中可被工作调度的最小工作单元，要求有人或机器参与。

（3）过程定义：业务过程的形式化描述，用来支持系统建模和运行过程的自动化。过程可分解为一系列的子过程和活动，其中包括描述过程起始、终止的活动关系网络，以及一些关于个体行为的信息，具体而言，即构成过程的活动以及各活动的关系、组织成员的角色、应用中的数据结构等。

（4）过程实例：过程实例是工作流定义运行时的表现，是根据工作流定义创建的具体流程执行实例。每个工作流实例代表了一个具体的业务流程的执行过程。

（5）工作项：过程实例中要被参与者执行的工作，它与活动定义与活动实例相关。工作项一般需要人工的参与，它的完成将推动过程的进展。

（6）工作流管理系统：工作流管理系统是一个软件系统，用于定义、创建、管理和监控工作流。它提供了一个框架，使得业务流程可以被自动化执行，同时提供了对流程的监控和管理功能。

图 2.1 给出了工作流基本概念的关系。

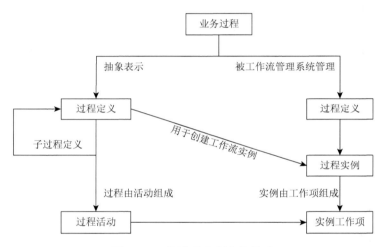

图 2.1　工作流基本概念的关系

1. 主要建模方法

工作流过程有多种建模方法，包括有向图、语言行为理论、事件驱动的过程链以及佩特里（Petri）网[9]等。

1）基于有向图的建模方法

有向图由节点和连接弧构成，前者代表工作流模型基本任务，后者代表活动之间前后逻辑连接关系。虽然该方法可以清晰地表示模型过程并且易于理解，但对于具有复杂逻辑结构的模型来说，会存在爆炸空间状态，因此不太适用。

2）基于语言行为理论的建模方法

基于语言行为理论的建模方法从顾客与员工角度出发，通过模拟双方对话来建立模型。该方法适用于具有人为交互性的工作流系统或者基于语言行为的交互过程系统，但对于具有层次化的工作流过程来说，这个方法存在局限。

3）基于事件驱动的过程链的建模方法

该方法主要应用于企业流程再造、工作流过程模型的控制等领域[4]。它的主要元素包括过程链和活动，其中，过程链包括功能和事件。功能是指模型中的活动、任务等。而活动主要为产生事件的过程。基于事件驱动的过程链的建模方法需要连接弧将数据信息反馈给角色。该方法没有模型简化的原则，因此对复杂模型来说不太适用。

4）基于 Petri 网的建模方法

Petri 网由库所、变迁和有向弧构成，它通过可视化的图形表示方法可以对离散事件、动态系统进行描述，并且这种结构化的建模工具能够展示出模型局部与整体之间的关系。Petri 网可以通过自身的模型分析方法对所建模型进行正确性检验，同时还能把模型转化为离散事件模型，如马尔可夫链，进行性能分析[10]。

以上四种主流方法在各个领域各有优劣，其工作流建模方法对比如表 2.1 所示。

表 2.1 四种工作流建模方法对比

方法	表达能力	易理解性	动态性	描述特点	仿真模型	建模形式
有向图方法	一般	强	中	图形化	支持	面向过程
语言行为理论方法	一般	弱	弱	结构化	不支持	混合
事件驱动过程链方法	一般	强	中	图形化	支持	面向过程
Petri 网方法	较好	强	强	图形化	支持	面向过程

2. 业务执行时间分析

工作流自动化过程中会存在大量人力资源的参与，执行者行为、经验等因素相较于程序或机器处理任务具有更高可变性和复杂性，本书主要从人力资源的角度对工作流的执行时间进行优化，后文用执行者指代人力资源。

工作流的每个活动从实例到达到实例离开所用的时间为该活动的执行时间，其包含实例等待时间、排队时间、作业时间等。实例等待时间是指相邻活动上不同执行者对实例进行信息传递所消耗的时间，主要为执行者交互时间，这种交互等待时间可以定义为"与其他人的配合度"；实例排队时间是指由于前面实例未处理结束，该实例进行排队的时间；实例作业时间是指处理活动实例消耗的时间。实例排队时间和作业时间是针对同一活动实例的，统称为实例服务时间。

实例服务时间与等待时间的区别主要体现在：其一，时间可控性不同，由于人力资源参与交互的因素，等待时间更趋于灵活；其二，动作发生对象不同，等待时间是执行者进行准备动作而产生的，而服务时间是实例进行排队动作以及处理动作产生的；其三，参与的执行者数量不同，每个实例服务时间涉及的执行者数量为 1，而等待时间涉及的执行者数量为多。简而言之，等待时间是指活动实例衔接间产生的时间消耗，服务时间是指单个活动实例的时间消耗。

影响实例服务时间的因素可从两方面考虑，一方面受该活动执行者的效率影响；另一方面与该活动执行者的工作列表实例数量有关，前序实例数量越多，新实例的排队时间就越长。这两个因素可由执行者的负载刻画描述，负载越高，服务时间越长。从负载均衡的角度，研究科学合理的任务分配策略，提高资源利用率，减少实例服务时间以及实例执行时间，有助于提升业务流程执行效率。

3. 典型应用情况

工作流引擎是指工作流在应用系统中为其传递流程任务，并将任务信息根据不同角色传递给不同用户。当前应用比较广泛的工作流引擎有 MQWorkflow、Activiti、InforFlow、SynchroFLOW 和 Sunflow 等。

Activiti 为使用者准备了 7 个接口，都需要通过流程引擎来获取，开发者可通过 eclipse 或 IDEA 安装插件与现有的 Web 应用程序完成集成开发。Activiti 的核心构架由 5 个组件组成，具体如下。

流程引擎是工作流引擎的核心，它是负责执行、创建和管理流程实例与任务以及查询历史记录并根据结果生成报表的中心组件。

业务模型设计器与开发模型设计器为工作流引擎建模模块，业务模型设计器主要由业务流程设计者把需求转换为流程定义，开发模型设计器是由开发者导入业务流程设计者用业务模型设计器创建的流程定义文件。

管理模块包括流程管理器与流程描述性状态迁移（representational state transfer，REST）服务，流程管理器的主要功能是管理用户、流程实例和任务等流程对象，流程 REST 服务则是通过应用程序接口（application program interface，API），将 JSON 数据实现客户端与工作流引擎的传递，如图 2.2 所示。

图 2.2　工作流引擎核心结构

2.1.2 演化博弈理论

博弈论是一门研究决策和行为策略的学科，它主要分析参与者之间的相互作用和决策过程。博弈论的核心思想是通过建立数学模型和分析工具来研究参与者在冲突或合作情境下的最优策略选择。其基本元素包括参与者、策略和支付，参与者是决策实体，可以是个人、团队或国家，策略是参与者可选择的行动方案，而支付则是在不同策略组合下参与者获得的效用或收益。常见的博弈形式包括合作博弈、非合作博弈和混合博弈。博弈论的分析方法包括纳什均衡、支配策略、最优响应等，在经济学、政治学、生物学、计算机科学等多个领域得到应用。

Smith（史密斯）和 Price（普莱斯）最早将生物进化思想引入博弈论，提出了演化博弈理论的思想和演化稳定策略的概念。演化博弈理论是一种结合博弈论和生物进化理论的数学框架，用于研究生物和社会系统中的策略选择、合作、竞争和进化现象，其核心思想是个体之间或代际的相互作用导致不同策略的演化，这些策略可以是基因的表现、生物个体的行为或者社会决策等。在此，主要介绍演化博弈理论的关键概念、应用领域和经典案例。

1. 关键概念

相关研究涉及的演化博弈理论关键概念主要有以下几个。

（1）演化博弈：它是一种描述个体之间相互作用的模型，常用博弈论来研究策略和结果，过程中个体通过选择特定的策略来与其他个体争夺资源或合作。

（2）策略：这是个体可以选择的行为方式，用以达到特定的目标。不同策略的成功与否取决于个体之间的相互作用和环境条件。

（3）付出与回报：考虑个体的策略选择与其所付出的代价/成本及获得的回报之间的关系，这些付出和回报可以是资源、生存机会或繁殖成功的指标。

（4）生存适应度：个体的生存适应度是一个与其策略成功的概率相关的度量。适应度高的个体更有可能在繁殖中传递其基因。

（5）进化动力学：用进化动力学方程来模拟不同策略在种群中的传播和演化过程。这些方程描述了策略的变化如何受到选择、突变、迁移和随机因素的影响。

（6）协同进化与竞争进化：可应用于研究合作和竞争两种不同类型的进化策略，协同进化通常涉及合作以实现共同的利益，而竞争进化涉及争夺资源和优势地位。

2. 应用领域

演化博弈理论既可应用于理论研究，又可应用于解决实际问题，如指导政策的制定。该理论的应用可辅助理解生物种群的遗传演化、社会中的合作与竞争现象、市场和经济中的决策制定等演化行为。其应用领域主要有以下几个。

（1）生物学：它被用来解释为什么某些行为或性状在自然选择的过程中会被保留下来，例如探讨合作行为在社交昆虫群体中的演化，或探讨掠食者和猎物之间的策略博弈。

（2）生态学：它用来研究物种之间的相互作用，如共生关系、竞争关系和食物链关系，这有助于理解生态系统中的物种多样性和稳定性。

（3）经济学：它用于研究市场竞争、拍卖、定价策略和产业组织，它有助于理解企业和消费者如何在竞争激烈的市场中做出决策。

（4）社会科学：它用于研究合作、信任和决策制定，有助于解释为什么人们在协作和竞争情境中做出不同的选择。

（5）计算科学：它主要用于研究人工智能、机器学习和自动化决策，有助于开发智能系统，使其能够适应不断变化的环境。

3. 经典案例

演化博弈理论的经典案例主要有以下几个。

1）囚徒困境

这是博弈论中的经典案例，也常用于演化博弈中。该案例描述了两名面临合作与背叛策略选择的囚犯，如果他们都合作则均会得到相对轻的刑罚，如果他们都背叛则均将面临中等刑罚。如果一个囚犯背叛而另一个合作，则背叛者将获得更大的利益而合作者将受到重罚。该案例展示了两种策略间的权衡。站在个体角度，背叛总是带来更大的利益；但站在整体角度，背叛的结果将是最不理想的。它揭示了个体理性选择与集体最佳结果之间的冲突，强调了合作难以维持的挑战。在生物学中，该案例可用来解释为什么某些物种会选择短期看起来不划算的合作行为，因为长期来看合作可能带来更大的适应性和生存优势。

2）雌性选择

雌性选择案例描述了雄性如何通过展示自己的特征或行为来吸引雌性，它强调了雌性作为选择者，选择雄性作为潜在伴侣。雌性选择可能导致雄性演化出吸引人的特征，尽管这些特征在生存竞争中可能是不利的。此时演化博弈涉及雄性竞争以展示最吸引人的特征，而雌性选择是一种策略，她们选择最有吸引力的雄性作为伴侣，以确保后代的质量。这种雌性选择的结果会导致雄性发展出令人印象深刻的特征，如羽毛、色彩和舞蹈，强调了如何通过雌性选择来驱动特征的演化。

3）鹰鸽博弈

鸽子与鹰的演化博弈中鸽子代表合作行为，它们避免冲突，而鹰代表竞争行为，它们会攻击其他个体以争夺资源，展示出合作与竞争之间的权衡。如果种群中大多数个体都是鸽子，那么资源分配相对和平；如果鹰的比例增加，冲突会增加，资源争夺也会变激烈。它揭示了在资源有限的情况下合作和竞争如何交替出现以维持一种平衡，可用来解释为什么一些社会系统中存在合作和竞争的动态平衡，其中个体之间的策略选择根据资源可获得性而变化。

4）公共物品博弈

公共物品博弈主要研究个体在使用共享资源时的策略选择。个体可能会选择充分利用资源，如果每个人都这样做则资源可能会枯竭，对所有人造成伤害，该案例强调了合作和维护共享资源的挑战。个体可能会倾向于自私地利用资源，因为这对他们个人有利，但整体资源可持续性可能会受到威胁。它有助于理解公共的共享资源管理制度和规则是如何产生的，以避免资源过度开发和破坏；理解为什么某些策略或行为方式在演化中得以保留，而其他策略则可能会减少或消失。

可以看出，演化博弈思想提供了一种强大的框架，用于理解生物和社会系统中的策略选择、合作和竞争行为。演化稳定策略是一种在生物进化和博弈论研究中具有关键意义的概念。它强调了个体或策略在特定环境条件下的生存和繁殖成功，以及这些策略如何在进化中被保留下来。在生物学中，这可以涉及生物种群中不同个体的行为策略，如捕食、繁殖或合作；在博弈论中，演化稳定策略指的是在多次博弈中持续存在的策略，因为它在与其他策略的博弈中获得了更高的回报。

演化稳定策略强调了生物和博弈中的长期稳定性与适应性，它反映了自然选择的作用，其中适应性更强的策略或行为在进化中更有可能传递给后代，因此这些策略或行为在种群中变得更加普遍，这在不同领域的研究中具有重要的理论意义和实际应用价值。本书研究主要用于供应链上企业间的知识共享演化博弈，详见后续章节。

2.2　相关技术基础

2.2.1　知识图谱技术

知识图谱又称为科学知识图谱，在图书情报界称为知识域可视化或知识领域映射地图，它用来描述真实世界中存在的各种实体和概念以及它们之间的关系，可以认为是一种语义网络。知识图谱可以用来更好地查询复杂的关联信息，从语义层面理解用户意图，改进搜索质量。

1. 通用表示方式

知识图谱的基本组成单位是"实体—关系—实体"三元组，包括实体及其相关属性一值对。实体间通过关系相互联结构成网状的知识结构，同时每个节点代表的实体还存在着一些属性。对某个实体而言，它与其他实体的关系称为对象属性，它自身的属性称为数据属性。

2. 构建过程介绍

首先是获取数据如表格、文本、数据库等，可分为结构化数据、非结构化数据和半结构化数据。结构化数据即表格、数据库等按照一定格式表示的数据，通常可以直接用来构建知识图谱。非结构化数据主要有文本、音频、视频、图片等。半结构化数据则是介于结构化数据和非结构化数据之间的一种数据，非结构化数据和半结构化数据都需要进行知识抽取才能进一步建立知识图谱，如图 2.3 所示。当收集到不同来源的数据时，需要对数据进行知识融合，比如把代表相同概念的实体合并成一个数据集，在此基础上就可以建立相应的知识图谱了。更进一步，知识图谱还可以通过知识推理等技术获得新的知识，完善现有的知识图谱。

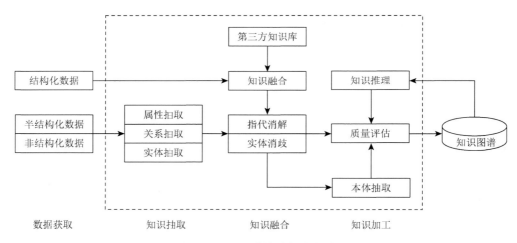

图 2.3　知识图谱构建的基本过程

1）知识抽取

知识抽取主要针对非结构化数据，需完成实体抽取、关系抽取、属性抽取等步骤，具体的方法包括基于特征模板的方法、基于核函数的监督学习方法、基于深度学习的方法等。对于结构化数据来说，知识图谱通常可以直接利用和转化，形成基础数据集，再利用知识图谱补全技术进一步扩展知识图谱。

实体抽取是指在一段文本中识别哪些词代表实体并打上标签。例如，新闻报道："新华社消息，北京时间 5 月 29 日 20 时 55 分，搭载着天舟二号货运飞船的长征七号遥三运载火箭，在位于海南省的文昌航天发射场点火发射。"实体抽取需识别出以下实体："新华社"为机构名,"天舟二号货运飞船""长征七号遥三运载火箭"为物品名,"5 月 29 日 20 时 55 分"为时间,"海南省""文昌航天发射场"为地点,"点火发射"为事件,将这些实体进行归类,可以进一步帮助计算机理解该新闻报道的主题、内容和相关事件、地点等信息,为后续的信息处理和分析提供基础。

关系抽取则是识别文本(或其他数据)中实体之间的关系。例如,从"乔布斯是苹果公司的创始人"中抽取出实体之间的关系,其中实体包括"乔布斯"和"苹果公司",关系则是"创始人"。通常,可以使用正则表达式或依存句法分析等方法从文本中抽取出实体之间的关系。

2)知识融合

建立一个知识图谱需要从多个来源获取数据,不同来源的数据可能会存在交叉、重叠,同一个概念、实体可能会反复出现,知识融合的目的就是把表示相同概念的实体进行合并,把来源不同的知识融合为一个知识库。其主要任务包括实体消歧和指代消解,它们都用来判断知识库中的同名实体是否代表同一含义、是否有其他实体也表示相同含义。实体消歧专门用于解决同名实体产生歧义的问题,通常采用聚类法、空间向量模型、语义模型等。指代消解则是为了避免代词指代不清的情况。

3)知识推理

基于知识图谱的知识推理旨在识别错误并从现有数据中推断新结论。通过知识推理可以导出实体间的新关系,并反馈以丰富知识图谱,从而支持高级应用。鉴于知识图谱的广泛应用前景,大规模知识图谱的知识推理研究成为近年来自然语言处理领域的一个研究热点。

3. 主要应用

1)语义搜索

知识图谱可以为搜索引擎提供语义分析的能力,深入分析用户查询的语义从而为用户提供更加准确、个性化的搜索结果。例如,用户输入"北京天安门广场的照片",搜索引擎可以通过知识图谱的帮助,将"北京""天安门广场""照片"等实体抽取出来并建立实体之间的关系,从而为搜索引擎提供更精准、更丰富的搜索结果,帮助用户更快速地找到所需信息。相比于传统的关键词搜索、多网页筛选等搜索方式,基于知识图谱的搜索更加便捷。

2)高效问答

同理,知识图谱可以帮助问答系统进行自然语言理解,对用户的提问,可抽取出其中的实体、属性、关系等信息来进行深入分析,由此让问答系统更好地理解用户的意图,给出更加准确的答案。

基于推理技术，知识图谱可根据已有的知识和规则更进一步自动地推断出一些用户没有直接问到但相关的信息，帮助问答系统更全面地回答用户的问题，提高问答系统的智能化程度。在智能客服、语音助手、企业问答等场景，它可以帮助用户快速获得所需信息，提高工作效率和用户满意度。

3）辅助分析

知识图谱可以帮助数据分析人员对数据中的实体和相互间的关系展开分析，并实现可视化展示，由此可以更加直观地了解实体之间的关联情况，从而更好地进行数据分析和决策。更进一步地，通过知识图谱上的关系，还可挖掘出数据之间的关联性和规律性，可以使人们更好地理解数据之间的联系，得到更多的数据洞见。

其实，从发展的过程来看，知识图谱是在自然语言处理（natural language processing，NLP）的基础上发展而来的，反过来知识图谱的发展也为 NLP 中的搜索推荐包括问答系统等研究带来新的发展机遇。

2.2.2　区块链技术

区块链（blockchain 或 block chain）是一种分布式数据库，通过去中心化的方式，让参与者集体维护数据库，每个参与节点都是平等的，都保存着整个数据库，在任何一个节点写入/读取数据都会同步到所有节点，但单一节点无法篡改任何一个记录。它是分布式数据存储、点对点传输、共识机制、加密算法等计算机技术的综合应用模式。它通过不断增长的数据块链记录交易和信息，确保数据的安全性和透明性。

区块链起源于比特币（bitcoin），最初由中本聪（Satoshi Nakamoto）在 2008 年提出，作为比特币的底层技术。随着智能合约的提出，以太坊（Ethereum）等新一代区块链平台的出现进一步扩展了区块链的应用领域。它在金融、供应链、医疗、不动产等领域得到广泛应用。尽管仍面临可扩展性和法规挑战，但它已经成为改变传统商业和社会模式的强大工具，具有巨大潜力[11]。

1. 区块链特点

区块链的应用如此广泛，原因是区块链技术具有以下特点。

（1）去中心化：区块链是一种分布式存储的去中心化数据库，没有管理信息的核心企业或第三方机构，区块链上的每个用户节点都是通过点对点进行信息的传递，并且区块链中的数据是由链上所有具有共识功能的节点来共同管理，不会因为其中某个节点出现故障而影响区块链的信息安全问题。

（2）匿名性：信息交互的节点用户可以是匿名的，区块链中用户之间的交易或信息传递是根据节点哈希（Hash）地址来完成的，因此区块链中的用户节点不用知道对方的具体信息，只需知道对方的哈希地址即可进行数据传递。

（3）可信任：系统中所有节点之间不需要任何中介机构作为担保即可进行交易，因为区块链的数据以及区块链的工作过程是公开透明的，并且上传至区块链中的信息是无法修改的，节点之间无法欺骗彼此。

（4）信息不可篡改：区块将信息打包经过节点共识后将会在区块链上增加新的区块，从此该区块信息便会被一直存放至区块链中，除非该链上的某个用户的算力同时超过了区块链中 51% 的节点算力，否则对节点的信息修改是没有用的，因为其他节点的数据均存储在本机，与之修改的信息匹配不上。

（5）信息透明化：联盟链平台是对参与节点开放的，除了被节点用户设置了权限的用户，区块链的数据对未设权限的用户完全公开，因此区块链具有高度信息透明化。

2. 区块结构

区块链的每一个链上节点都可以存储区块链上所有数据，而数据则是通过区块以链的形式有序连接起来，节点则是通过同步这些区块来实现信息共享的。区块是由区块头与区块体组成的，区块头主要包括版本号、前区块哈希值、一次性随机数（Nonce）、时间戳（timestamp）以及默克勒（Merkle）根。其中区块的连接就是通过区块头的前区块哈希值来实现的。Merkle 根是在区块体中将数据通过 Merkle 根的形式进行加密，并将最后的 Merkle 根存储在区块头中，如图 2.4 所示。

3. 共识机制

共识机制可以利用区块链上的节点对区块信息进行验证并同步区块信息，在所有区块链节点中，所有节点必须按照相同的区块顺序存储至节点账本中。不同的区块链平台采用的共识机制算法也有所不同，比特币采用了工作量证明机制（proof of work，PoW），成功解决了拜占庭故障问题的机制。超级账本则采用了另一种更合适于联盟链的共识算法。目前，超级账本的共识机制有单节点共识（Solo）、分布式队列（Kafka）、简化拜占庭容错（SBFT），但目前以 Kafka 为主。

Kafka 是 Apache 的一个开源项目，主要提供分布式的消息管理和分发业务，每个 Kafka 集群一般都是由多个服务节点组成的。超级账本使用 Kafka 对交易数据进行排序处理，以实现提高数据的吞吐量并且降低数据延迟的能力，同时在集群计算机内支持节点间故障容错性，而不支持拜占庭容错性。

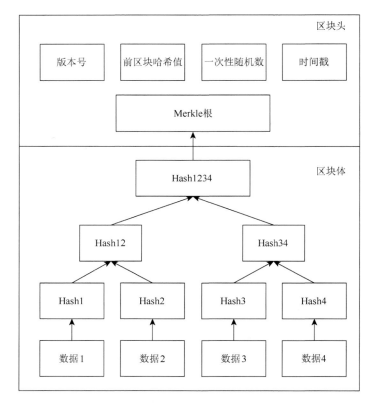

图 2.4　区块结构

4. 智能合约

在超级账本中，智能合约也称作链码，其分为系统链码和用户链码。系统链码用来处理用户节点自身的处理逻辑，主要包括系统的配置、节点验证、共识等；用户链码用来提供用户节点对区块信息的操作和接口，开发人员便可编辑链码客户端，并将其安装到区块链网络中。

5. 加密算法

在日常工作中，人们常通过签字的形式来通过他人的确认或授权，字迹的独特性确保授权的可靠性。对应地，区块链中采用数字签名实现对数据的确认，这就需要用到加密算法。

加密算法有多种，区块链采用的是非对称加密算法，即加密和解密使用两个不同的密钥且不能相互推知。通常，非对称加密算法的密钥是成对存在的，分为公钥与私钥，它们可以通过哈希值相互查验对方是否与自己匹配，并从中获取信息。

哈希算法又称为哈希函数，可以在有限合理的时间内，将信息转换为固定长度的输出值，并且不能在没有解密函数时，将其原信息计算出来，其输出值称为哈希值。

用户节点在区块链网络中发送信息时，首先需要通过哈希函数将明文 X 转换为信息摘要 X，再通过私钥将其加密，最终得到数字签名 X。加密过程如图 2.5 所示。

图 2.5　加密过程

然后，用户节点 A 会把明文 X 和数字签名 X 合在一起发送给用户节点 B，如图 2.6 所示。

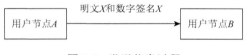

图 2.6　发送信息过程

收到信息后，用户节点 B 会将明文 X 用相同的哈希函数提取信息摘要 Y，再对信息的数字签名 X 用对应的公钥进行解密，得到信息摘要 Z，通过比较 Y 与 Z 是否一致来确认接收到的信息是否有效，如图 2.7 所示。

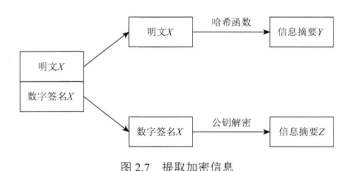

图 2.7　提取加密信息

第 3 章　关于知识度量的研究

知识度量是分析知识质量内涵、实现知识数字化管理的基础工作之一。为了有效地与业务协同管理相结合，本章对有关知识度量方面的基础研究加以概括介绍。

3.1　知识的表示与管理

3.1.1　基于元组的知识表示

知识必须经过合理表示才能被计算机处理，知识表示是对现实世界的一种抽象表达。评价知识表示主要考虑表达能力与计算效率，一个知识表示只有具有足够强的表达能力，才能充分完整地表达特定领域或者问题所需的知识，同时基于这一知识表示的计算求解过程也应有足够高的执行效率[12]。

知识表示是知识图谱构建、知识管理和应用的基础。知识图谱数据层是以事实三元组等知识为单位，存储具体的数据信息。知识图谱一般以三元组 $G = \{E, R, F\}$ 的形式表示。其中，E 表示实体集合 $\{e_1, e_2, \cdots, e_E\}$，实体 e 是知识图谱中最基本的组成元素，指代客观存在且能够相互区分的事物，可以是具体的人、事、物，也可以是抽象的概念；R 表示关系集合 $\{r_1, r_2, \cdots, r_R\}$，关系 r 是知识图谱中的边，表示不同实体间的某种联系；F 表示事实集合 $\{f_1, f_2, \cdots, f_F\}$，每一个事实 f 又被定义为一个三元组 $(h, r, t) \in f$。其中，h 表示头实体，r 表示关系，t 表示尾实体，如事实可以用三元组表示为（实体，关系，实体）或（实体，属性，属性值）等。在事实中实体一般指特定的对象或事物，如具体的某个国家或某本书籍等，关系表示实体间的某种外在联系，属性和属性值分别表示一个实体或概念特有的参数名和参数值。更进一步地，（实体，关系，实体）三元组可以表示为有向图结构，以单向箭头表示非对称关系，以双向箭头表示对称关系；（实体，属性，属性值）三元组也可以表示为有向图结构，单向箭头表示实体的属性，由实体指向属性值[13]。

随着互联网络的发展和语义网的提出，知识表示的需求也在不断变化，需要用于面向语义网知识表示的标准语言。因此，万维网联盟提出了可扩展标记语言（extensible markup language，XML）、资源描述框架（resource description framework，RDF）、资源描述框架模式（RDF schema，RDFS）和网络本体语言（web ontology language，OWL）等描述语言。

RDF 提供一个统一的标准以"主体-谓词-宾语"（subject-predication-object，SPO）的三元组来描述实体和资源，它可以表示为有向图结构，其中谓词作为边，可以是连接主体和宾语的关系或是连接主体和数据的属性等，但 RDF 缺乏对类和属性的明确定义，抽象能力不足。

RDFS 是 RDF 的拓展，它在 RDF 的基础上对 RDF 中的类、属性及关系提供了模式定义，为 RDF 提供了数据模型和简单的约束规则，但 RDFS 只能声明子类关系，无法对互斥类、多个类或实例进行声明。

在 RDFS 的基础上，OWL 则是针对复杂场景添加了额外的预定义词汇来描述资源，如可以声明数据的等价性，以及属性的传递性、互斥性、函数性、对称性等，但这些传统的知识表示方法都是基于符号逻辑的，能够刻画显式、离散的知识，却不能表示真实世界中大量不易于用符号逻辑解释的知识，难以有效挖掘分析知识实体间的语义关系。

随着知识图谱的广泛应用，带有更多元素构成的元组知识表示被逐渐提出来，典型的有时间知识图谱、事件知识图谱等。由于基于网络表示的知识表示面临着计算效率较低和数据稀疏等问题，近年基于深度学习的知识表示学习在语音识别、图像分析和自然语言处理领域得到广泛关注[14]。知识表示学习面向知识库实体和关系，通过将研究对象（如三元组）中的语义信息投影到稠密的低维向量空间，实现对实体和关系语义信息的分布式表示，能够高效地计算实体、关系间的复杂语义关系，便于深度学习模型的集成。

3.1.2　领域知识库的构建

领域知识库是知识图谱的一个分支，包含了特定领域范围内的知识。在知识表示层面，领域知识库的广度窄、深度深。在知识获取层面，领域知识库的构建过程需要专家参与，自动化程度低、质量要求苛刻。在知识应用层面，领域知识库的推理复杂[15]。随着知识经济的到来，知识成为企业的核心竞争力之一，而知识库是知识的集群，包含非常多有价值的信息。构建领域知识库主要分四步，即获取数据与处理数据、构建领域本体模型、抽取领域知识与存储领域知识。

1. 获取数据与处理数据

结合待构建领域的场景，通过数据集成技术获取领域中存在的结构化数据和非结构化数据。对于结构化数据，将原始数据存入关系型数据库，再进行数据清洗，如缺失值、异常值处理等，确保数据质量，包括一些功能性转换，如将类别型数据转换为独热编码（one-hot encoding）；对于非结构化文本数据，可先在搜索引擎上查询相关领域的文本描述数据，在对其分句、分词等进行预处理后得到可训练的非结构化文本，再使用 NLP 技术去除文中停用词、提取关键词等[16]，最后对其进行标注，通常用人工标注方式形成可训练的标注数据集。标注形式有分类标注、序列标注等。

　　本阶段要确保数据规模和质量符合后续的模型训练需要，包括对数据进行必要的增强，划分训练集、验证集和测试集等，为模型训练、验证和测试提供支持。

2. 构建领域本体模型

　　领域本体模型的构建包括自顶向下和自底向上的两种方式，其选择主要取决于数据源。当数据质量较高且拥有规范模式时，可采用自顶向下的方法，利用确定的模式构建领域本体模型；当数据没有规范模式时，多采用自底向上的方法，通过实体识别、关系抽取等技术提取数据模式来构建领域本体模型[17]。当然，也可将两种方式融合来构建领域本体模型，自顶向下地构建领域本体模型需完成如下工作。

　　（1）定义全局核心概念，通常选择描述逻辑这种工具，用概念分类表示领域知识，其中概念对应于对象集合，关系指对象之间的二元关系。即利用描述逻辑对模型的模式层概念及其关系进行形式化描述，实现对领域知识的统一表示，由此明确定义出领域的核心概念和概念之间的关系，形成领域本体的概念框架。

　　（2）构建实体数据集，企业数据是构建领域本体模型的主要数据源，基于模式层中涉及的实体、关系和属性概念对数据进行筛选，确定各局部数据源与全局统一数据模式对应的映射关系，从企业数据中抽取和集成实体数据，构建实体数据集。实体数据集通过实例化模式层的概念和关系，为概念赋予具体的语义内容。通常使用关系数据库存储实体数据，并作必要的清洗处理，还可以使用知识图谱技术可视化表示实体数据集中的概念和关系。

3. 抽取领域知识

　　（1）第一阶段构建初始模型，基于知识表示获取模式层概念及其关系的语义信息，运用 OWL 构建模式层本体模型。首先以实体数据库为数据源，建立实体数据与知识模型实例层的映射关系；其次基于实体数据类型形成实体层概念集合，构造实体数值属性，设定实体数值属性名称及值类型，构造实体关系属性，设定实体间关系名称及类型；最后基于实体数值属性和实体关系属性，构造实体及其关系集合，形成实例层模型，实现对知识元的抽取。

　　随后建立概念与实例的映射关系，关联模式层模型与实例层模型，将模式层与实例层知识融合，即使用 OWL 实现模式层形式化表示，概念、关系均以类的形式建模，使用 RDF 存储实例数据且将实例映射到模式层中的类，两者结合起来形成初始知识模型。

（2）第二阶段求解精确模型，通过实体对齐、属性矫正等对初始知识模型的知识进行融合，在这个过程中对模型中已有知识进行推理，将推理得到的新知识与已有模型融合，利用 OWL 数据模式序列化知识模型求解出精确知识模型。

具体而言，首先使用实例匹配技术实现同义实体的识别并加以合并，其次使用关系提取技术发现新的实体关系，扩展本体结构，再次利用规则推理引擎对模型进行推理发现潜在关系，扩充知识模型，最后使用 OWL 对模型进行序列化，生成 OWL 文件作为最终的领域知识模型。在知识融合时需确保引入的新知识不与原有知识冲突，保持模型的一致性。通过多次迭代不断丰富模式层的结构、实例层的内容，进而得到一个完整的领域知识模型。

4. 存储领域知识

在得到 RDF 格式的知识表示后，还需要将其加载到图数据库中进行存储，常采用 Neo4j 图数据库。首先，根据 RDF 格式定义节点和关系的类型，在 Neo4j 中创建相应的标签和关系类型。RDF 主语和宾语分别对应节点，RDF 谓语对应关系类型。例如，RDF 三元组（张三，职业，教师）可以定义节点标签"人"，关系类型"职业"。然后，读取 RDF 文件的三元组，对每个三元组，创建主语节点和宾语节点，并根据谓语建立两节点之间的关系。具体来说，对于上例的三元组，创建标签为"人"的节点"张三"，创建标签为"职业"的节点"教师"，最后创建一条从"张三"到"教师"的"职业"类型关系。在应用中，RDF 文件可能存在多个引用同一实体的节点，这会导致创建重复节点。需要在创建前判断是否已存在同名节点，如果存在则直接引用，避免重复创建。

在存储过程中可以创建索引以加速节点匹配查询，可以对待导入三元组进行排序，容易判断相邻三元组主语和宾语是否重复，减少节点重复创建。将 RDF 格式的知识表示导入到 Neo4j 图数据库实现以节点-关系形式的知识存储[18]，为后续知识挖掘算法的直接运行提供了可能，当然还可对加载过程进行继续优化，包括使用并行批量导入以提高导入速度、采用增量导入以避免全量导入、预计算部分常用关系以提升查询性能等，以适应更大规模知识图谱的构建。

3.2 典型的知识度量方法

3.2.1 知识的相似性度量

构建领域知识图谱会得到标准化的知识表示格式，即将知识表示为实体、对象属性、数值属性三元组。其中，实体表示具体的事物概念，对象属性表示实体之间的关系，数值属性表示实体的某一特征值。随后，需对领域内存在的知识关系进行全面系统的分析与定义，主要探索实体之间存在的语义关系，如父子关系、成员关系、时序关系等，通过关系分析可明确定义出领域知识图谱中的关系类型。由通用知识之间的典型关系可知，实体之间的关系可分为逻辑关系与非逻辑关系两大类[19]，其中逻辑关系包括父子、成员、同义、反对、交集五种关系，非逻辑关系包括时序、空间、动作、因果、条件以及计算六种关系，具体如表 3.1 所示。

表 3.1　实体之间的关系表

逻辑关系	非逻辑关系
父子关系	时序关系
成员关系	空间关系
同义关系	动作关系
反对关系	因果关系
交集关系	条件关系
	计算关系

　　将知识以知识图谱的方式表示后，如果仅根据图谱中节点之间的距离来计算相似度，就会出现距离一样的情况，即相似度相同而无法区分，因此在相同距离下知识之间的关系尤为重要，需对不同关系的权重赋值进行区分。可以看出，实体之间关系的权重是计算知识之间相似度的重要依据[20]，通过统计分析、专家评定等方式，采用皮尔逊相关系数给不同的实体关系的权重赋值，由此综合路径距离和关系权重的相似度计算方法是可行的。该方法通过知识之间的层次关系和知识之间的最短路径来计算相似度，计算知识图谱中任意两个知识节点之间的相似度如式（3.1）所示，其中，max_depth 为知识在知识图谱中所处的最大层数，p 为知识图谱中节点 C_1、C_2 的最短路径（边），W 为两个知识之间关系所赋的权重。

$$\text{Sim}(C_1, C_2) = (2 \times \text{max\_depth} - p) \times W \qquad （3.1）$$

　　由此可得，对于相同的知识关系权重下知识图谱中两个知识项 C_1、C_2，如果 C_1 到达 C_2 的最短路径越短，则知识项 C_1 与知识项 C_2 的相似程度越强。在路径距离相同的情况下，知识项 C_1 与知识项 C_2 的关系权重越高，则知识项 C_1 与知识项 C_2 的相似程度越强。

3.2.2　知识的关联性度量

知识的关联性度量是知识服务系统提供知识检索、知识集成、知识挖掘等功能的技术基础。需说明的是，知识的关联性在网络化的知识表示中已有体现，而通常谈及的关联性度量多指两个语义数据集之间的关联性衡量。在此介绍一种基于知识关联表达模型的通用性度量方法[21]，它构建模型将知识加以标准化，保障知识的连通性和数据的一致性，再将得到的关联知识以 RDF 数据模型方式表达出来并存储至数据库中，可提高知识检索的效率和准确性。该方法分以下两步完成。

1. 构建知识关联表达模型

知识关联表达模型由知识关联本体、知识关联规则库以及用于描述知识关联的知识项文档构成。知识关联本体基于领域本体模型的形式，用于表达知识关联中的静态事实型知识，在实际操作中用于关联知识库的关联查询。知识关联本体主要是对概念及其关系的描述。

知识关联规则库是对规则型知识进行描述，规则类似于"If X Then Y"的规则描述，它用于基于关联知识库的规则推理。知识关联本体与知识关联规则库密不可分，知识关联本体中的类、属性、关系等信息构成了知识关联规则库中的事实，从而使规则型的关联知识具有了知识关联语义特征。知识关联规则库可通过基于 Java 语言的通用表处理程序推理机实现规则推理，用以发现知识关联中隐含的知识和事实。

知识项文档则由领域本体的最小知识元构成，侧重于对知识关联的一般特征进行描述和说明，根据知识关联规则库自身的结构存储为 RDF 或者 XML 文档格式。

2. 利用知识关联算法完成关联度计算

知识关联度计算的前提是元数据的语义关联度计算，语义关联度是语义关系的定量描述，其大小反映了语义关系的强弱。通过内容关键词之间的相同比例进行计算，用 F_r 表示内容信息语义关联度，W_{F_1}、W_{F_2} 分别表示关键词相同比例、类别层次的关联度权重值且满足 $W_{F_1} + W_{F_2} = 1$，使用 F_1、F_2 指代内容信息关键词相同比例和类别层次的相关关联度：

$$F_r = F_1 W_{F_1} + F_2 W_{F_2} \tag{3.2}$$

假设内容信息语义数据集 A 有 n 个关键词数的集合 $\{a_1, a_2, \cdots, a_n\}$，内容信息语义数据集 B 有 m 个关键词数的集合 $\{b_1, b_2, \cdots, b_m\}$，$A$、$B$ 的内容信息语义关联度计算如式（3.3）所示，其中 WSI 为内容信息语义关联度计算中的词汇关联度，当关键词 a_i、b_j 相同时，$\mathrm{WSI}(a_i, b_j)$ 的取值为 1；二者不同时，$\mathrm{WSI}(a_i, b_j)$ 的取值为 0。

$$F_1 = \sum_1^n \sum_1^m \frac{\mathrm{WSI}(a_i, b_j)}{n \times m} \tag{3.3}$$

运用以上公式可以计算不同数据源的信息本体概念间的关联度，除得到查询本体的信息外，还得到在专业领域内相邻或相近概念的关联度及其信息。因为融合了概念间的语义关联信息，所以它不仅依赖于词语的表面匹配，而且能更准确地刻画概念间的语义关联关系，具有更好的通用性和适用范围。

3.2.3 知识的异质性度量

知识的异质性度量是对一个知识集合中知识的多样性、差异性和全面性的度量，可以帮助研究人员从大规模知识中获取有价值的信息，辅助决策和发现创新[22]。通常，知识的异质性度量包括数据获取与数据处理、特征提取、指标计算、数据分析与可视化等工作，结合自然语言处理、文本分析和机器学习等技术，可以全面评估知识的异质性并揭示知识之间的联系和相关度。具体操作步骤如下。

1. 数据获取与数据处理

首先需结合业务的情景通过数据集成技术获取情景中存在的结构化数据和非结构化数据。对于结构化数据，先将原始数据存储在关系型数据库中。对于非结构化文本数据，可以通过网页爬虫技术获取特定行业或领域的论文、新闻、社交评论等非结构化文本数据。结构化数据则选择该领域的核心数据库进行导出。在将文本数据进行包括文本清洗、分词、词性标注和去除重复等预处理操作后，形成包含知识的可训练的数据集，为后续的特征提取和指标计算打下基础。

2. 特征提取

特征提取是计算知识异质性的关键步骤之一，常用的方法包括词频-逆向文档频率（term frequency-inverse document frequency，TF-IDF）、词向量（Word2Vec）和线性判别分析（linear discriminant analysis，LDA）等。TF-IDF 词频特征可以设置词组切分的长度范围，提取单词和双词语特征，进行词干化、停用词过滤预处理。Word2Vec 可采用连续词袋（continuous bag-of-words，CBOW）或跳字（skip-gram）模型，通过设置维度大小，训练词向量特征。LDA 主题模型可以设置主题数目为 50，迭代次数为 1000，然后从文档-主题分布矩阵中提取主题占比作为特征。这些特征提取方法可以捕捉文本的语义和主题信息，评估知识的关联性[23]。

3. 指标计算

根据选择的特征可以计算不同的知识异质性指标。例如，可以计算词汇丰富度、词向量主成分的方差来评估特征多样性，采用词向量余弦相似度来量化语义差异，使用 Jensen-Shannon（詹森-香农）散度计算主题分布的差异，反映专业领域覆盖情况。

通常词汇丰富度可以采用词类型与词令总数的比值来度量。词向量主成分分析可以提取主成分，计算前 k 个主成分方差之和，反映特征差异性。词向量余弦相似度的计算如式（3.4）所示，其中 x 和 y 为两个文本的词向量。

$$\cos(x,y) = \frac{xy}{|x||y|} \tag{3.4}$$

Jensen-Shannon 散度计算如式（3.5）所示，其中 $M = \frac{P+Q}{2}$。

$$D_{\mathrm{JS}}(P\|Q) = (D_{\mathrm{KL}}(P\|M) + D_{\mathrm{KL}}(Q\|M))/2 \tag{3.5}$$

此外，还可以构建知识网络，使用网络密度、平均路径长度等指标以及 PageRank 等算法判断知识元素的重要性，从网络结构层面评估知识异质性。这些指标提供了从语义、统计、结构等不同角度的异质性量化度量，可全面评估知识集合的差异性和丰富性，具体指标的选择需要根据实际业务场景来确定。

4. 数据分析与可视化

知识异质性的度量结果通常需要进一步的数据分析和可视化，常使用统计分析和数据可视化工具来观察与解释结果。例如，通过聚类分析可以将知识集合分组成不同的簇，评估不同簇之间的差异程度。使用数据可视化工具可以将计算结果以图表、网络图等形式展示，使得结果更加直观和易于理解。

3.3　面向业务的知识度量

3.3.1　信息有效度的度量方法

信息在知识体系中扮演着关键的角色，其有效性直接影响着一个系统获取知识的潜力。在大数据环境下，企业面临着信息过载的挑战。如何在海量信息中识别有效信息支持企业决策是知识管理的重要前提条件之一，信息有效度计算方法为此提供了量化的评估手段。

信息有效度计算常从多个维度展开。首先，收集与企业业务相关的结构化数据和非结构化文本数据，通过特征工程提取反映信息属性的特征。对于结构化数据，可以进行统计特征分析，如值域分布、相关性分析等。对于非结构化文本数据，可以通过 NLP 技术进行语义分析获取词向量、话题分布等特征。这些特征能够表示信息的属性，为后续评估提供基础。

其次，从关联性、预测准确率、不确定性减少量等方面构建评估指标。例如，可以计算信息特征与企业业务目标之间的统计相关性，判断信息与业务目标的内在关联性；还可以构建业务预测模型评估添加该信息带来的预测准确率提升，从定量层面判断信息对企业决策的价值；可以基于信息熵理论，采用信息增益法度量信息带来的不确定性减少量，从减少业务系统不确定性的效果判断信息效用。

再次，进一步通过用户调查的方式对信息的有效性进行主观评价，取得用户的满意度反馈。可以设计问卷调查，让相关业务人员对信息的质量、可理解性、完整性等方面进行评分。与前述定量评估结果进行综合，能够实现对信息有效性的量化和主观评判。

最后，还需要考虑获取和处理信息的成本投入。比如，试着估计信息对企业业务收益的提升作用，并将其与获取或处理该信息的时间、人力等成本进行比较，计算投资回报率，以综合评估信息的价值。综合这些定量分析和主观评价，可以全面地判断信息的有效性，对低效信息进行归档更新并持续监控新流入信息的有效性变化。建立起信息有效度评估的标准流程，形成信息质量闭环反馈机制。

在具体实施时上述评估框架还需根据不同企业的业务场景进行适当调整。例如，对于以研发为主的企业，更侧重评估信息对产品创新的启发作用；对于以销售为主的企业，则关注信息对提升销售额的影响。同时兼顾行业的特点，正确设置评估指标的权重。

可以看出，从多角度展开的信息有效度评价，实现定量与定性相结合，考虑信息成本及不同业务场景的差异性，才能全面判断信息对企业的价值。结合业务管理的需求，建立系统化的信息有效性评估与反馈机制能帮助企业在复杂信息环境中快速识别有效信息，科学支撑决策。当然，它需要根据具体情况设计调整评估方案，形成信息管理的有效工具，为知识度量打下必要基础。

3.3.2　基于信息量的知识度量

信息量是衡量信息丰富程度的指标之一。根据信息论的定义，信息量与信息的不确定性正相关，信息的不确定性越大，信息量也越大。因此，自信息量的概念被提出以来，不少学者尝试从不同角度来量化信息的不确定性，以计算一个信息源所含的信息量。经典的信息量计算方法是基于信息熵的度量。实质上，信息熵是计算不同符号出现概率的函数，概率分布越均匀，熵值越大，反映信息的随机性越强，信息量也就越大。此外，还有基于条件熵的度量方法，它计算在已知某些条件的情况下，剩余信息的不确定性。互信息也用于度量两个信息源之间的依赖性和共享信息量。在语言学和自然语言处理领域，文本的长度、词汇复杂度也常被用来反映语言信息量的丰富性。从实证研究结果来看，诸如词汇丰富度、平均句长等量化指标与人类的信息获取效果存在高度相关性。

显然，信息的积累并不等同于知识的增长。需要经过一系列的过滤、消除重复、归纳总结等步骤，使得信息得以转化为真正的知识。因此，合理的信息量能促进知识的获取，而过多的无效信息也可能降低认知效率，基于信息量的知识定量测度的思路可供借鉴，通常包括如下步骤[24]。

1. 数据采集与预处理

类似于前面的相关工作，知识源数据包括结构化数据（如工程参数表）和非结构化数据（如个人笔记、企业知识库、社区讨论等）。对于结构化数据，在预处理阶段需要进行统计分析，检测并处理缺失值、重复记录等，包括数据清洗、格式转换、分布拟合、相关性分析、方差分析等步骤。对于非结构化数据，预处理阶段包括分词、词性标注、词向量训练等，通过提取词频、TF-IDF 等统计特征，构建文本知识图，分析节点关系复杂度，并通过计算句法结构的复杂性等方式来测算文本数据的信息量，从而反映非结构化知识的丰富性，为后续的知识测度提供必要的输入。

2. 知识网络构建与分析

通过提取文本数据中的概念及其关系构建成知识概念网络图，节点代表概念实体，边表示两个概念之间的关联程度。在构建网络时可以设置边的权重表示概念间关联的强度。当然，也可以构建层次化的知识网络，如概念图谱、事件图谱等。对知识网络的拓扑结构进行分析，包括密度、平均最短路径长度、节点度分布等，这些结构特征可反映知识点之间联系的复杂度。例如，网络密度越高，表示知识点之间关联越多，整个知识体系越系统化。由此，从宏观网络结构的角度分析知识体系的复杂性，与基于细粒度词汇信息的测度形成互补，实现对知识量的多角度计量。

3. 两类特征的综合处理

综合处理信息量特征和结构化数据的统计特征，比如通过向量拼接将两类特征进行合并，或者采用多视角分析等机器学习方法进行特征融合，以获得反映知识量的新特征。对于综合特征矩阵，可以使用主成分分析等降维方法减少特征冗余并进行标准化正则化处理，通过这些操作可以提炼出能够同时反映结构化知识和非结构化知识信息量的新特征。

　　基于此，可进一步收集专家评定的知识量作为标签，使用监督回归算法建立信息量特征与知识量的预测模型。例如，可以训练线性回归、支持向量机（support vector machine，SVM）来学习特征与知识量的映射关系，也可以使用神经网络中的全连接层进行非线性回归拟合。采用模型评估手段如均方误差（mean square error，MSE）、R 平方（R-squared）等对模型效果进行评估和选择。由此，获得一个预测函数，基于信息量特征拟合并预测出知识量的分值。建立好基于信息量特征预测知识量的回归模型后，可以用该模型对新的知识源进行信息量提取，获取特征向量并代入模型进行知识量预测。

　　4. 知识量预测应用

　　上述回归模型应用前需准备新知识源，对于非结构化文本数据，可以提取词频、复杂度、句法结构等信息量特征，通过 NLP 技术实现文本的语言特征分析。对于结构化数据，可以进行统计特征分析，如值域分布、缺失率等，将这些信息量特征拼接起来构成新的可预测样本。

　　代入回归模型可以直接输出知识量的预测分值，获得预测结果后仍需继续收集专家评定的真实知识量标签，加入模型继续迭代优化，提升预测性能，包括但不限于扩充训练样本规模，增加样本量，这有利于模型学习更具代表性的特征，以及丰富样本的领域范围，提高模型的适用范畴。

　　在特征工程上还可以尝试构建更具表达能力的特征，如通过词向量技术获取文本的语义特征。采用模型融合和集成的思想提升稳定性，平滑单一模型的偶发性误差。如果预测偏差过大，则需要检查样本特征是否有信息缺失，是否需要增删回归模型中的变量，包括尝试重新选择算法模型，提高模型对复杂映射的拟合能力。

　　综上所述，知识量回归模型构建与预测应用是一个持续的过程，需要不断根据新的样本继续修正模型，才能使信息量与知识量建立更加准确的映射关系，从而实现对知识的可靠量化测度。这需要持续积累高质量的样本，并配合模型和特征的迭代优化，逐步提升预测性能。通过这一系统的方法，能够更全面地理解知识的丰富性和复杂性，为知识管理和应用提供更有力的支持。

3.3.3　基于知识量的度量探索

　　知识度量的基本目的是得到能够被理解、有意义且与知识量存在单向相关关系的结果。总结起来，目前关于知识的度量研究主要分为以下几类。

　　1. 信息熵测度知识量

　　从广义上说，一切知识均可表示为信息，知识本身就是一种信息。如果尚未明确信息分解、分析、分类的方法就把知识单纯地归类为一种信息，会面临信息中哪些是知识、哪些不是知识的问题。目前，学者们对知识本身的定义尚存在较大争议，更不用说从巨量信息中提取知识。从本质上说，信息量是一个概率量，一个客观量。而知识量与认知密切相关，从某种程度上是一个主观量，它可通过社会平均时间获得相对客观的值。可以看出，信息量不等于知识量，它们是计量单位与基本原理都不同的两种量，以"消除不确定性"和粗糙集为基本原理而衍生的知识计量方法需进一步探讨上述计量原理问题。因此，基于不确定性的信息测度计量原理不完全适用于知识量（语义量）测度[25]。

2. 知识价值量测度知识量

对于知识而言，经济价值只是其中的小部分，知识价值是环境依存的、不确定的，根据知识交易方式不同，如雇佣、多次买卖、一次性知识产权交易等，相同的知识会产生多个价值[26]。因此，用价值对知识量进行表示有一定的现实意义，但还需与其他测量方式相结合。

3. 基于"知识单元/基因"测度知识量

目前，还无法从浩瀚的知识海洋中分解出能对不同类型知识或同类知识进行计量的知识单元，原因在于：①知识本身的类型和语义难以确定；②知识是一个复杂的粗糙集，知识单元的粗糙度及单元所含的知识量难以确定。即使能解决这两个问题，不断出现的新知识仍是该方法面临的巨大挑战[27]。通过文献关键词、主题词等进行语义分析对知识量进行测度的方法也存在类似问题，且其适用范围仅限于已表达成文字信息的文献中的知识测量。

4. 基于知识结构的问卷调查量表方法

把知识视为由指标（因素）与结构关系构成的系统，采用德尔菲（Delphi）法、量表或测量矩阵等工具进行知识测量的研究众多。把知识量视为知识经验结构中不同指标量的总和，需面对两类问题：①知识的指标/因素及结构关系问题，这类测量在很大程度上依赖于测量目的，目的不同则得到的知识结构（指标、结构关系及权重）难以统一，研究结果也缺乏可比性；②通过问卷调查量表（或自评量表）采集不同被测对象（通常是由人构成的样本）不同指标的特征值，通常导致样本数据"因人而异"的差异性和"时过境迁"的动态性，影响到样本数据的信度与效度。

上述研究在理论与应用方面都取得了一定成效，推动了知识度量的研究。但必须指出的是，它们的知识量计量原理都偏离了本体论中知识量的本质特征，在知识量测度的效度、信度、可比性、可行性方面还需进行深入探讨[28]。

第4章　面向供应链的知识共享决策研究

信息共享是提升供应链绩效的重要手段之一，知识共享为供应链高效协同带来新的契机。知识共享可看作供应链参与方知识挖掘、知识传递、知识融合吸收和知识反馈的过程，供应链的知识共享源于各参与方在业务上的协作和知识上的差异，两个企业之间知识共享可以根据成本投入和共享收益的多次博弈来完成。

4.1　知识共享的必要性

众所周知，知识的挖掘与传递需要耗费一定的成本，知识的吸收和反馈又会产生一定的收益。在此期间，企业的成本投入、知识吸收融合能力等均会对知识共享的动机和结果产生重要影响。影响企业间或者企业内部知识共享行为的因素有很多，大体可概括为两方面：一是知识本身的复杂度和知识之间的异质性，二是知识共享参与者之间的关系及其各自的知识储备。其中，知识本身的复杂度直接影响知识共享能否顺利进行，知识之间的异质性则影响企业共享知识能否获益，知识共享参与者之间的关系及其各自的知识储备影响企业之间合作的效益。

4.1.1　企业间的知识差异

知识差异是指不同个体或群体之间在知识和信息方面的广泛差异，这种差异涉及多个维度，包括但不限于个体的学历、专业领域、工作经验、文化背景、语言能力、兴趣和学习动机。每个人的知识背景和经历都是独一无二的，这影响着他们对各种主题的了解程度和深度。这些知识差异使人们具备不同的视角和见解，推动着创新和问题解决的多元化方法。在团队和社会层面，理解和尊重知识差异可以促进协作、知识共享和更全面的决策制定，同时也激励人们不断追求新的知识和技能，实现个体和组织的终身学习和成长。

知识差异是一个丰富和多样化的资源，有助于构建更具包容性和创新性的社会和工作环境。企业间的知识差异可以分为包含、交叉、重叠和互不相关等四种类型[29]，如图 4.1 所示，其中包含关系意味着企业一方的知识完全包含另一方的知识，交叉是指一个参与者的知识与另一个参与者的知识只有部分相同，重叠是指两个成员拥有的知识完全相同，互不相关是指企业双方的知识完全不相同。

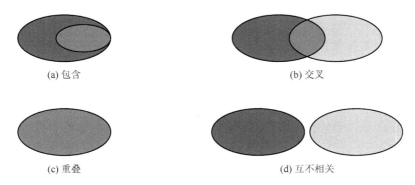

(a) 包含　　　　　　　　　　　　　　　　(b) 交叉

(c) 重叠　　　　　　　　　　　　　　　　(d) 互不相关

图 4.1　企业间的知识差异类型

两个企业间进行知识共享决策时均有"共享"和"不共享"两种情况，每种情况下企业的收益不同，针对上述四种知识差异类型，其收益可分为以下三种情形。

（1）企业间的知识交叉或者互不相关时，企业双方均可从知识共享中获得新知识，其单次博弈收益矩阵如表 4.1 所示。若企业双方都选择共享知识，那么企业可获得直接收益 W 和协同收益 U；若只有一方选择共享知识，则协同收益为 0，共享知识的一方损失收益 I，不共享知识的一方获得直接收益 W 和共享方损失的收益 I；若企业双方均选择不共享知识，则收益为 0。

表 4.1　知识交叉或互不相关时的单次博弈收益矩阵

博弈决策	共享	不共享
共享	$U+W, U+W$	$-I, W+I$
不共享	$W+I, -I$	$0, 0$

（2）企业间的知识为重叠关系时，企业双方拥有相同的知识，无法通过直接吸收知识产生效益，其单次博弈收益矩阵如表 4.2 所示。若参与者双方均选择共享知识，则产生协同收益 U；若只有一方共享知识，则协同收益为 0，共享知识的一方损失收益 I，不共享知识的一方获得收益 I；若双方均选择不共享知识，则收益为 0。

表 4.2　知识重叠时的单次博弈收益矩阵

博弈决策	共享	不共享
共享	U, U	$-I, I$
不共享	$I, -I$	$0, 0$

（3）企业间的知识为包含关系时，其单次博弈收益矩阵如表 4.3 所示。若企业双方均选择共享知识，知识包含方由于没有获得新的知识不产生直接收益，获得协同收益 U，被包含方获得直接收益 W 和协同收益 U；若只有一方选择共享知识，当知识包含方共享知识时，包含方失去收益 I，被包含方获得直接收益 W 和收益 I，当被包含方共享知识时，包含方获得收益 I，被包含方失去收益 I；若双方均不共享知识，则收益为 0。

表 4.3　知识包含时的单次博弈收益矩阵

博弈决策		被包含方	
		共享	不共享
包含方	共享	$U, U + W$	$-I, I + W$
	不共享	$I, -I$	$0, 0$

4.1.2　知识共享影响因素

1. 知识量

由图 4.1 可知，企业间多数情况下是存在知识差异的。也正因如此，企业间共享知识才能发挥出其更多价值。供应链上的企业通过共享知识提高企业自身和供应链整体的竞争优势，因此企业不会共享其核心知识，而是共享供应链各节点在整个供应链业务流程运转中所需要的知识。为尽可能提高知识共享以及实际中业务运转的效率，减少知识吸收所耗费的时间，这就要求企业能够在恰当的时间共享恰到好处的知识，即合适的知识量。此外，企业合作中的一种重要的决策是决定共享多少信息或者知识给合作伙伴[30]。另外，知识接收方的知识吸收能力也会影响业务运转的效率。

2. 知识吸收能力

知识吸收能力，即企业识别、吸收、转化和利用外部知识的能力，在解释和促进企业创新中发挥着重要作用[31]。企业评估和使用外部知识的能力在很大程度上依赖其相关背景知识的水平，即先验知识。这种先验知识包括基本技能或者某一领域的最新科技发展知识。知识吸收不仅可以使企业能够将新获得的知识融入现有的知识中，形成一个连贯的知识体系[32]，还能帮助企业将自身的知识与外部合作伙伴的知识进行匹配，从而促进企业之间成功合作。

3. 收益

前文提到企业间进行知识共享的目的是弥补自身资源的不足以提高企业的竞争力。企业进行知识共享通常可获得直接收益和协同收益。企业通过吸收转化合作伙伴共享的异质知识获益，协同收益指的是企业间由于合作而产生的共同效益，研究证明，知识共享能够形成知识优势[33]，进而为企业创造效益，效益的提升也是企业进行知识共享的动力。

4. 公平

供应链成员之间的关系对企业的知识共享和合作创新具有重要影响[34]。对供应链成员关系影响较大的就是公平和信任。一方面，若个体在进行知识共享后感到投入产出的结果没有得到应有的回报，他们就会觉得受到了不公平的对待或不平衡，这种不平衡会使得个体减少他们的输入，甚至终止合作。另一方面，那些觉得自己在知识共享过程中获得了公平结果的个体更有可能产生肯定的感觉，即对公平的感知是加强成员关系的核心[35]。

5. 信任

知识共享除受企业间的互动、交流影响外，信任也不可或缺，信任程度越高，企业进行知识共享的意愿越强烈[36]。信任可调整节点企业的态度和行为，促使他们更积极、主动地实施知识共享活动，供应链节点企业之间建立起充分的信任和沟通，可以减少因监督与协调而产生的交易成本，避免机会主义的存在，采取支持和配合伙伴的行动。

此外，相关研究表明企业间的公平与信任水平影响其知识共享水平，公平因素可直接影响知识共享的结果，也可以通过信任间接影响知识共享的水平与结果，二者的关系及其对知识共享的影响如图 4.2 所示。

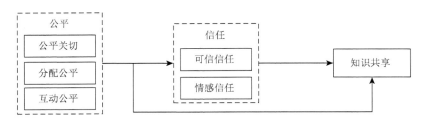

图 4.2　公平、信任对知识共享的影响

图 4.2 中公平与信任对知识共享的影响不能视为简单的叠加关系，因此除单

独考虑两类因素对知识共享决策的影响外，还需要综合考虑两类因素，分析其如何影响企业的决策结果，下面先基于信任对知识共享演化加以详细阐述。

4.2　基于信任的知识共享演化博弈

4.2.1　信任与知识共享水平的关系

大量研究证明了信任与知识共享水平之间的相关关系。从员工的角度看，信任可分为基于认知的信任（cognitive-based trust，CBT）和基于情感的信任（affected-based trust，ABT），其中基于认知的信任是员工对其同事能力的认可，基于情感的信任则是合作过程中员工之间产生的情感。由 Rutten 的研究可知[37]，基于认知的信任不影响员工之间的知识共享行为，即在基于认知的信任影响下，员工间的知识共享水平是一个常数，而基于情感的信任对知识共享水平有显著的促进作用：基于情感的信任水平越高，知识共享水平越高；基于情感的信任水平越低，知识共享水平也越低。其关系如图 4.3 所示。

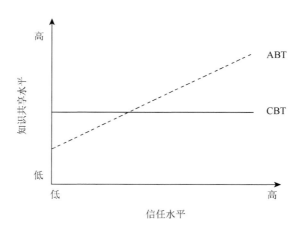

图 4.3　个体信任水平与知识共享水平的关系

从企业的角度看，可将信任分为能力型信任、关系型信任、制度型信任以及学习型信任等四种类型[38]，其中能力型信任与企业自身完成某项工作的能力相关，关系型信任与人际关系和信息沟通等相关，制度型信任和学习型信任则分别与企业文化和管理方法、技术交流等相关。因此，从总体上来讲，信任可分为两类：一是基于客观现实的可信信任，二是由于人际关系和合作交流等产生的情感信任。相关研究证明：由于信任可以消除企业合作时面临的不确定性，不论是可信信任还是情感信任，越高的信任水平越有利于供应链企业间知识共享行为的发生，且情感信任对知识共享行为的影响程度高于可信信任对企业知识共享行为的影响程度[39]。由此可以假设两类信任均与企业间的知识共享水平呈正相关关系，如图 4.4 所示，情感信任的系数要高于可信信任的系数。

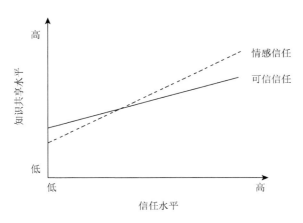

图 4.4　企业间信任水平与知识共享水平的关系

　　影响企业间信任的因素有很多，本书依据信任的类型大致梳理出两类信任的影响因素，如表 4.4 所示，研究证明各个影响因素均与企业间的信任水平呈正相关关系。其中，企业的规模和在供应链中的地位等影响因素归根结底是用来衡量企业的能力，而家庭、朋友关系及合作沟通等则与情感密切相关，因此本书将两类信任的影响因素归纳总结为两类：能力因素和情感因素。

表 4.4　信任的影响因素

可信信任	情感信任
企业在供应链中的地位	家庭关系
企业规模	校友、师生和同乡关系，朋友关系
信息交流的有效性	企业间的合作沟通
企业相关的行业活动	信息交流的有效性

　　若基于情感的信任用 t_1 表示，基于客观事实的可信信任用 t_2 表示。假设在企业能力的影响下，可信信任的最高水平为 v_2，由此可得到二者的关系为 $t_2' = p_2 o + m_2$，$0 \leqslant t_2' \leqslant v_2$，其中 p_2、m_2 为系数，o 为影响可信信任的能力因素。

　　将信任水平转化为[0,1]区间的值，可得

$$t_2 = \frac{p_2 o + m_2}{v_2} \tag{4.1}$$

假设在情感的影响下，情感信任的最高水平为 v_1，由此可得到二者的关系为 $t_1' = p_1e + m_1$，$0 \leqslant t_1' \leqslant v_1$。其中，$p_1$、$m_1$ 为系数，e 为影响情感信任的情感因素。将信任水平转化为 $[0,1]$ 区间的值，可得

$$t_1 = \frac{p_1e + m_1}{v_1} \tag{4.2}$$

知识共享水平 s 与信任水平的数学关系如下。

在可信信任的影响下，知识共享水平 s_1 如式（4.3）所示，其中 a 为系数，b 为此时的初始共享水平。

$$s_1 = at_2 + b, \quad \forall t_2 \in [0,1] \tag{4.3}$$

在基于情感的信任影响下，知识共享水平 s_2 如式（4.4）所示，其中 c（$c > a$）为系数，d 为此时的初始共享水平。

$$s_2 = ct_1 + d, \quad t_1 \in [0,1] \tag{4.4}$$

由此可得，知识共享水平与信任的关系：

$$s = s_1 + s_2 = at_2 + ct_1 + b + d \tag{4.5}$$

将式（4.1）和式（4.2）代入式（4.5）可得到知识共享水平与信任的另一个关系式：

$$s = c\frac{p_1e + m_1}{v_1} + a\frac{p_2o + m_2}{v_2} + b + d \tag{4.6}$$

4.2.2　基于信任的知识共享决策模型

1. 问题描述与假设

若供应链上的两个企业（企业 A 和企业 B）要进行知识共享，现进行如下假设。

（1）企业 A 和企业 B 所拥有的可共享的知识总量分别为 K_A 和 K_B，则企业 A 和企业 B 的知识共享量分别为 $K_1 = t_{1A}K_A$ 和 $K_2 = t_{1B}K_B$。

（2）知识是有价值的，两个企业的知识的单位价值系数分别为 ω_A 和 ω_B。

（3）由于企业间存在知识差异，所以企业最终能够获得的收益与其吸收对方知识的数量有关，而该数量又和企业自身的知识吸收能力相关，用 θ_i 表示，$i = \{A, B\}$。

（4）企业进行知识共享需要耗费一定的成本，成本主要由两部分构成：一部分为包括知识挖掘、知识传输等在内的成本，该部分成本与知识数量相关，表示为 $\frac{1}{2}l_AK_1^2$ 和 $\frac{1}{2}l_BK_2^2$；另一部分为知识共享所耗费的时间成本等，分别记为 c_A 和 c_B。

（5）企业间同时选择共享知识时会产生协同收益，协同收益与企业间的协同

收益系数 μ 和共享的全部的知识量有关，即协同收益可表示为 $\mu(K_1+K_2)$。协同收益由两个企业按一定比例分配，收益分配系数为 λ（$\lambda_A+\lambda_B=1$）。

（6）企业 A 以 x 的概率共享知识，则企业 A 不共享知识的概率为 $1-x$。同理，企业 B 以 y 的概率共享知识，则其不共享知识的概率为 $1-y$。

相关符号说明见表 4.5。

表 4.5　符号说明

影响因素	符号	含义
知识量	K_i	企业 i 可共享的知识总量，$i\in\{A,B\}$
知识单位价值系数	ω_i	企业 i 的知识单位价值系数，$i\in\{A,B\}$
知识吸收能力	θ_i	企业 i 的知识吸收能力，$i\in\{A,B\}$
单位成本系数	l_i	企业 i 共享知识的单位成本系数，$i\in\{A,B\}$
时间等成本	c_i	企业 i 共享知识的时间等成本，$i\in\{A,B\}$
协同收益系数	μ_j	企业 A 与企业 B 合作创收的收益系数，$j\in\{AB\}$
收益分配系数	λ_z	企业间的收益分配系数，$z\in\{A,B\}$，其中 $\lambda_{AB}+\lambda_B=1$
情感信任	t_{1z}	企业间的情感信任水平，$z\in\{A,B\}$，$t_{1z}\in[0,1]$
可信信任	t_{2z}	企业间的可信信任水平，$z\in\{A,B\}$，$t_{2z}\in[0,1]$

2. 模型构建

认知信任和情感信任作用于知识共享的不同阶段：认知信任作用于知识吸收阶段；情感信任作用于知识共享阶段。由上述假设可知，企业 A 和企业 B 的收入均由直接收益、协同收益和共享成本三部分构成，其中企业 A 的直接收益为 $t_{2A}t_{1B}K_B\omega_B\theta_A$，协同收益为 $\mu\lambda_A(t_{1A}K_A+t_{1B}K_B)$，共享成本为 $\frac{1}{2}l_At_{1A}^2K_A^2+c_A$。企业 B 的直接收益为 $t_{2B}t_{1A}K_A\omega_B\theta_B$，协同收益为 $\mu\lambda_B(t_{1A}K_A+t_{1B}K_B)$，共享成本为 $\frac{1}{2}l_Bt_{1B}^2K_B^2+c_B$。由此可得出企业 A 和企业 B 的单次博弈收益矩阵如表 4.6 所示。

表 4.6　信任影响下供应链企业知识贡献单次博弈收益矩阵

博弈决策		企业 B	
		共享	不共享
企业 A	共享	$t_{2A}t_{1B}K_B\omega_B\theta_A+\mu\lambda_A(t_{1A}K_A+t_{1B}K_B)-\frac{1}{2}l_At_{1A}^2K_A^2-c_A$ $t_{2B}t_{1A}K_A\omega_A\theta_B+\mu\lambda_B(t_{1A}K_A+t_{1B}K_B)-\frac{1}{2}l_Bt_{1B}^2K_B^2-c_B$	$-\frac{1}{2}l_At_{1A}^2K_A^2-c_A$ $t_{2B}t_{1A}K_A\omega_A\theta_B$
	不共享	$t_{2A}t_{1B}K_B\omega_B\theta_A,\ -\frac{1}{2}l_Bt_{1B}^2K_B^2-c_B$	0,0

3. 演化稳定策略分析

假设企业 A 共享知识所获得的收益为 U_{1A}，不共享知识所获得的收益为 U_{2A}，所获得的平均收益为 U_A，那么由表 4.6 可知，U_{1A} 的表达式为

$$U_{1A} = y\left[t_{2A}t_{1B}K_B\omega_B\theta_A + \mu\lambda_A(t_{1A}K_A + t_{1B}K_B) - \frac{1}{2}l_AK_A^2t_{1A}^2 - c_A \right] \tag{4.7}$$
$$+ (1-y)\left(-\frac{1}{2}l_AK_A^2t_{1A}^2 - c_A \right)$$

U_{2A} 的表达式为

$$U_{2A} = yt_{2A}t_{1B}K_B\omega_B\theta_A \tag{4.8}$$

由此可得，企业 A 的平均收益为

$$U_A = xU_{1A} + (1-x)U_{2A}$$
$$= xy\mu\lambda_A(t_{1A}K_A + t_{1B}K_B) - x\left(\frac{1}{2}l_AK_A^2t_{1A}^2 + c_A \right) \tag{4.9}$$
$$+ yt_{2A}t_{1B}K_B\omega_B\theta_A$$

同理，可得到企业 B 共享知识所获得的收益为

$$U_{1B} = x\left[t_{2B}t_{1A}K_A\omega_A\theta_B + \mu\lambda_B(t_{1A}K_A + t_{1B}K_B) - \frac{1}{2}l_BK_B^2t_{1B}^2 - c_B \right] \tag{4.10}$$
$$+ (1-x)\left(-\frac{1}{2}l_BK_B^2t_{1B}^2 - c_B \right)$$

企业 B 不共享知识所获得的收益为

$$U_{2B} = xt_{2B}t_{1A}K_A\omega_A\theta_B \tag{4.11}$$

企业 B 所获得的平均收益为

$$U_B = yU_{1B} + (1-y)U_{2B}$$
$$= xy\mu\lambda_B(t_{1A}K_A + t_{1B}K_B) - y\left(\frac{1}{2}l_BK_B^2t_{1B}^2 + c_B \right) \tag{4.12}$$
$$- xt_{2B}t_{1A}K_A\omega_A\theta_B$$

如此，可得到企业 A 和企业 B 的复制动态方程：

$$F(x) = \frac{\mathrm{d}x}{\mathrm{d}t} = x(U_{1A} - U_A)$$
$$= x(1-x)\left[y\mu\lambda_A(t_{1A}K_A + t_{1B}K_B) - \frac{1}{2}l_AK_A^2t_{1A}^2 - c_A \right] \tag{4.13}$$

$$F(y) = \frac{\mathrm{d}y}{\mathrm{d}t} = y(U_{1B} - U_B)$$
$$= y(1-y)\left[x\mu\lambda_B(t_{1A}K_A + t_{1B}K_B) - \frac{1}{2}l_BK_B^2t_{1B}^2 - c_B \right] \tag{4.14}$$

令 $F(x) = 0, F(y) = 0$，可得到 5 个局部均衡点，分别是 $(0,0)$，$(0,1)$，$(1,0)$，$(1,1)$ 和 (x^*, y^*)，其中

$$x^* = \frac{1/2\, l_B K_B^2 t_{1B}^2 + c_B}{\mu \lambda_B (t_{1A} K_A + t_{1B} K_B)}$$

$$y^* = \frac{1/2\, l_A K_A^2 t_{1A}^2 + c_A}{\mu \lambda_A (t_{1A} K_A + t_{1B} K_B)}$$

在复制动态方程式（4.13）和式（4.14）中分别对 x 和 y 求偏导，可得到雅可比矩阵：

$$\boldsymbol{J} = \begin{bmatrix} J_{11} & J_{12} \\ J_{21} & J_{22} \end{bmatrix} = \begin{bmatrix} \dfrac{\mathrm{d}F(x)}{\mathrm{d}x} & \dfrac{\mathrm{d}F(x)}{\mathrm{d}y} \\ \dfrac{\mathrm{d}F(y)}{\mathrm{d}x} & \dfrac{\mathrm{d}F(y)}{\mathrm{d}y} \end{bmatrix} \tag{4.15}$$

式（4.15）中，$J_{11} = (1-2x)\left[y\mu\lambda_A(t_{1A}K_A + t_{1B}K_B) - \dfrac{1}{2}l_A K_A^2 t_{1A}^2 - c_A \right]$

$$J_{12} = x(1-x)\mu\lambda_A(t_{1A}K_A + t_{1B}K_B)$$

$$J_{21} = y(1-y)\mu\lambda_B(t_{1A}K_A + t_{1B}K_B)$$

$$J_{22} = (1-2y)\left[x\mu\lambda_B(t_{1B}K_B + t_{1A}K_A) - \frac{1}{2}l_B K_B^2 t_{1B}^2 - c_B \right]$$

依据微分方程稳定性理论，当满足 $\det \boldsymbol{J} > 0$ 和 $\operatorname{tr}\boldsymbol{J} < 0$ 的条件时，该平衡点为企业 A 和企业 B 之间的演化稳定策略，依据式（4.15）可得到行列式和轨迹的表达式：

$$\det\boldsymbol{J} = (1-2x)(1-2y)\left[\mu y\lambda_A(t_{1A}K_A + t_{1B}K_B) - \frac{1}{2}l_A K_A^2 t_{1A}^2 - c_A \right]$$

$$\times \left[\mu x\lambda_B(t_{1A}K_A + t_{1B}K_B) - \frac{1}{2}l_B K_B^2 t_{1B}^2 - c_B \right] \tag{4.16}$$

$$- xy(1-x)(1-y)\mu^2(t_{1A}K_A + t_{1B}K_B)^2 \lambda_A \lambda_B$$

$$\operatorname{tr}\boldsymbol{J} = (1-2x)\left[\mu y\lambda_A(t_{1A}K_A + t_{1B}K_B) - \frac{1}{2}l_A K_A^2 t_{1A}^2 - c_A \right]$$

$$+ (1-2y)\left[\mu x\lambda_B(t_{1A}K_A + t_{1B}K_B) - \frac{1}{2}l_B K_B^2 t_{1B}^2 - c_B \right] \tag{4.17}$$

将各个局部均衡点代入式（4.16）和式（4.17）中可得到如表 4.7 所示的结果。

表 4.7　均衡点的行列式与轨迹

均衡点	$\det J$	$\operatorname{tr} J$
$(0,0)$	$\left(\dfrac{1}{2}l_A K_A^2 t_{1A}^2 + c_A\right)\left(\dfrac{1}{2}l_B K_B^2 t_{1B}^2 + c_B\right)$	$-\left(\dfrac{1}{2}l_A K_A^2 t_{1A}^2 + c_A + \dfrac{1}{2}l_B K_B^2 t_{1B}^2 + c_B\right)$
$(0,1)$	$\left[\mu\lambda_A(t_{1A}K_A + t_{1B}K_B) - \dfrac{1}{2}l_A K_A^2 t_{1A}^2 - c_A\right]\left(\dfrac{1}{2}l_B K_B^2 t_{1B}^2 + c_B\right)$	$\mu\lambda_A(t_{1A}K_A + t_{1B}K_B) - \dfrac{1}{2}l_A K_A^2 t_{1A}^2 - c_A + \dfrac{1}{2}l_B K_B^2 t_{1B}^2 + c_B$
$(1,0)$	$\left[\mu\lambda_B(t_{1A}K_A + t_{1B}K_B) - \dfrac{1}{2}l_B K_B^2 t_{1B}^2 - c_B\right]\left(\dfrac{1}{2}l_A K_A^2 t_{1A}^2 + c_A\right)$	$\mu\lambda_B(t_{1A}K_A + t_{1B}K_B) - \dfrac{1}{2}l_B K_B^2 t_{1B}^2 - c_B + \dfrac{1}{2}l_A K_A^2 t_{1A}^2 + c_A$
$(1,1)$	$\left[\mu\lambda_A(t_{1A}K_A + t_{1B}K_B) - \dfrac{1}{2}l_A K_A^2 t_{1A}^2 - c_A\right]$ $\times\left[\mu\lambda_B(t_{1A}K_A + t_{1B}K_B) - \dfrac{1}{2}l_B K_B^2 t_{1B}^2 - c_B\right]$	$-\left[\mu\lambda_A(t_{1A}K_A + t_{1B}K_B) - \dfrac{1}{2}l_A K_A^2 t_{1A}^2 - c_A\right]$ $-\left[\mu\lambda_B(t_{1A}K_A + t_{1B}K_B) - \dfrac{1}{2}l_B K_B^2 t_{1B}^2 - c_B\right]$
(x^*, y^*)	$x^* y^*\left[\mu\lambda_A(t_{1A}K_A + t_{1B}K_B) - \dfrac{1}{2}l_A K_A^2 t_{1A}^2 - c_A\right]$ $\times\left[\mu\lambda_B(t_{1A}K_A + t_{1B}K_B) - \dfrac{1}{2}l_B K_B^2 t_{1B}^2 - c_B\right]$	0

由表 4.7 可知，点 (x^*, y^*) 处的轨迹等于 0，不满足稳定条件，故其不是演化稳定点，即该点对应的策略不是演化稳定策略。而在点 $(0,0)$ 处，$\det J > 0$ 和 $\operatorname{tr} J < 0$ 恒成立，所以 $(0,0)$ 对应的策略是企业 A 和企业 B 之间的演化稳定策略。其余均衡点行列式和迹的符号不能确定，因此需对 $\mu\lambda_A(t_{1A}K_A + t_{1B}K_B)$ 和 $\dfrac{1}{2}l_A K_A^2 t_{1A}^2 + c_A$、$\mu\lambda_B(t_{1A}K_A + t_{1B}K_B)$ 和 $\dfrac{1}{2}l_B K_B^2 t_{1B}^2 + c_B$、$\dfrac{1}{2}l_A K_A^2 t_{1A}^2 + c_A$ 和 $\dfrac{1}{2}l_B K_B^2 t_{1B}^2 + c_B$ 之间的大小关系，分以下几种情况展开讨论。

情形 1：当 $\mu\lambda_A(t_{1A}K_A + t_{1B}K_B) > \dfrac{1}{2}l_A K_A^2 t_{1A}^2 + c_A$，$\mu\lambda_B(t_{1A}K_A + t_{1B}K_B) > \dfrac{1}{2}l_B K_B^2 t_{1B}^2 + c_B$ 时，不论是企业 A 还是企业 B，其协同收益都高于其共享成本，在这种情况下，几个均衡点的行列式和轨迹的符号如表 4.8 所示，其中" + "代表符号为正，"–"代表符号为负，"*"代表符号不确定。结合演化稳定点的条件，在情形 1 下，只有点 $(0,0)$ 和 $(1,1)$ 是演化稳定点。其演化相位图如图 4.5 所示。当企业 A 和企业 B 之间的共享策略处于局部平衡点时，其最终稳定的策略为 {共享，共享} 或者 {不共享，不共享}，即仅有一家企业选择共享知识是不能达成长久稳定的合作的，企业获益是企业共享知识的动力。

表 4.8　情形 1 下各局部均衡点的符号

均衡点	det J	tr J
(0,0)	+	−
(0,1)	+	+
(1,0)	+	+
(1,1)	+	−

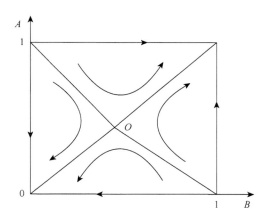

图 4.5　情形 1 下的演化相位图

情形 2：当 $\mu\lambda_A(t_{1A}K_A+t_{1B}K_B)<\frac{1}{2}l_AK_A^2t_{1A}^2+c_A$，$\mu\lambda_B(t_{1A}K_A+t_{1B}K_B)<\frac{1}{2}l_BK_B^2t_{1B}^2$ $+c_B$ 时，企业 A 和企业 B 共享知识所能获得的收益均不能覆盖其共享知识所付出的成本，由表 4.9 可知，点 (0,0) 处的行列式和轨迹的符号满足稳定性条件，因此，点 (0,0) 是演化稳定点，而 (1,1) 不满足演化稳定条件，因此，点 (1,1) 是不稳定点。在这种情况下两家企业的共享策略最终会演变为 {不共享，不共享}，由此可知其演化相位图如图 4.6 所示。

表 4.9　情形 2 下各局部均衡点的符号

均衡点	det(J)	tr(J)
(0,0)	+	−
(0,1)	−	*
(1,0)	−	*
(1,1)	+	+

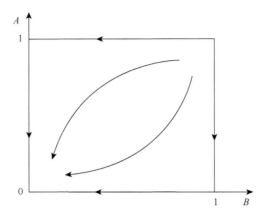

图 4.6　情形 2 下的演化相位图

情形 3：当 $\mu\lambda_A(t_{1A}K_A + t_{1B}K_B) > \frac{1}{2}l_A K_A^2 t_{1A}^2 + c_A$，$\mu\lambda_B(t_{1A}K_A + t_{1B}K_B) < \frac{1}{2}l_B K_B^2 t_{1B}^2$ $+c_B$ 时，此时企业 A 共享知识所获得的收益高于其付出的成本，企业 B 共享知识所获得的收益不能弥补其共享知识所付出的成本，在这种情况下，企业 A 会因为获益选择共享知识，而企业 B 则会由于其成本不能得到弥补而选择不共享知识，由表 4.10 可知，此时的演化策略并不是稳定策略，企业 B 的拒绝共享知识的行为导致其最终的演化稳定策略为 {不共享，不共享}。

表 4.10　情形 3 下局部均衡点的符号

均衡点	det J	tr J
(0,0)	+	−
(0,1)	+	+
(1,0)	−	*
(1,1)	−	*

由以上分析可知情形 3 下两个企业的演化相位图如图 4.7 所示。

情形 4：当 $\mu\lambda_A(t_{1A}K_A + t_{1B}K_B) < \frac{1}{2}l_A K_A^2 t_{1A}^2 + c_A$，$\mu\lambda_B(t_{1A}K_A + t_{1B}K_B) > \frac{1}{2}l_B K_B^2 t_{1B}^2$ $+c_B$ 时，此时企业 B 共享知识所获得的收益高于其共享知识所付出的成本，企业 A 共享知识所获得的收益不能弥补其共享知识所付出的成本，在这种情况下，企业 B 会因为获益选择共享知识，而企业 A 则会由于其成本不能得到弥补而选择不共享知识，由表 4.11 可知，此时的演化策略并不是稳定策略，企业 A 的拒绝共享知识的行为导致其最终的演化稳定策略为 {不共享，不共享}。

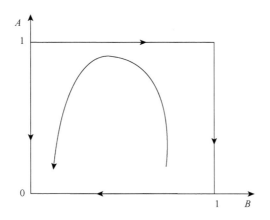

图 4.7 情形 3 下的演化相位图

表 4.11 情形 4 下局部均衡点的符号

均衡点	det J	tr J
(0,0)	+	−
(0,1)	−	*
(1,0)	+	+
(1,1)	−	*

由以上分析可知情形 4 下两个企业的演化相位图如图 4.8 所示。

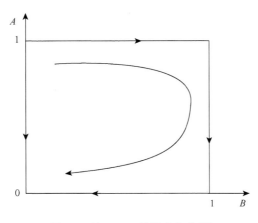

图 4.8 情形 4 下的演化相位图

综上所述,只有在企业所获的收益均能弥补其共享成本,且企业双方都选择共享知识时才能够形成共享的稳定合作状态，任一企业选择不共享知识都会损害企业双方之间的信任关系，进而导致合作失败。

4.2.3 基于信任的知识共享决策仿真

基于前文可知，当 $\mu\lambda_A(t_{1A}K_A + t_{1B}K_B) > \frac{1}{2}l_A K_A^2 t_{1A}^2 + c_A$ 且 $\mu\lambda_B(t_{1A}K_A + t_{1B}K_B) > \frac{1}{2}l_B K_B^2 t_{1B}^2 + c_B$ 时企业间的共享策略才有可能稳定于"共享"，如若不满足该条件，不论参数如何变化，企业间的共享策略均是"不共享"。因此，本节在该条件下探讨不同影响因素对企业知识共享演化路径的影响。设参数值如下：$K_A = K_B = 30$，$l_A = l_B = 0.25$，$c_A = c_B = 10$，$\mu = 5$，$t_{1A} = t_{1B} = 0.5$，$\lambda_A = \lambda_B = 0.5$。由于企业 A 和企业 B 的参数设置相同，故其演化路径也相同，因此，以企业 A 为例，得到如图 4.9 所示的演化路径，从图 4.9 中可以看出，企业 B 的共享概率保持 0.5 不变时，企业 A 以较低概率共享知识时企业之间的共享策略稳定于"不共享"，只有企业 A 以较高概率共享知识时才能达到"共享"的稳定状态，基于此初始仿真结果，考虑各影响因素对企业共享策略的影响。

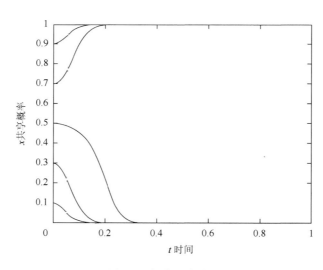

图 4.9　初始仿真结果

1. 知识共享量的影响

当企业 A 和企业 B 之间的知识共享量对等时，保持其他参数不变，修改企业间的知识共享量为 $K_A = K_B = 10$ 和 $K_A = K_B = 20$，由此可得到如图 4.10 所示的演化路径。结合图 4.9 和图 4.10 可以看出，在三种知识共享水平下，知识共享水平为 20 时企业间更容易达到稳定的"共享"策略，知识共享水平为 10 和 30 时只有在企业以较高概率共享知识时才能稳定于"共享"策略。可见，较低和较高的知识共享量均不利于企业间的知识共享。

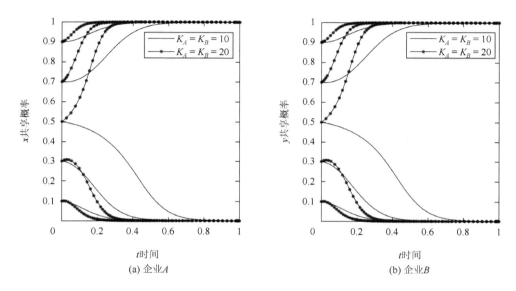

图 4.10　企业知识共享量对等下共享量对其演化路径的影响

当企业 A 和企业 B 之间的知识共享量不对等时，保持其他参数不变，修改企业 A 和企业 B 之间的知识共享量为 $K_A = 30$，$K_B = 10$，可得到如图 4.11 所示的演化路径。从图 4.11 中可以看出，企业间知识共享量的差异影响企业间的演化路径，企业间的知识共享量存在差异时会更快稳定于"共享"状态或者"不共享"状态，但不会影响企业共享策略的演化结果。究其原因在于企业的知识吸收能力是有限的，且企业间的知识吸收能力是存在差异的，适合企业的知识共享量才会促进企业间的合作。

2. 情感信任对知识共享决策的影响

当企业间的情感信任等同时，保持其他参数不变，修改企业 A 和企业 B 之间的信任水平为 $t_{1A} = t_{1B} = 0.3$ 和 $t_{1A} = t_{1B} = 0.7$，可得到如图 4.12 所示的演化路径。结合图 4.9 和图 4.12 可以看出，随着情感信任水平的增加，企业之间的共享策略达到稳定的"共享"状态越来越难，由此可以看出，情感信任虽能促进企业间的知识共享，但并非信任值越高越好，信任水平过高反而不利于企业间的稳定合作。

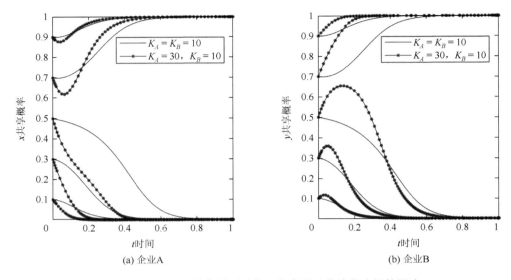

(a) 企业A　　　　　　　　　　　　　(b) 企业B

图 4.11　企业知识共享量不对等下共享量对其演化路径的影响

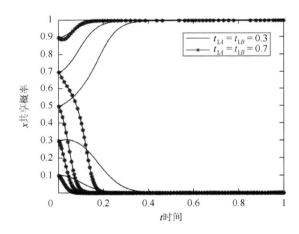

图 4.12　企业信任等同下情感信任对其演化路径的影响

　　当企业间的情感信任不等同时，保持其他参数不变，修改企业 A 和企业 B 之间的信任水平为 $t_{1A} = 0.8$，$t_{1B} = 0.2$，可得到如图 4.13 所示的演化路径。从图 4.13 中可以看出，由于企业间的信任差距太大，不论两个企业以多大的概率共享知识，其共享策略最终都会稳定于"不共享"，可见情感盲目信任同样不利于促进企业之间的知识共享。究其原因在于情感信任虽能够促使企业共享更多的知识，但结合前文分析可知知识共享量并非越多越好，共享超过企业接受能力的知识量不仅不能发挥知识本身的价值，反而还要付出相应的共享成本，导致企业合作的失败。

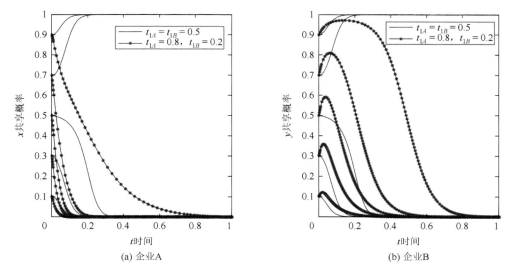

(a) 企业A   (b) 企业B

图 4.13 企业信任不等同下情感信任对其演化路径的影响

3. 收益分配系数的影响

保持其他参数不变，修改企业 A 和企业 B 之间的协同收益分配系数为 $\lambda_A = 0.3$，$\lambda_B = 0.7$，可得到如图 4.14 所示的演化结果。从图 4.14 中可以看出，在企业投入相同的情况下，相比于平均分配，收益分配存在差距时不利于企业间知识共享行为的发生，获得较少分配的企业其共享策略会以更快的速度收敛于"不共享"或者以更慢的速度收敛于"共享"，获得较多分配的企业其共享策略则会以更慢的速度收敛于"不共享"，以较快的速度收敛于"共享"，且只有在双方企业均以较高概率（大于 0.5）共享知识时，共享策略才能收敛于"共享"。

4. 知识成本的影响

以情感信任不等同情况下的仿真结果为基础，保持其他参数不变，修改单位成本为 $l_A = l_B = 0.15$，可得到如图 4.15 所示的演化结果。从图 4.15 中可以看出，与单位成本为 0.25 的情况相比，单位成本降低后企业间的共享策略更易达到稳定的"共享"状态，且收敛于"共享"状态的速度也有了较大提升。

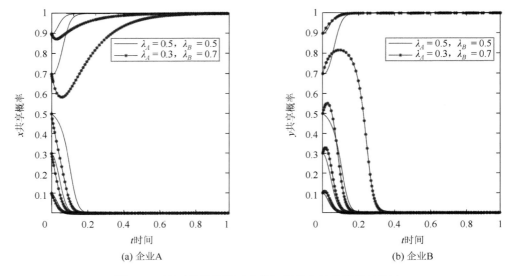

图 4.14　协同收益分配对企业知识共享演化路径的影响

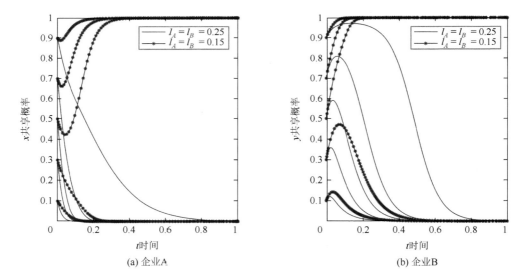

图 4.15　成本对知识共享演化路径的影响

第5章 基于知识图谱的主动知识共享框架

知识图谱是企业知识管理的有效工具，它也为业务协同中的知识共享奠定了必要基础。本章以仓储管理为对象，以业务情景为抓手，从面向业务情景的知识共享框架出发，构建业务情景知识图谱模型，获取情景信息形成知识图谱，设计相应的推理和匹配算法，实现基于知识图谱的知识共享，提升复杂环境下的知识共享效率和协同决策能力。

5.1 面向业务情景的主动知识共享

当前，主流的知识共享方式仍是"拉式"共享，知识需求主体在相关知识共享平台、社区通过搜索关键词获取自己所需知识。在实际业务中，存在着主体不清楚自己的知识需求的情况[40,41]。这种情况下，"拉式"知识共享方式显然不再适用。与之相对应的"推式"共享则是根据知识需求者的实际工作需求，事先、实时主动地为其提供工作所需的知识。因此，有必要将"推式"共享融入共享平台中。通过以上两种共享方式的结合，有助于提高知识共享精度，促进知识共享及作业效率。

"推式"共享在提升共享效率、便捷知识需求者的同时，也对知识共享平台提出了更高的技术要求，即如何确定知识需求主体的知识需求，如何根据需求匹配到最合适的知识。为解决上述问题，本章提出了一种基于情境知识图谱的知识共享方法，如图 5.1 所示。其主要思想是首先利用情境获取模块获取当前知识需求

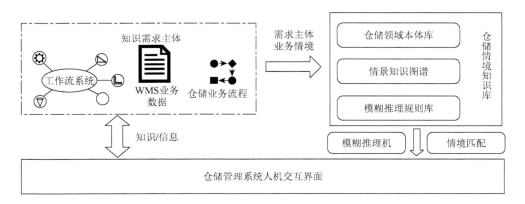

图 5.1 基于仓储情境知识库的知识共享方法

主体的情境信息，通过仓储管理系统人机交互界面实现仓储作业、决策人员的情境信息自动采集；其次构建以仓储领域本体库、情境知识图谱及模糊推理规则库为核心的仓储情境知识库；再次利用模糊推理机及情境匹配算法实现业务情境与情境知识的匹配；最后遄过仓储管理系统实现知识的主动共享传输。

　　为实现上述思想，本章以仓储领域为例，设计一套基于业务情境的主动知识共享框架，如图 5.2 所示，其主要构建步骤如下。

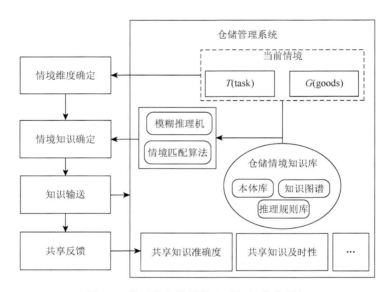

图 5.2　基于业务情境的主动知识共享框架

　　（1）情境维度确定。情境信息获取主要是指对当前仓储作业、决策情境相关信息进行获取。情境信息的获取离不开传感器、射频识别（radio frequency identification，RFID）等情境感知设备及技术，而当前国内仓储大多已拥有上述设备及技术，具备良好的情境信息获取基础。除了利用上述设备及技术获取需求主体的基本信息外，为实现后续情境匹配，本章将仓储情境知识图谱数据模型中的"任务"也纳入到情境信息中，并将情境信息数据结构定义为四元组 $I = \langle O, T, G, K \rangle$，其中 I（information）代表知识需求主体的当前情境信息，O（operator）代表当前知识需求主体的基础信息，T（task）代表当前知识需求主体的作业、决策任务，G（goods）则代表与当前任务相关的货物，K（knowledge）代表当前知识需求主体已具备的专业知识。

　　（2）情境知识确定。情境知识确定是基于业务情境的主动知识共享的核心，考虑到不同仓储业务情境下需要不同的知识确定方法，本章利用模糊推理机和情境匹配算法进行情境知识确定。其中情境匹配算法通过对当前情境节点与情境知识图谱中的相关节点进行相似度计算，完成当前情境与图谱情境的匹配，以此确定当前业务情境下所需知识；模糊推理机则是借助仓储情境知识库中存储的模糊推理规则库及情境知识图谱对当前业务情境信息进行推理从而确定当前情境下所需要的知识。

（3）知识输送。在情境维度及情境知识确定后，仓储管理系统首先会根据情境信息四元组确定当前任务的执行者；其次通过情境知识图谱检索出其当前已掌握的知识；最后通过对比已有知识及任务情境所需知识，筛选出与任务相关且执行者欠缺的知识并主动共享给任务执行者。

（4）共享反馈。对用户借助知识共享前后完成任务的效率等进行记录，并为接受中长期知识共享服务的用户提供反馈渠道，以便后续用户了解掌握知识共享的成效，促进知识库的更新。

5.2　面向业务情景的知识图谱构建

5.2.1　业务情景知识图谱数据模型

根据领域知识图谱的特征，将仓储领域知识图谱形象化地表示为 $KG = \langle D, A \rangle$，其中 D 表示仓储情境知识图谱的数据模型，A 表示仓储情境知识图谱的实例模型，图 5.3 为仓储情境知识图谱总体框架。仓储日常管理中既存在着大量结构

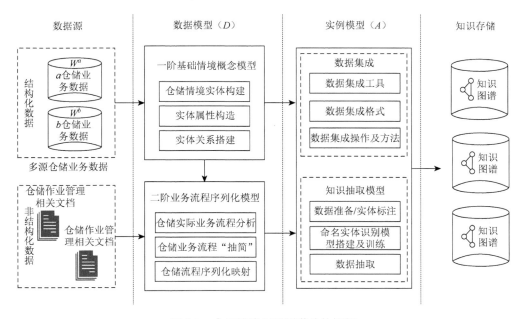

图 5.3　仓储情境知识图谱总体框架

化的业务数据，又存在着大量以文本为载体的非结构化数据。为实现高性能情境知识图谱构建，首先以数据模型为图谱模式提出针对仓储业务结构化数据的集成方法，其次利用命名实体识别模型对仓储知识中的非结构化数据进行抽取，最后利用图谱数据库完成知识的图谱化储存。

为将知识情境融入仓储知识图谱中，基于总体框架提出了一种适用于仓储情境知识图谱的"二阶"数据模型构建方法，如图5.4所示。

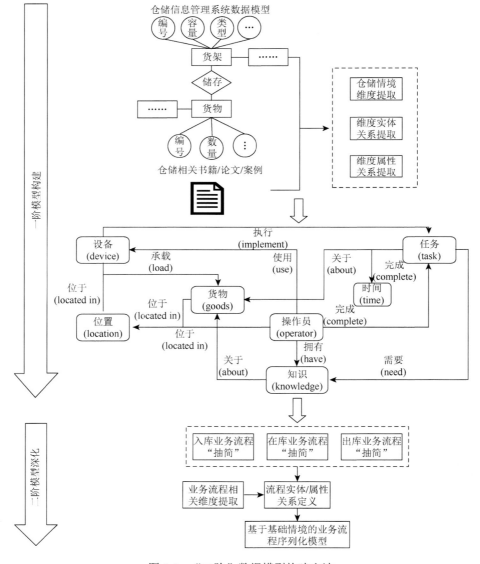

图 5.4 "二阶"数据模型构建方法

1. 基础情境概念模型

参考具有普适情境计算能力的情境本体（context ontology，CONON）和情境感知知识图谱概念模型，结合仓储领域的特有概念，设计了仓储情境概念模型。该模型描述了仓储场景中的概念和关系等抽象元素，能够实现仓储领域情境的刻画，如图 5.5 所示。

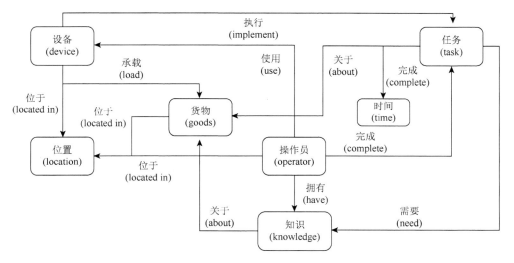

图 5.5　仓储情境概念模型

仓储情境概念模型中有七个核心概念实体，分别为位置、任务、操作员、设备、货物、时间和知识，具体概念实体释义如表 5.1 所示。其中位置、任务、操作员、设备等四个概念实体参照了 CONON 模型。在此基础上，本章综合考虑仓储业务流程中的知识情境特征，引入了货物、时间及知识三个概念实体。物联网设备作为仓储管理环节中的重要工具，在情境信息获取中也扮演了重要角色。在仓储情境实际建模中，上述七个核心概念实体中的位置、货物、设备、操作员等实体信息大多都将由物联网的传感器设备进行信息集成整合和传递，此外，货物的一些主要的属性信息（如数量、质量等）也将通过物联网设备进行获取。

表 5.1　仓储情境概念实体含义及说明

概念实体	说明
位置	完成仓储作业、决策等所在活动地点/货物、设备存放地理空间位置
任务	仓储业务过程中所要完成的目标与任务
操作员	仓储业务活动执行者或仓储任务决策者

续表

概念实体	说明
设备	为完成作业活动所需要的仓储设备
货物	仓储作业活动客体，业务执行对象
时间	仓储作业活动完成时间状态表述
知识	完成业务活动所需的各种知识资源

根据物流术语新国标中的定义，仓储是指利用仓库及相关设施设备进行物品的入库、储存、出库的活动[42]。众所周知，仓储就是以提高空间利用率及物料搬运率为目的，利用仓库对货物进行组织的活动，仓储活动的客体就是货物[43]，因此要构建仓储情境概念模型，货物这一概念实体必不可少。

伴随业务执行过程的知识情境总是具有时间链驱动的动态演化特征[44]，将时间纳入仓储情境模型有助于依据时间要素对知识情境进行划分。此外，时间还是衡量货物各类指标及业务流程效率的一个重要因素[45]。例如，在构建仓储货位分配系统时，利用 RFID 阅读器监测库存单位，通过出入库任务时间数据能够完成货物在库周期等指标的计算[46]。

知识作为一种资源能够对业务问题进行有效求解，将知识概念实体融入情境模型有利于后续业务情境知识的高效准确应用。为实现"知识"与具体仓储业务流程的融合，完成后续基于业务情境的知识智能问答，本章以任务概念实体为依据对知识进行"块划分"操作，图 5.6 为情境知识"块划分"示例。

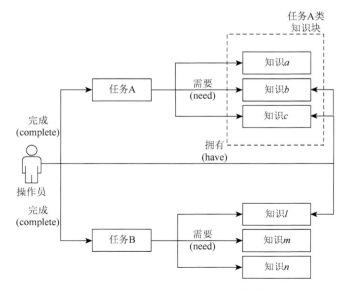

图 5.6 知识情境"块划分"示例图

此外，为清晰阐述各概念实体之间的关系，仓储情境概念模型定义了八大类关系，分别为位于、使用、关于、完成、执行、承载、需要和拥有。

2. 业务流程"序列化"模型

不同于其他专业领域，仓储领域中的业务高度流程化。为在情境图谱中更好地体现出仓储业务间的联系，本章首先对各仓储业务流程中的关键节点进行抽取简化，并在此基础上以基础情境概念模型中的"任务"概念实体为各流程节点的父节点，实现仓储业务流程的知识图谱"序列化"。本章所提出的"序列化"模型构成要素为入库、在库及出库三大仓储业务流程，其中在库流程由盘点、移库组成。图 5.7、图 5.8、图 5.9 依次为入库、在库、出库任务的"抽简"流程。

仓储业务流程"序列化"模型如图 5.10 所示，为将"抽简"处理后的流程融入情境概念模型中，本章提出了流程实体之间的"nexttask"实体关系，用于表示流程节点之间的先后关系；为流程节点设置了"begin"和"end"两个属性关系，带有"begin"属性的实体表示流程的头节点，带有"end"属性的实体表示流程的尾节点，通过这两个属性标识流程的开始和结束。

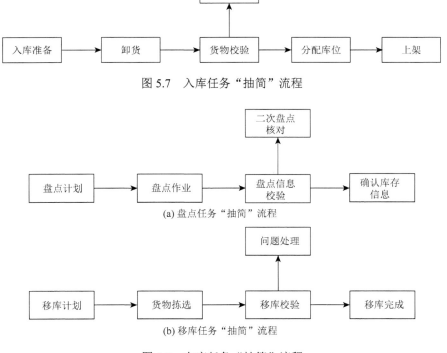

图 5.7　入库任务"抽简"流程

(a) 盘点任务"抽简"流程

(b) 移库任务"抽简"流程

图 5.8　在库任务"抽简"流程

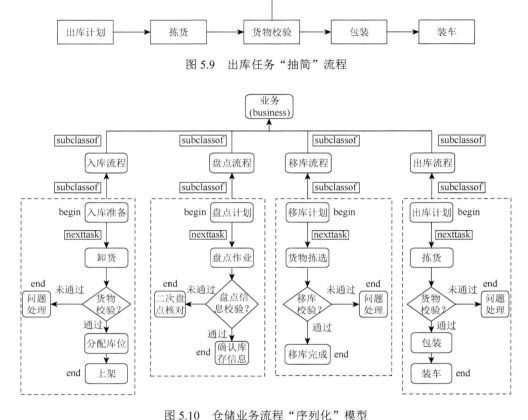

图 5.9 出库任务"抽简"流程

图 5.10 仓储业务流程"序列化"模型

3. 基于结构化数据的仓储信息管理系统数据集成

业务数据是构建情境知识图谱的主要数据源，根据情境知识图谱数据模型中设计的实体、关系和属性等概念对数据进行抽取，确定数据与数据模型中各元素的映射关系，从企业信息管理系统中抽取和集成实体数据，形成实体数据集。

企业信息管理系统口储存了大量业务数据，且随日常业务不断更新。因此实现业务数据的自动获取，完成知识图谱实体数据集的快速抽取和更新，离不开一种高效的数据集成方法。考虑到当前已有较多高效稳定的数据抽取、转换、装载（extract-transformation-load，ETL）工具及知识图谱储存数据库，基于仓储情境知识图谱数据模型模式及 ETL 工具，提出了一种面向 Neo4j 图数据库导入模式的仓储情境知识图谱数据集成方法，如图 5.11 所示，并成功利用该方法完成多源仓储信息管理系统数据集成处理，形成知识图谱的实体关系数据集。

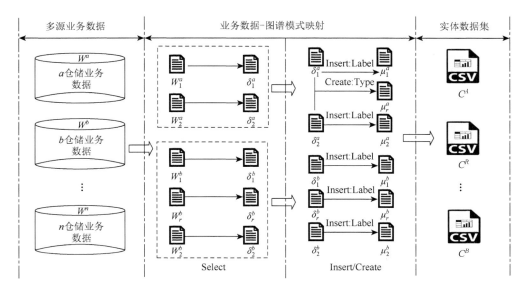

图 5.11　多源仓储业务数据集成方法

　　根据仓储情境知识图谱数据模型所需数据模式及图谱导入所需数据模式，利用查询（Select）、插入（Insert）及创建（Create）操作进行数据集成处理，根据图谱模式完成业务数据与实体数据的映射，具体地，利用 Select 操作将所需实体数据筛选出来、Insert 操作为实体数据集添加标签、Create 操作建立实体间的关系数据，最后分别对上述数据进行逗号分隔值（comma-separated values，CSV）格式输出，形成仓储情境知识图谱构建所需的实体关系数据。

4. 基于非结构化数据的仓储文本知识抽取模型

　　知识图谱的数据源除了结构化的业务数据外，还有许多非结构化数据，如何处理这些非结构化数据也是本章的研究重点。当前，将基于非结构化数据的仓储文本知识抽取模型分为两个部分，即实体抽取模型和关系抽取模型。

　　（1）针对非结构化数据的实体抽取，采用双向长短期记忆-条件随机场（bidirectional long short-term memory-conditional random fields，BiLSTM-CRF）模型，实现多源异构数据的实体识别，具体步骤如图 5.12 所示。首先，根据图谱应用需求确定待抽取的数据语料；其次，根据数据模型中定义的图谱模式，利用 BIO[①]标注构建模型所需训练集和测试集；最后，使用训练集和测试集分别训练和测试模型，并利用训练好的模型完成语料实体抽取。

---

① B（begin）表示实体的开始，I（inside）表示实体内部，O（outside）表示非实体部分。

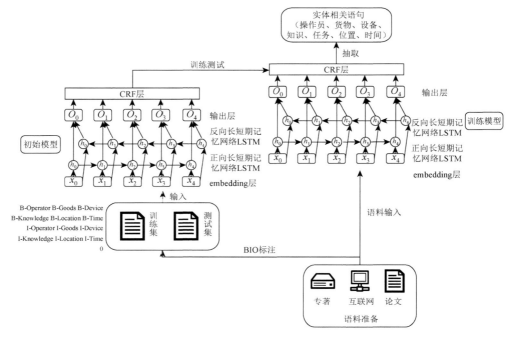

图 5.12　非结构化数据的实体抽取

（2）关系抽取是指自动识别实体/概念间的语义关系，需要在实体抽取结果的基础上完成。目前，已有许多较为成熟的关系抽取算法，如基于注意力的双向长短期记忆算法、分段卷积神经网络模型、清华大学提出的注意力机制加卷积神经网络模型等。此外，哈尔滨工业大学社会计算与信息检索研究中心研发和推广的开源语言技术平台（language technology platform，LTP）具备关系抽取的功能，也是目前最具影响力的中文处理基础平台之一。

5.2.2　情境信息获取的三种方法

根据前文确定情境信息的主要内容，情境信息获取的方法分为三类，即基于业务流程的情境信息获取、基于业务数据的情境信息获取和基于业务序列的情境信息获取方法。

1. 基于业务流程的情境信息获取

工作流技术为实现信息系统对业务流程的可视化及自动管理提供了理论基础。目前已有研究[47, 48]实现了基于工作流的仓储作业、资源的可视化管理，能够准确定位当前业务活动及其参与者。因此，基于工作流的仓储信息管理系统能够准确定位到当前业务活动信息，完成业务情境信息的获取。

利用工作流技术完成当前业务情境信息的获取，首先，需要使用工作流引擎对仓储业务流程及各流程属性（如流程负责人）进行完整的定义；其次，将定义完整的流程部署到工作流数据库中，并将工作流与仓储信息系统进行有机结合；再次，当仓储信息管理系统启动相关实例后，实例相关信息将自动储存在工作流数据库中；最后，根据情境匹配需求设计对应结构化查询语言（structured query language，SQL）的语句，从数据库中完成相关字段的获取。基于业务流程的情境信息获取逻辑如图 5.13 所示。

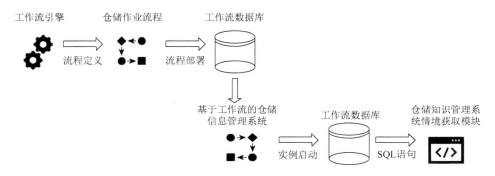

图 5.13　基于业务流程的情境信息获取逻辑

2. 基于业务数据的情境信息获取

仓储信息管理系统的业务数据（出入库预约数据、预约分拣数据及周期性盘点数据等）同样具有描述业务情境的能力，通过对仓储信息管理系统中相关数据的集成分析，不仅可以得到当前货物具体的属性信息（质量、价值等），而且还能够准确提取出未来某时间段的业务活动信息。因此，通过仓储信息系统的业务数据能够有效提取目前或未来某时刻或时间段的业务情境信息。基于业务数据的情境信息获取逻辑如图 5.14 所示。

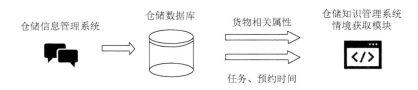

图 5.14　基于业务数据的情境信息获取逻辑

3. 基于业务序列的情境信息获取

基于业务序列的情境信息获取则需要借助上述两者中的相关数据才能完成。

以业务流程或业务数据获取的情境为基础，结合仓储情境知识图谱中的业务序列准确推导出未来某时段的业务活动情境信息，从而完成未来业务情境信息获取。基于业务序列的情境信息获取逻辑如图 5.15 所示。

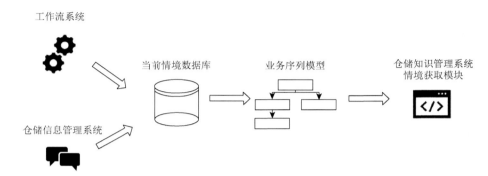

图 5.15　基于业务序列的情境信息获取逻辑

5.3　面向业务情景的知识共享实现

5.3.1　基于知识图谱的推理方法

1. 基于仓储情境的推理规则设计

仓储情境知识库主要由三个部分组成，分别为仓储领域本体库、情境知识图谱及模糊推理规则库。

仓储领域本体库是知识共享的基础。其不仅实现了仓储领域知识的标准化、系统化与通用化，降低了不同仓储企业间的知识共享成本，还为仓储情境知识图谱的构建提供了框架模式。情境知识图谱是仓储业务情境知识表示及储存的重要工具，同一仓储企业内部及多个仓储企业间进行共享的知识均来自图谱中储存的知识，本节着重对模糊推理规则库进行构建。

结合仓储业务情境进行知识共享时，依靠仓储情境知识图谱中所储存的知识只能够满足一部分业务情境的知识需要（如货物检验、问题处理、货物分拣等）。面对入库库位分配这类多目标优化型的复杂决策任务时，仅共享图谱中储存的通用性知识，也难以较好地辅助仓储管理人员完成库位分配决策。例如，出于不同的优化目标，图谱中关于库位分配的知识多且杂，仓储管理人员难以直接利用这些知识做出决策，从而降低了知识共享对业务效率的提升效果。因此，针对类似入库库位分配这类复杂决策任务进行知识共享时，除了需要共享图谱中储存的知识外，还需要结合具体情境获取到的相关信息利用规则库推理出更具针对性的决策建议（如利用货物质量、数量、价值及出入库频率快慢等信息推理出其适合的储存策略），再将推理出的业务相关知识及图谱中储存的知识一同打包成知识列表共享给仓储管理人员，辅助其制定出更优的决策，以此提高仓储决策及作业效率。为实现上述目标，本章拟利用模糊推理算法对输入的货物属性及任务变量进行推理并输出相应的策略。为顺利进行上述推理，首先需要对推理规则进行设定，形成推理规则库，具体构建流程如图 5.16 所示。

图 5.16　规则库构建流程图

（1）结合前文所"抽简"的仓储业务流程，本节从入库、在库及出库三个方面出发分别对其进行模糊规则设计。因此为使知识共享能够更加智能地支持仓储作业及决策，通过对仓储业务流程进行分析，认为仓储作业流程中有必要进行模糊推理的业务情境主要包括入库库位分配、盘点计划制定、移库计划制定及出库计划制定（出库货位优化）。由于涉及业务情境较多，下文主要以入库库位分配为例对其具体推理规则构建流程进行展示。

（2）结合现有研究[43, 49, 50]及一线仓储人员的意见，对入库库位分配推理规则的输入变量设置为货物重量（weight）、货物出入库频率（turnover frequency）、货物易损程度（fragility）、货物价值（value）；输出变量为货位分配策略（assignment advice）。

（3）货物重量设置五个等级语义变量，可表示为集合{"重（VH）""较重（FH）""中等（M）""较轻（FL）""轻（VL）"}；货物出入库频率设置五个等级语义变量，分别为{"快（VF）""较快（FF）""一般（T）""较慢（FS）""慢（VS）"}；货物易损程度设置三个等级语义变量，分别为{"易损（VD）""一般（D）""不易损（LD）"}；货物价值则是参照"ABC 分类法"设置三个等级语义变量，分别为{"高价值（VC）""一般（C）""低价值（LC）"}。输出变量分配策略考虑货架位于仓库中的位置、货架高度及巷道等因素进行设定，共 12 种策略：{"Q1靠近出入口面向巷道路底层货架储存""Q2 靠近出入口面向巷道路中层货架储存""Q3 靠近出入口面向巷道路高层货架储存""Q4 仓库内部面向巷道路底层货架储存""Q5 仓库内部面向巷道路中层货架储存""Q6 仓库内部面向巷道路高层货架储存""Q7 靠近出入口远离巷道路底层货架储存""Q8 靠近出入口远离巷道路中层货架储存""Q9 靠近出入口远离巷道路高层货架储存""Q10 仓库内部远离巷道路底层货架储存""Q11 仓库内部远离巷道路中层货架储存""Q12 仓库内部远离巷道路高层货架储存"}。

（4）较为经典的隶属度函数方法有指派法、模糊专家法、二元对比排序法等，本节利用指派法的方式完成隶属度函数的确定。隶属度函数采用三角函数来描述，其中货物重量隶属度函数如图 5.17 所示，横坐标表示货物的重量，纵坐标表示各重量对应的隶属度，SKUsMC 表示单位货架最大承重。

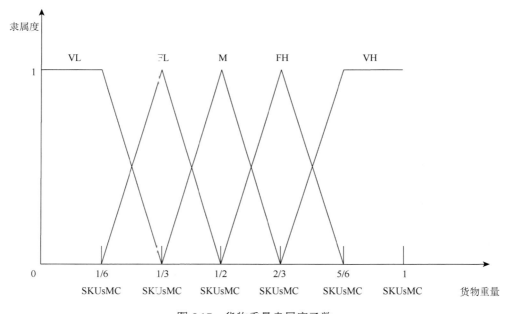

图 5.17　货物重量隶属度函数

（5）本节所提出的模糊规则可以利用经典的"（IF…THEN…）"规则表示，如规则 1：IF （（货物重量重）AND（货物出入库频率快）AND（货物易损）AND（货物价值低））THEN（将货物靠近仓库出入口，靠近巷道，底层货架存放）。由于库位分配所选取模糊变量较多，因此以表格的形式对库位分配模糊规则进行展示，如图 5.18 所示。

（6）将仓储业务中的若干情境以这种形式的规则组合，从而形成仓储情境知识库中的模糊规则集合，形成规则库。

2. 模糊推理系统设计

模糊推理系统是实现专家知识到业务决策的桥梁，推理模型是否合适一定程度上决定了推理效果的好坏。对于多输入和多规则的模糊推理，Mamdani（曼达尼）

weight	fragility				
	value				
	turnover frequency				
	assignment advice				

	LD						...		VS				
		LC								LC			
	VD	FS	T	FF	VF				VS	FS	T	FF	VF
VL	Q12	Q6	Q9	Q3	Q3			VL	Q12	Q5	Q8	Q2	Q2
FL	Q12	Q6	Q8	Q2	Q3			FL	Q11	Q5	Q8	Q2	Q2
M	Q11	Q5	Q8	Q2	Q2			M	Q11	Q5	Q7	Q2	Q2
FH	Q10	Q5	Q7	Q1	Q1			FH	Q10	Q4	Q7	Q2	Q1
VH	Q10	Q4	Q7	Q1	Q1			VH	Q10	Q4	Q7	Q1	Q1

图 5.18　库位分配推理规格表

模糊推理方法具备很高的适配度，且推理过程直接。本节所提出的模糊推理中涉及多个输入变量，因此选用 Mamdani 模糊推理算法完成本节的模糊推理，其具体推理过程如图 5.19 所示。

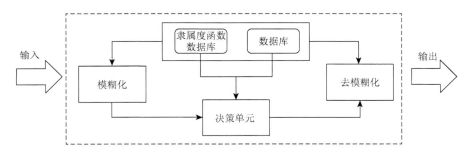

图 5.19　Mamdani 模糊推理流程

　　MATLAB Fuzzy Logic 工具箱具有可视化、提供图形化系统设计界面及集成的仿真和代码生成功能等优点，被广泛应用于模糊逻辑推理，因此本节将利用其进行模糊逻辑推理程序的构建。基于 MATLAB 模糊推理工具的库位分配模糊推理过程如图 5.20 所示。

5.3.2　知识共享的知识匹配算法

1. 节点相似度匹配算法设计

　　本节所提出的知识匹配算法主要通过情境元素完成业务与知识的匹配。借鉴前人研究基础[51, 52]，结合前面给出的仓储情境知识图谱，给出了适用于仓储情境的知识匹配算法。关于任务 T（task）实体，由于仓储中的任务较为固定且名称无

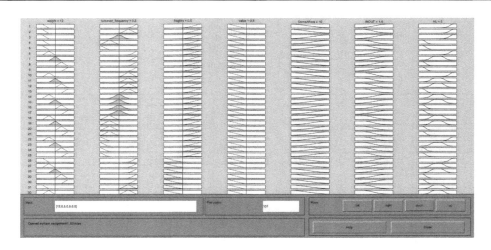

图 5.20　基于 MATLAB 模糊推理工具的库位分配模糊推理过程

歧义，因此本书拟采用元素层面的字符串匹配的方法对其进行相似度评估。关于货物 G（goods）实体，由于：①仓储中涉及货物种类繁杂，货物的称呼也并不统一；②与其他领域的情境知识匹配不同，仓储情境下的货物匹配并不需要当前情境下的货物与情境知识图谱中的完全对应，只需完成二者属性上的匹配便可完成基于情境的知识共享。综合考虑以上两个方面的因素可知：对货物实体节点进行相似性计算时，不再强调货物节点名称的字符串匹配，应以货物属性为主体进行字符串匹配。

Jaro-Winkler（贾罗-温克勒）算法基于不同字符串之间"共有"字符数量及排序顺序进行计算，在处理本体实体中相对较短文本对象时表现优异[53]。因此，在此将借鉴 Jaro-Winkler 距离的字符串相似性算法完成情境知识匹配。

假设 C_1、C_2 为待比较的两个字符串，二者的 Jaro 相似度可表示为 $\mathrm{Sim}(C_1,$ $C_2)=\dfrac{1}{3}\left(\dfrac{m}{|C_1|}+\dfrac{m}{|C_2|}+\dfrac{m-\dfrac{q}{2}}{m}\right)$，其中 m 表示两个字符串中相同的字符数，$|C_i|$ 表示字符串的长度，q 表示 C_1 和 C_2 相互匹配的字符串中需要换位才能使匹配字符串相同的字符数（如 MOBILE 和 MOBLIE 的字符匹配，但需要将 L 和 I 换位才能把 MOBILE 变成 MOBLIE，因此此时的 q 取 2）。进行匹配操作时，只有当 C_1 和 C_2 的字符相同，且距离不超过 $\dfrac{\max\left(|C_1|,|C_2|\right)}{2}-1$ 时才认为两个字符是匹配的。将 C_1 和 C_2 匹配的字符进行比较，二者的 Jaro-Winkler 相似度表示为 $\mathrm{sim}_w(C_1,C_2)=\mathrm{sim}(C_1,$ $C_2)+lp[1-\mathrm{sim}(C_1,C_2)]$，其中 l 为字符串 C_1 和 C_2 的公共前缀长度（最大值取 4），p 为常量因子（常量 p 的默认值为 0.1）。

具体地，在仓储管理中：①任务（task）实体节点相似性计算。本书所进行的任务节点相似度计算主要以仓储情境知识图谱中提出的"仓储抽简任务"实体名称为依据，以业务名称为主体完成相似度计算；②货物（goods）实体节点相似性计算。根据国际上的 SCG（standard classification goods，标准分类商品）分类法及物流运输仓储所关注的货物属性信息，货物共 20 大类、92 小类；按照物流运输仓储所关注的货物属性分类，货物共 13 大类。本书所提出的仓储货物的本体构建主要是对后者的复用，因此将以上述 13 类为主要属性对货物节点进行相似度计算。

2. 基于情境知识库的共享算法设计

基于情境知识库的共享算法如图 5.21 所示，具体步骤如下。

步骤 1：分别从工作流数据库及仓储管理系统数据库中提取当前情境中任务（task）、操作员（operator）和货物（goods）实体。

步骤 2：图谱中对当前情境模型中的货物（goods）实体进行搜索，若存在相同货物实体则找出其隶属于哪类货物；若不存在相同货物实体，则根据货物属性完成货物节点相似度计算，判定其属于哪类货物。

步骤 3：确定当前任务所需要的知识类型。

步骤 4：在图谱中找出与当前情境模型中任务种类、货物种类均相关的知识或设备节点。

步骤 5：根据当前情境中货物相关属性推理出合适的货物位置，并共享给操作员。

步骤 6：在图谱中搜索当前操作员掌握的知识或历史设备使用记录。确定待共享的知识类型及内容，形成待共享的知识列表。

步骤 7：将知识共享列表与操作员已掌握的知识进行对比，共享给操作员其尚未掌握的知识。

为进一步对算法进行解释说明，下面分别从入库准备、货物检验以及库位分配三个任务出发给出一个具体仓储业务情境的主动共享方法示例，如图 5.22 所示。

入库准备业务情境：当基于工作流的仓储管理系统接收到预约订单申请后，主动知识共享模块会自动提取到预约入库订单中货物及其属性等相关情境数据，结合仓储入库流程的第一个任务（入库准备）以及拟安排的操作员等情境信息综合构建一个业务情境模型。通过对该操作员所掌握的知识以及本次入库准备所需要的知识进行对比，得出此次入库准备活动是否需要为该操作员共享相关知识，然后将提取的情境数据以及所需要共享的知识一同通过仓储知识管理系统共享给相关操作员，辅助操作员进行入库准备任务的制定。

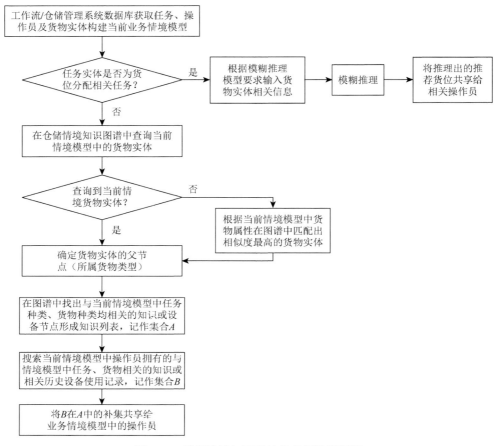

图 5.21　基于情境知识库的共享算法流程图

　　货物检验业务情境：通过仓储物联网集成系统获取到当前货物是否已完成卸货分拣到达库房内，若检测到当前货物已完成卸货分拣，主动知识共享模块以该批货物入库准备时所构建的仓储情境模型为基础，对完成该批货物检验任务所需要的知识进行筛选，并在当前仓库中匹配出最合适的货物检验人选，然后将基于工作流的仓储管理系统所获取的货物情境数据及货物检验人员需要的新知识一同通过知识管理系统共享给货物检验人员，辅助操作员完成货物检验任务。

　　库位分配业务情境：该业务情境需要借助仓储物联网集成系统获取到当前货架的状态、通过工作流的仓储管理系统获取到当前货物的基础情境数据（数量、质量、价值等）以及货物历史属性数据（周转周期、易损度）等，从而完成模糊推理系统的输入数据获取。完成获取后，将数据输入到系统进行模糊化处理，然后借助模糊推理规则和去模糊化操作生成精确分配的货架位置信息，并将信息主动共享给仓储管理人员，完成管理人员的决策辅助。

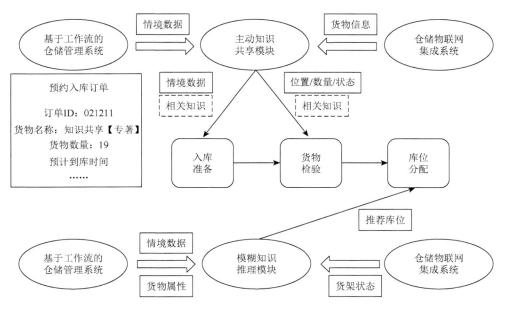

图 5.22　仓储业务情境的主动共享方法示例

第6章　依托工作流的知识共享与业务协同

工作流是实现业务自动化的有力工具之一，它通过知识共享实现了业务协同。在实际中，业务并非单纯地按既定流程逐个活动实现知识共享，还存在跨活动的知识共享，因此需研究提前知晓某些知识后对业务协同的影响，包括多个知识存在冲突的情形。本章主要探讨基于提前期的业务协同、面向冲突知识的业务协同及基于微服务的知识共享架构。

6.1　基于提前期的业务协同

本节聚焦于如何表达带有提前期的时间工作流网问题，在分析前人工作的基础上，基于时间工作流网，引入提前期概念，对时间工作流网进行适当的扩展和修改，建立考虑提前期的时间工作流网的业务流程网络模型。

6.1.1　考虑提前期的基本流程结构

以往多数研究是对时间工作流网进行扩充，时间 Petri 网和时延 Petri 网适用于描述活动的最早最晚开始时间和最长最短持续时间，但不能描述活动的等待时间和服务时间，也就无法有效描述资源等待对活动完成时间的影响[54]。活动的完成需要多种资源的参与，在排队论中，资源的产生与数量受时间的影响，时间又是时间工作流网理论的基本刻度标尺，利用时间刻度可以将资源约束对时间工作流网的作用关系表达出来。由于活动的执行时间可分为等待时间和服务时间，参与活动的资源可随时间发生规律的数量变化，从而对活动的等待时间产生影响。因为非规律因素造成的资源数量突变可用提前期进行表示，但一般的时间工作流网不能有效地描述这种提前期[55]。因此，通过设置时间变量，引入提前期，将时间工作流网改进为考虑提前期的时间工作流网，用以描述资源、活动存在提前期的情形，并以此为基础，衡量提前期对活动完成时间的影响。

1. 基础含义

考虑提前期的时间工作流网（extended time workflow network，ETWN）的定义为 6 元组，即 $\text{ETWN} = (P, T, F, M, I, L_t)$ ，其中：

（1）$P = \left\{ p_i \mid i = 1, \cdots, \mid P \mid \right\}$ 是库所的有限集合。

（2）$T = \left\{ t_j \mid j = 1, \cdots, \mid T \mid \right\}$ 是变迁的有限集合，且 $P \cap T = \varnothing$。

（3）$F \subseteq (P \times T) \cup (T \times P)$，是弧（流关系）的集合。

（4）$\forall_p \in P, M_0(p) = \begin{cases} 1, & p = i \\ 0, & \text{其他} \end{cases}$。

（5）I 是定义在变迁集上的时间区间函数；$I: T \rightarrow R_0 \times (R_0 \cup \{\infty\})$。

（6）L_t 是关联在变迁 t 上的非负有理数，服从参数为 θ 的指数分布，有

$$F(L_t, \theta) = \begin{cases} 1 - \mathrm{e}^{-\theta L_t}, & L_t \geqslant 0 \\ 0, & L_t < 0 \end{cases} \tag{6.1}$$

图 6.1 是一个考虑提前期的工作流示例模型，其包含三个库所 p_1，p_2，p_3 和变迁 (t_0, t_1)。λ_1 表示 t_0 变迁引入提前期。

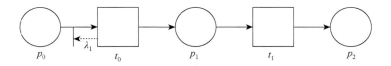

图 6.1　考虑提前期的工作流示例模型

在实际应用中，应该根据模型资源的具体情况来考虑如何添加提前期，一方面确定提前期时长，另一方面确定在什么地方添加提前期。业务流程的 Petri 网模型中包含库所、变迁、有向弧、托肯以及子网，其对应关系如表 6.1 所示。

表 6.1　Petri 网模型与流程图之间的元素对应关系

元素名称	图形化表示	业务流程
库所（P）	○	资源基本状态和条件
变迁（T）	□	活动实施或执行
有向弧	→	状态与事件之间的联系
托肯（Token）	⊙	资源数量
子网	▢	流程中某项集合任务的子过程

2. 考虑提前期的时间工作流网建模

工作流是业务流程的图形化描述，由四种基本结构构成的工作流网模型难以详细表示实际情况的工作流程。本书在时间工作流网的基础上，提出了考虑提前期的时间工作流网。

顺序结构：顺序结构具有严格的执行顺序，一个活动完成后才开始进行下一个活动，图 6.2 中包含三个库所（p_0, p_1, p_2）和两个变迁（t_0, t_1）。变迁 t_0、t_1 存在提前期，用黑色向左虚线箭头表示参与活动 t_0、t_1 的资源提前到达，缩短活动 t_0、t_1 的等待时间，其结构如图 6.2 所示。

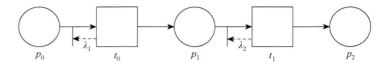

图 6.2　考虑提前期的顺序结构模型

并行结构：并行结构表示并行活动无先后执行顺序，变迁 t_1、t_2 组成并联结构，变迁 t_1、t_2 均可能存在提前期情况，同上，变迁的提前期以黑色向左虚线箭头表示完成活动 t_0、t_1、t_2 所涉及的资源提前到达，活动到达即刻执行，无须等待，其结构如图 6.3 所示。

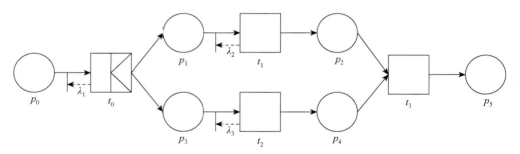

图 6.3　考虑提前期的并行结构模型

选择结构：选择结构是用来定义工作流程的执行可根据具体条件选择执行某个活动，也可以赋予概率值执行活动。由变迁 t_1、t_2 构成的选择结构中，变迁 t_1 可能存在提前期，以黑色向左虚线箭头表示参与完成活动 t_1 的资源提前到达，缩短活动 t_1 的等待时间，其结构如图 6.4 所示。

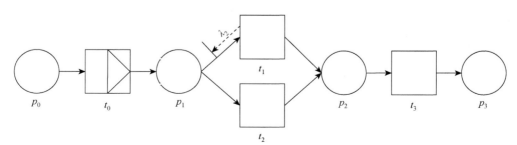

图 6.4　考虑提前期的选择结构模型

循环结构：循环结构表示工作流程中某一组活动可能会被执行多次的活动，即变迁 t_1 可能会被多次执行，可考虑引入提前期 λ_1 到变迁 t_1 中，以黑色向左虚线箭头表示参与完成活动 t_1 的资源提前到达，缩短活动 t_1 的等待时间，其结构如图 6.5 所示。

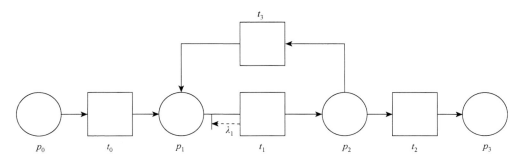

图 6.5　考虑提前期的循环结构模型

6.1.2　考虑提前期的流程网络模型

1. 基本结构服务时间计算

需要计算工作流活动的服务时间，包括最短时间和最长时间。根据选择结构或分支来划分可执行路径，所以可执行路径中不再存在选择结构，因此，可执行路径只包含顺序、并行、循环结构，以下给出顺序、并行、循环结构的等效化简规则。

1）顺序结构活动服务时间

t_{A1} 是 n 个顺序执行的变迁，变迁 t_i 的时间区间为 $[t_{ia}, t_{ib}](i = 1, 2, \cdots, n)$。将顺序结构下多个活动合并进行等效化简，顺序结构的等效化简如图 6.6 所示。变迁 $t_1, t_2, \cdots, t_n$ 根据化简规则，得到变迁 t，时间区间记为 $[t_a, t_b]$，化简后模型的时间区间等价于原顺序结构的时间区间。

则等效时间变迁 t 服务时间如下：

$$(t_1, t_2, \cdots, t_n) \to T[t_a, t_b] = T[t_{1a} + t_{2a} + \cdots + t_{na}, t_{1b} + t_{2b} + \cdots + t_{nb}] \qquad (6.2)$$

2）并行结构活动服务时间

并行结构主要由两个基本的结构与分支合并组成，为了简化模型的复杂性，对其分支变迁活动进行性能等价化简，取分支子活动执行时间的最大值作为分支变迁活动的执行时间，其中变迁 t 是变迁 $t_1, \cdots, t_{c-1}, t_c, \cdots, t_f, t_r, \cdots, t_v, t_{v+1}, \cdots, t_n$ 并行合并后的新变迁，时间区间相应地记为 $[t_a, t_b]$，并行结构的等效化简如图 6.7 所示。

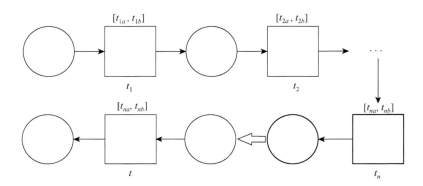

图 6.6 顺序结构的等效化简

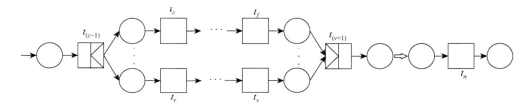

图 6.7 并行结构的等效化简

则等效时间变迁 t 服务时间如下：

$$(t_1, t_2, \cdots, t_n) \rightarrow T[t_a, t_b] =$$
$$T\begin{bmatrix} t_{1a} + t_{2a} + \cdots + t_{(c-1)a} + \max(t_{ca} + \cdots + t_{fa}, \cdots, t_{ra} + \cdots + t_{va}) + t_{(v+1)a} + \cdots + t_{na} \\ t_{1b} + t_{2b} + \cdots + t_{(c-1)b} + \max(t_{cb} + \cdots + t_{fb}, \cdots, t_{rb} + \cdots + t_{vb}) + t_{(v+1)b} + \cdots + t_{nb} \end{bmatrix} \quad (6.3)$$

3）循环结构活动服务时间

循环结构在工作流程中，某一活动可能被反复执行，执行路径不确定。活动集 M 中的活动为 $(t_c, \cdots, t_d)$，活动集 N 中的活动为 $(t_{d+1}, \cdots, t_s)$，在此网中，变迁 t_{s+1} 被选择执行前，活动集 M 和活动集 N 分别重复执行 $(m+1)$ 次和 m 次 $(m \geq 0)$，活动集 M 比活动集 N 多执行一次，相当于 $m+1$ 个活动集 M 和 m 个活动集 N 顺序执行，因此，在计算循环结构的活动服务时间时，要将循环结构转化成相应的顺序结构，如图 6.8 所示。

循环结构的等效化简如图 6.9 所示。

则等效时间变迁 t 的服务时间如下：

$$(t_1, t_2, \cdots, t_n) \rightarrow T[t_a, t_b] =$$
$$T\begin{bmatrix} t_{1a} + t_{2a} + \cdots + t_{(c-1)a} + (m+1)(t_{ca} + \cdots + t_{da}) + m(t_{(d+1)a} + \cdots + t_{sa}) + t_{(s+1)a} + \cdots + t_{na} \\ t_{1b} + t_{2b} + \cdots + t_{(c-1)b} + (m+1)(t_{cb} + \cdots + t_{db}) + m(t_{(d+1)b} + \cdots + t_{sb}) + t_{(s+1)b} + \cdots + t_{nb} \end{bmatrix}$$

$$(6.4)$$

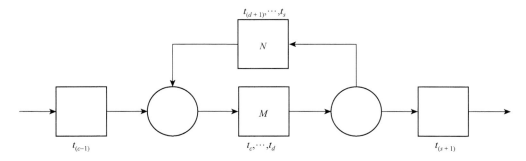

图 6.8　循环结构转化为顺序结构

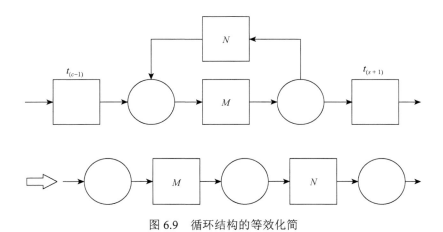

图 6.9　循环结构的等效化简

以上推导出顺序、并行、循环三种结构活动的服务时间的表达式，可用于求解复合网络结构中活动服务时间。

2. 考虑提前期的时间工作流网执行时间模型

1）问题描述

时间工作流网中有待执行的活动集合记为 $A = \{1, 2, \cdots, i, \cdots, n\}$，其中，$i$ 为第 i 个活动，n 为待执行活动总数，可分配资源为 $h = \{1, 2, \cdots, m\}$，其中 m 为资源总数，总的资源集合为 R。问题描述的目标是引入合适的提前期时长，缩短活动 i 的排队等待时间，从而缩短工作流的整体执行时间。

本书采用有向无环图（directed acyclic graph，DAG）描述工作流模型中任务间的逻辑关系，其中，A 为任务集，$A = \{A_i\}(i = 1, \cdots, n)$，$D$ 为任务间的依赖关系。

参数：①设 0-1 变量 b_{ih} 判断资源 h 是否需要提前期 ε_{ih}，$b_{ih} = 1$ 表示引入提前期 ε_{ih}，$b_{ih} = 0$ 表示不引入提前期 ε_{ih}；②设 0-1 变量 c_{ih} 表示任务 i 是否会因资源 h

排队，$c_{ih}=1$ 表示任务 i 会因资源 h 排队，$c_{ih}=0$ 表示任务 i 不会因资源 h 排队。

2）执行时间模型构建及前提假定

工作流的执行时间包含两部分：一部分是每个活动的服务时间，另一部分是活动等待的时间，每一个活动从开始执行到执行完毕所用的时间即为该活动的实际执行时间。服务时间是指活动作业时间，等待时间是指活动已到达，但参与该活动的资源而未到达，造成活动排队的等待时间。每种基本结构的等待时间为 TT_i，活动服务时间为 $T[t_a,t_b]$，在考虑提前期的情况下，整个工作流执行时间记为 T_c，时间目标为

$$T_c = T[t_a,t_b] + \sum_{i=1}^{n} TT_i \tag{6.5}$$

在整个工作流执行时间目标函数式（6.5）中，等号右边第一项表示基本结构中任务 i 的等效服务时间，等式第二项表示任务 i 的等待时间。考虑提前期的活动服务时间不受提前期时间的影响，服务时间按前文所述方法计算，而活动等待时间需考虑资源产生的等待时间，以下给出顺序及并行结构的活动等待时间计算方式，循环结构的活动等待时间计算同理。

（1）顺序结构活动等待时间。

顺序结构的可执行路径 $A=\{A_1,A_2,\cdots,A_n\}$ 由一串顺序执行的活动组成，下面给出一个考虑提前期的顺序结构下工作流 DAG 模型的计算示例。

$i=1$ 时，若 $t_{A1} < t_0 + \dfrac{x_{1h}}{\lambda_h} - b_{1h}\varepsilon_{1h}$，则 $c_{1h}=1$。不等式左边 t_{A1} 表示起始任务的到达时间，不等式右边表示起始任务所需的第 h 类资源的到达时间，该类资源引入提前期，在计算该资源的到达时间时，需减去引入的提前期，即为该资源的实际到达时间，当任务到达时间早于资源的到达时间，此时任务会排队等待，则排队时间为

$$TT_1 = \max\left\{t_0 + \frac{x_{1h}}{\lambda_h} - b_{1h}\varepsilon_{1h} - t_{A1}\right\}, \quad h=1,\cdots,m \tag{6.6}$$

若 $t_{A1} \geq t_0 + \dfrac{x_{1h}}{\lambda_h} - b_{1h}\varepsilon_{1h}$，则 $c_{1h}=0$，任务 A_1 不排队。

$i=2$ 时，若 $t_{A1}+t_1+TT_1 < t_0 + \dfrac{x_{1h}+x_{2h}}{\lambda_h} - \sum_{i=1}^{2} b_{ih}\varepsilon_{ih}$，任务 A_2 会排队，不等式左边表示任务 A_2 的到达时间，不等式右边表示任务 A_2 所需的第 h 类资源的到达时间，$b_{1h}=1$ 或 0 表示该资源是否需要引入提前期 ε_{1h}。若该资源引入了提前期，在计算该资源的实际到达时间时，则需减去引入的提前期。

此时任务 A_2 会排队，则排队时间可由 TT_2 表示。

$$TT_2 = \max\left\{c_{2h}\left(t_0 + \frac{\sum\limits_{i=1}^{2} x_{ih}}{\lambda_h} - \sum\limits_{i=1}^{2} b_{ih}\varepsilon_{ih} - t_{A1} - t_1 - TT_1\right)\right\}, \quad h = 1, \cdots, m \quad (6.7)$$

若 $t_{A1} + t_1 + TT_1 \geqslant t_0 + \dfrac{x_{1h} + x_{2h}}{\lambda_h} - \sum\limits_{i=1}^{2} b_{ih}\varepsilon_{ih}$，则 $c_{2h} = 0$，任务 A_2 不排队。

$i \geqslant 2$ 时，若 $t_{A1} + \sum\limits_{j=1}^{i-1} t_j + \sum\limits_{j=1}^{i-1} TT_j < t_0 + \dfrac{\sum\limits_{j=1}^{i} x_{jh}}{\lambda_h} - \sum\limits_{j=1}^{i} b_{jh}\varepsilon_{jh}$，则 $c_{1h} = 1$，即任务的到达时间小于资源的到达时间，因此任务 A_i 会排队，不等式左边表示第 i 个任务的到达时间，不等式右边表示第 i 个任务所需要的第 h 类资源的到达时间，该资源引入了提前期，在计算该资源的实际到达时间时，需减去引入的提前期。

排队时间可表示为

$$TT_i = \max\left\{c_{ih}\left(t_0 + \frac{\sum\limits_{j=1}^{i} x_{jh}}{\lambda_h} - \sum\limits_{j=1}^{i} b_{jh}\varepsilon_{jh} - t_{A1} - \sum\limits_{j=1}^{i-1} t_j - \sum\limits_{j=1}^{i-1} TT_j\right)\right\}, \quad i = 2, \cdots, n; h = 1, \cdots, m$$

$$(6.8)$$

其中，TT_i 为第 i 个任务的排队时间。等式右边表示截止到第 i 个任务所需的第 h 类资源到达总共需要的时间，即第 i 个任务所需的第 h 类资源的到达时间减去第 i 个任务之前的所有提前期时间、排队时间和执行时间。

若 $t_{A1} + \sum\limits_{j=1}^{i-1} t_j + \sum\limits_{j=1}^{i-1} TT_j \geqslant t_0 + \dfrac{\sum\limits_{j=1}^{i} x_{jh}}{\lambda_h} - \sum\limits_{j=1}^{i} b_{jh}\varepsilon_{jh}$，则 $c_{1h} = 0$，任务 A_i 不排队。

在顺序结构中，n 个活动因资源产生的等待时间为

$$TT_S = \sum_{i=1}^{n} TT_i, \quad i = 1, \cdots, n \quad (6.9)$$

（2）并行结构活动等待时间。

并行结构的可执行路径 $A = \{A_1, \cdots, A_{c-1}, [(A_c, \cdots, A_d), \cdots, (A_s, \cdots, A_t)], A_{t+1}, \cdots, A_n\}$，其中 $[(A_c, \cdots, A_d), \cdots, (A_s, \cdots, A_t)]$ 表示各并行分支，$(A_c, \cdots, A_d)$ 表示各并行分支上的活动组成。下面给出一个考虑提前期的并行结构下工作流 DAG 模型的计算示例。

根据并行结构的可执行路径，将并行结构分为三个部分，第一部分是并行活动前的顺序活动，第二部分是并行各分支活动，第三部分是并行活动结束后的顺序活动。

第一部分，活动 i（$i = 1, \cdots, c-1$）的排队时间 TT_i（$i = 1, \cdots, c-1$）可表示为

$$TT_i = \max\left\{c_{ih}\left(t_0 + \frac{\sum_{j=1}^{i} x_{jh}}{\lambda_h} - \sum_{j=1}^{i} b_{jh}\varepsilon_{jh} - t_{A1} - \sum_{j=1}^{c-2} t_j - \sum_{j=1}^{c-2} b_{jh}TT_j\right)\right\}, \quad i=1,\cdots,c-1; h=1,\cdots,m$$

（6.10）

第二部分，对于并行各分支，记分支任务 $i(i=c)$、$i(i=s)$ 的到达时间分别为 t_{Ac}、t_{As}，$t_{Ac} = t_{A1} + \sum_{j=1}^{c-1} t_j + \sum_{j=1}^{c-1} TT_j$，$t_{As} = t_{A1} + \sum_{j=1}^{s-1} t_j + \sum_{j=1}^{s-1} TT_j$，则活动 $i(i=c,\cdots,t)$ 的排队时间 $TT_i(i=c,\cdots,t)$ 可由式（6.11）和式（6.12）表示。

$$TT_i = \max\left\{c_{ih}\left(t_0 + \frac{\sum_{j=1}^{d} x_{jh}}{\lambda_h} - \sum_{j=1}^{i} b_{jh}\varepsilon_{jh} - t_{Ac} - \sum_{j=c}^{d-1} t_j - \sum_{j=c}^{d-1} b_{jh}TT_j\right)\right\}, \quad i=c,\cdots,d; h=1,\cdots,m$$

（6.11）

$$TT_i = \max\left\{c_{ih}\left(t_0 + \frac{\sum_{j=1}^{t} x_{jh}}{\lambda_h} - \sum_{j=1}^{i} b_{ih}\varepsilon_{ih} - t_{As} - \sum_{j=s}^{t-1} t_j - \sum_{j=s}^{t-1} b_{jh}TT_j\right)\right\}, \quad i=s,\cdots,t; h=1,\cdots,m$$

（6.12）

第三部分，记任务 $i(i=t+1)$ 的到达时间为 $t_{A(t+1)}$，$t_{A(t+1)} = t_{A1} + \sum_{j=1}^{c-1} t_j + \sum_{j=1}^{c-1} TT_j$，活动 $i(i=t+1,\cdots,n)$ 的排队时间 $TT_i(i=t+1,\cdots,n)$ 可由式（6.13）表示。

$$TT_i = \max\left\{c_{ih}\left(t_0 + \frac{\sum_{j=1}^{n} x_{jh}}{\lambda_h} - \sum_{j=1}^{i} b_{jh}\varepsilon_{jh} - t_{A(t+1)} - \sum_{j=t+1}^{n-1} t_j - \sum_{j=t+1}^{n-1} b_{jh}TT_j\right)\right\}, \quad i=t+1,\cdots,n; h=1,\cdots,m$$

（6.13）

在并行结构中，n 个活动因资源产生的等待时间可由式（6.14）表示。

$$TT_B = \sum_{i=1}^{c-1} TT_i + \max\left\{\sum_{i=c}^{d} TT_i,\cdots,\sum_{i=s}^{t} TT_i\right\} + \sum_{i=t+1}^{n} TT_i, \quad i=1,\cdots,n \qquad （6.14）$$

6.2　面向冲突知识的业务协同

本节以集装箱公铁联运为对象，从顾客和管理者两个视角，研究冲突知识下公铁联运网状流程协同模型。集装箱的运输由公路和铁路运输方式共同完成，具有运量大、效率高、低碳等经济优势[56]。对于集装箱运输，业务流程是公铁联运运转的基础，信息化则是实现公铁联运业务流程运转高效的手段，而不同的参与者相互之间的协调运作状态，会对整体货物运输时效性产生重要影响[57-59]。同时，冲突知识本质为知识不一致，主要包括不确定信息，而证据理论则是描述和处理不确定信息推理的有力工具之一[60]。本节首先从顾客视角，以证据理论、排队论为基础，衡量公铁联运中不同程度冲突知识对公铁联运网状流程协同的效率影响；其次从管理者视角，同样基于证据理论，研究多输入、多流程活动和多输出场景中冲突知识与整体公铁联运网状流程模型运转效率的关系。

6.2.1　面向顾客的网状流程协同模型

　　1. 公铁联运业务流程分析

　　1）公铁联运的实体业务流程描述

公铁联运实体业务流过程如图 6.10 所示，业务流程分析过程如图 6.11 所示，具体如下。

（1）客户向货主发出订货需求，货主在网上受理，签订合同。

（2）货主向公铁联运经营人提出运输申请，公铁联运经营人受理，制订运输方案。

（3）货主与公铁联运经营人签订运输合同，并填写物流订单，包括货物内容、收货人等信息。

（4）公铁联运经营人向铁路局提出集装箱需求申请。

（5）铁路局进行空箱调配，并告知公铁联运经营人关于集装箱的信息。

（6）公铁联运经营人告知公路运输公司、货主集装箱信息。

（7）公铁联运经营人、铁路局、公路运输公司、货主等多方签署联运合同。

（8）货主进行货物包装准备。

（9）公路运输公司到指定货运站提取空箱，并运输到货主发货地点。

（10）货主装货完毕后，向客户通知发货信息，公路运输公司将重箱运输到货运站。

（11）货运站进行货物换装，铁路局承运货物铁路运输，将货物运输到指定铁路到站。

（12）货物到达货运站，铁路局通知公铁联运经营人货物运输信息。

（13）公路运输公司在货运站接货，在站点进行换装。

（14）公路运输公司承运公路段在途运输货物，将货物运送到客户地点。

（15）客户凭公铁联运运单向公路运输公司提取货物。

（16）公路运输公司卸货完毕，将空箱送回铁路货运站，并将公铁联运单据交给公铁联运经营人。

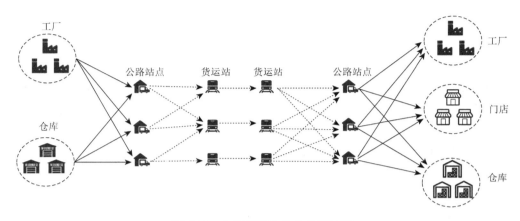

图 6.10 公铁联运实体业务流过程

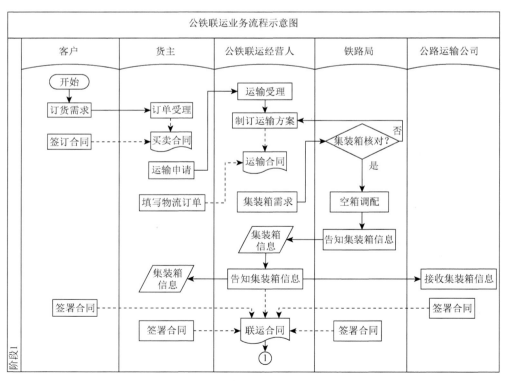

(a)

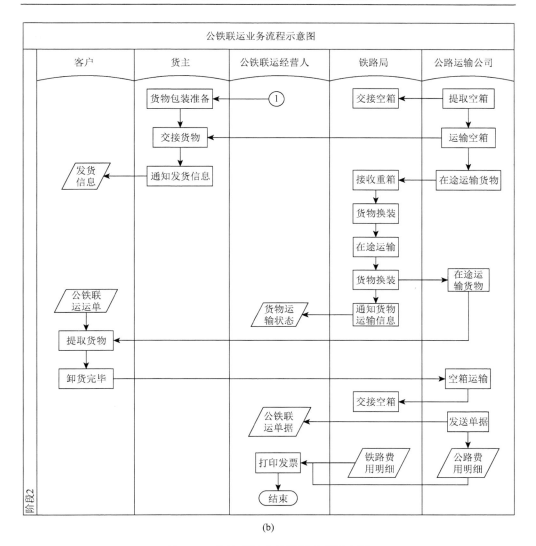

(b)

图 6.11　公铁联运业务流程分析示意图

　　值得注意的是,可能存在公铁联运经营人与公路运输公司为一方机构的情况,但公铁联运经营人在全程运输中的作用并没有发生变化,这里不做区分。

　　2)公铁联运的知识共享内容

　　知识贯穿于公铁联运活动的全过程,是公铁联运运转的重要组成部分。在公铁联运中,一方面,从数据采集到数据传输,知识流以电子文件、纸质材料、传感器数据等形式流动,参与主体之间共享的知识类型多样。另一方面,由于公铁联运是融合长距离与短距离运输方式,公铁联运的信息化在不同区域也存在差异,使得公铁联运节点可共享的知识的内容质量也不同。一般而言，围绕货物准时送达的目标，各公铁联运流程中共享的知识内容如表 6.2 所示。

表 6.2　公铁联运流程中知识共享内容描述

知识类型划分	知识内容	描述
订单知识	订单时间	订单创建时间、交货时间等
	发货人知识	发货人名称、联系方式、发货位置等
	收货人知识	收货人名称、联系方式、收货位置等
	运输路线	路段的运输方式、公铁线路、站点等
	货物种类	家电、家具、日用品等具体货物
	货物数量	货物件数、集装箱个数等
	出发地	发货处地理空间位置、机构名称等
	收货地	收货处地理空间位置、机构名称等
	订单状态	处于某个运输区段、已完成等
业务活动知识	业务活动类别	公路运输、铁路运输等
	业务活动名称	货运站、公路在途运输、转运换装等
	业务活动位置	处于流程环节位置、地理空间位置等
	业务活动状态	等待执行、执行中、已执行等
车辆知识	车辆类别	卡车、列车、拖车等
	车辆归属	铁路总公司、公路运输公司等
	车辆数量	卡车数量、列车节数等
	车辆特征	速度、长宽高、燃料使用情况等
	驾驶员	拖车驾驶员、列车长等
	车辆状态	忙/空闲，位置，当前速度，车货配载情况等
物流设备知识	设备名称	叉车、起重机、集装箱等
	设备数量	叉车数量、集装箱空箱/重箱数量等
	技术知识	集装箱的规格、起重机的承重力等
	设备状态	忙、空闲、维修中等
角色知识	参与主体名称	公路运输公司、铁路局等
	员工	交接办理人员、数据监控人员等基本知识

公铁联运业务流程的每个节点运转，其本质为角色决策的过程，均存在干扰

货物准时送达的冲突知识因素，影响知识融合的综合处理。尤其是，随着铁路物流信息化建设及物流大数据到来，发货、运输、联运衔接、收货的全过程会有大量的异构数据知识产生，包括业务单据知识、货源知识、场站知识、叉车知识、物流作业知识等。基于公铁联运货物的准时、安全、顺畅送达，各参与主体必然会进行物流知识共享，也就是说，会出现跨区域、跨运输方式、跨部门的数据知识共享。

在公铁联运物流数据知识共享的过程中，每个参与主体，由于不同的公铁联运业务活动目标，需要使用不同的业务数据知识来做出相应的决策，以便于物流作业活动的顺利执行。面对来自传感器、信息系统、单据资料、电话联系等不同渠道获得的知识时，业务流程节点角色进行活动知识处理时会出现冲突知识。例如，从知识来源上，针对同一事物的描述，货主提供的知识、铁路总公司提供的知识、列车送达的知识是不一致的。同样地，对于局部数据源，物流设施监测的知识、物流单据的知识，也会出现数据结构上的不一致。对此，基于知识源的冲突和知识的不一致，在采用证据理论进行知识融合时会出现知识冲突，从而使得公铁联运业务流程受到影响。公铁联运的冲突知识类型如图 6.12 所示。

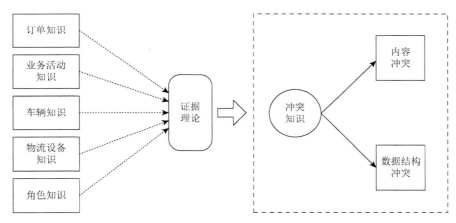

图 6.12　公铁联运的冲突知识类型

2. 问题描述与模型假设

在公铁联运物流服务过程中，货物的流动伴随着知识的流动，知识的流动以业务流程的知识传递为依托，由此需要对来自公铁联运经营人、公路运输公司、铁路局、货主、客户、政府等多方参与主体的共享知识进行综合。特别地，知识之间的差异会引起知识冲突，影响公铁联运业务活动的决策和操作运转效率，进而影响整体服务供应链的运转。例如，对于货物在运输过程中直接接触的换装活动，公路（或铁路）运输方式转换到铁路（或公路）运输方式的过程需要综合铁路的列车知识和集装箱知识、货运站的装卸设备知识、公铁联运经营人的运输方案知识、公路运输公司的货物知识等，决策哪些货物换装到专用列车运输，而决策中的冲突知识则会对换装活动执行效率产生影响。

同时，考虑公铁联运物流服务系统与排队系统的相似性，将公铁联运各项业务流程活动看作一个独立的 M/M/1 型排队系统，其中，将公铁联运业务流程实例（待处理货物）看作"顾客"，公铁联运的业务流程活动资源（工作流资源）看作"服务台"，每个公铁联运业务活动至多可执行 1 个公铁联运业务流程实例，并以排队论的相关指标来量化公铁联运业务流程网络的效率。公铁联运中换装活动 M/M/1 型排队过程示例如图 6.13 所示。

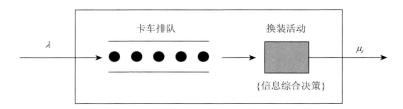

图 6.13　公铁联运中换装活动 M/M/1 型排队过程示例

模型假设条件如下。

（1）公铁联运业务流程活动 A_i 的处理过程中，排队规则为先到先服务。

（2）公铁联运业务流程实例的到达过程是独立随机的，服从参数 λ 的指数分布。

（3）公铁联运业务流程活动 A_i 的队列容量不受限制，足以容纳到达的业务流程实例。

（4）公铁联运业务流程活动 A_i 中，服务台资源每次仅处理一个业务流程实例，服务时间服从参数为 μ_i 的指数分布。

3. 模型建立

知识在证据理论中统一表述为"证据"。而冲突知识则指在证据进行组合时对基本概率分配函数（basic probability assignment，BPA）处理不当会造成反直觉结果的那些知识。对于公铁联运业务活动而言，活动接收到多源知识，不同知识所包含的信息不一致会引起知识冲突，因此需要对冲突知识加以度量，此外，知识之间存在的冲突大小与证据距离有关。

为了合理地度量多源知识的冲突度，本节采用改进的 Pignistic 概率距离进行不一致知识的测量。计算辨识框架下概率变换函数的距离之和，以获得的冲突系数来衡量多源知识的冲突程度。显然，冲突系数越大则说明证据之间的不一致性越大，冲突越大。公铁联运冲突知识测量流程如图 6.14 所示。

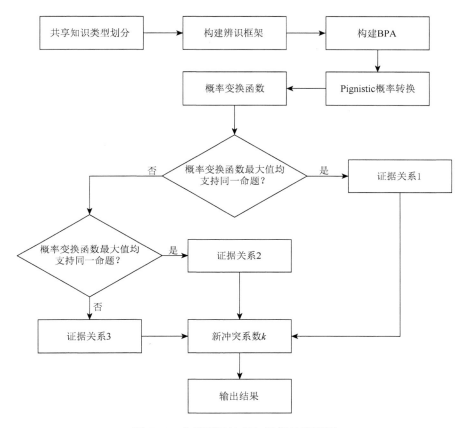

图 6.14　公铁联运冲突知识测量流程图

1）构建辨识框架

定义公铁联运业务流程运转过程的知识类型为辨识框架元素，构成辨识框架 $\Theta = \{\theta_1, \theta_2, \theta_3, \theta_4, \theta_5\}$，具体的元素含义如下：

$$\begin{cases} \theta_1 = 订单知识 \\ \theta_2 = 业务活动知识 \\ \theta_3 = 车辆知识 \\ \theta_4 = 物流设备知识 \\ \theta_5 = 角色知识 \end{cases} \quad (6.15)$$

2）构建 BPA

辨识框架的元素可以构成多个子集，称为"命题"。不同公铁联运参与主体基于公铁联运货物准时送达的目标来共享知识。为此，将 BPA 等价于公铁联运参与主体知识源，进而构成证据空间 m。

m_1:

$$m_1(\{\theta_1, \theta_2\}) = 0.3, \quad m_1(\{\theta_2, \theta_3\}) = 0.2, \quad m_1(\{\theta_4\}) = 0.1$$

$$m_1(\{\theta_1, \theta_3, \theta_5\}) = 0.1, \quad m_1(\{\theta_1, \theta_2, \theta_3, \theta_4, \theta_5\}) = 0.3$$

m_2:

$$m_2(\{\theta_1\}) = 0.2, \quad m_2(\{\theta_1, \theta_3\}) = 0.2, \quad m_2(\{\theta_5\}) = 0.3$$

$$m_2(\{\theta_4\}) = 0.1, \quad m_2(\{\theta_3, \theta_4, \theta_5\}) = 0.2$$

m_3:

$$m_3(\{\theta_2\}) = 0.1, \quad m_3(\{\theta_2, \theta_3, \theta_4\}) = 0.3, \quad m_3(\{\theta_5\}) = 0.1$$

$$m_3(\{\theta_1, \theta_4\}) = 0.3, \quad m_3(\{\theta_4, \theta_5\}) = 0.2$$

m_4:

$$m_4(\{\theta_1\}) = 0.1, \quad m_4(\{\theta_2\}) = 0.2, \quad m_4(\{\theta_3\}) = 0.3$$

$$m_4(\{\theta_4, \theta_5\}) = 0.3, \quad m_4(\{\theta_1, \theta_5\}) = 0.1$$

m_5:

$$m_5(\{\theta_1, \theta_3\}) = 0.1, \quad m_5(\{\theta_2\}) = 0.1, \quad m_5(\{\theta_4\}) = 0.1$$

$$m_5(\{\theta_3, \theta_5\}) = 0.3, \quad m_5(\{\theta_1, \theta_4, \theta_5\}) = 0.4$$

式中，m_1 为铁路局知识源，m_2 为公路运输公司知识源，m_3 为公铁联运经营人知识源，m_4 为货主知识源，m_5 为客户（收货人）知识源。同时，考虑到在整体公铁联运服务过程中货主、公路运输公司、铁路局、公铁联运经营人、客户主要承担货物流转，故主要构建 5 条证据源。同样，对于监管部门、税务部门等主体提供的知识，也可构成 BPA 直接加入证据空间，进行相应计算。

3）Pignistic 概率转换

在辨识框架 Θ 下，有基本概率分配函数 m，存在 Pignistic 概率函数 $BetP_m : \Theta \to [0,1]$。同时，将 BPA 从 m 转化为 $BetP_m$ 的过程，为 Pignistic 概率转换。

$$\begin{cases} BetP_m(\theta) = \sum_{A \in \Theta, \theta \in A} \dfrac{1}{|A|} \dfrac{m(A)}{1 - m(\phi)} \\ m(\phi) \neq 1 \end{cases} \tag{6.16}$$

式中，$|A|$ 为存在于 A 元素的个数。

4）概率变换函数

（1）比例信度转换：

$$propBelP(A) = \begin{cases} \displaystyle\sum_{A \subseteq X \in \Theta} \dfrac{m(A)}{\sum\limits_{B \in X} m(B)} m(X), & 若 \sum_{B \in X} m(B) \neq 0 \\ \displaystyle\sum_{A \subseteq X \in \Theta} \dfrac{m(A)}{|X|}, & 若 \sum_{B \in X} m(B) = 0 \end{cases} \tag{6.17}$$

（2）比例似真度转换：

$$\text{propPl}P(A) = \sum_{A \subseteq X \in \Theta} \frac{\text{Pl}(A)}{\sum_{B \in X} \text{Pl}(B)} m(X) \qquad （6.18）$$

（3）概率转换：

$$\begin{cases} P(A) = \beta \text{propBel}P(A) + (1 - \beta)\text{propPl}P(A) \\ \beta = \sum_{|X|=1, X \in \Theta} m(X) \end{cases} \qquad （6.19）$$

式中，$|X|$ 为命题中 X 的元素个数；$\text{propBel}P(A)$ 为比例信度转换函数值；$\text{propPl}P(A)$ 为比例似真度转换函数值；$P(A)$ 为概率变换函数值；β 为确定程度，β 是一个权重参数，用于平衡比例信度（propBel）和比例似真度（propPl）的影响，以计算最终的 $P(A)$。

5）证据关系及冲突知识度量

设辨识框架中存在 2 个基本概率分配函数 m_1 和 m_2，P_{m_1}、P_{m_2} 是对应于 m_1 和 m_2 的概率变换函数，n 为辨识框架中的元素个数。

情况 1：当证据 m_1、证据 m_2 相应的概率变换函数最大值均支持同一命题时，冲突系数 $k \in [0, 0.5]$，其计算公式为

$$k = \frac{n}{4n-4} \sum_{A_i \in \Theta} |P_{m1}(A_i) - P_{m_2}(A_i)|, \quad i = 1, 2, \cdots, n \qquad （6.20）$$

情况 2：当证据 m_1、证据 m_2 相应的概率变换函数最大值分别支持不同命题时，冲突系数 $k \in [0.5, 1]$，其计算公式为

$$k = \frac{1}{4} \sum_{A_i \in \Theta} |P_{m1}(A_i) - P_{m_2}(A_i)| + \frac{1}{2}, \quad i = 1, 2, \cdots, n \qquad （6.21）$$

情况 3：当证据 m_1、证据 m_2 相应的概率变换函数最大值既支持同一命题，也支持不同命题时，冲突系数 k 的计算公式为

$$\begin{cases} k_1 = \frac{n}{4n-4} \sum_{A_i \in \Theta} |P_{m1}(A_i) - P_{m_2}(A_i)| \\ k_2 = \frac{1}{4} \sum_{A_i \in \Theta} |P_{m1}(A_i) - P_{m_2}(A_i)| + \frac{1}{2} \\ k = \alpha k_1 + (1-\alpha)k_2 \end{cases} \qquad （6.22）$$

式中，$\alpha = \sum_{A_i \in \Theta} \min\{P_{m1}(A_i), P_{m_2}(A_i)|$，表示证据 m_1、证据 m_2 的知识一致程度。表 6.3 给出了公铁联运冲突知识度量算法。

表 6.3　公铁联运冲突知识度量算法

输入：公铁联运参与主体的共享知识

输出：冲突系数 k

流程：

步骤 1 初始化，公铁联运参与主体提供共享不同类型的数据知识；

步骤 2 将公铁联运参与主体的知识类型作为元素，如式（6.15）所示，构建辨识框架；

步骤 3 根据公铁联运参与主体划分，确定 BPA，建立证据空间；

步骤 4 采用式（6.16），执行 Pignistic 概率转换；

步骤 5 依据式（6.17）进行比例信度转换，依据式（6.18）进行比例似真度转换，执行式（6.19）实现概率转换；

步骤 6 证据关系判断，若两个证据之间的概率变换函数最大值均支持辨识框架下的同一命题，则采用式（6.20）计算冲突系数 k，否则转入步骤 7；

步骤 7 若两个证据之间的概率变换函数最大值分别支持辨识框架下的不同命题，则采用式（6.21）计算冲突系数 k，否则转入步骤 8；

步骤 8 若两个证据之间的概率变换函数最大值支持辨识框架下同一命题和不同命题，则采用式（6.22）计算冲突系数 k

4. 单个业务活动协同效率

基于排队论对公铁联运业务流程的适用性，将业务流程实例作为输入，业务活动资源作为执行机构，输出执行后的业务流程实例，以活动执行时间、业务流程实例等待时间、等待队长作为效率指标。同时，由于排队系统中的到达率和服务率服从指数分布，是生灭过程。对此，从流程活动的内部处理过程角度，进行其业务流程活动效率的分析。

对于一般的单公铁联运业务流程活动 A_i 而言，其生灭过程马尔可夫链如图 6.15 所示。

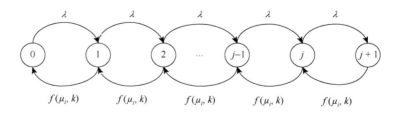

图 6.15　冲突知识下 M/M/1 型排队系统生灭过程

图 6.15 中，圆圈表示公铁联运业务流程活动的系统状态；圆圈中的数字，表示在公铁联运业务流程活动中稳定状态下的公铁联运业务流程实例的数量；λ 表示公铁联运业务流程实例的到达速率；$f(\mu_i, k)$ 表示公铁联运业务流程活动 A_i 的

服务速率。例如，由状态 $j-1$ 转移到 j 状态，表示公铁联运业务流程活动中到达一条业务流程实例；由状态 $j+1$ 转移到 j 状态，表示公铁联运业务流程活动服务处理完成了一条业务流程实例。

1）定义函数 $f(\mu_i,k)$

$$f(\mu_i,k)=\frac{1}{1+k}\mu_i$$

$$\frac{1}{f(\mu_i,k)}=\int_0^\infty tS_i(t)\mathrm{d}t \qquad （6.23）$$

$$S_i(t)=\left(\frac{\mu_i}{1+k}\right)\mathrm{e}^{\frac{t\mu_i}{1+k}}$$

式中，μ_i 为无冲突知识背景下公铁联运业务流程活动 A_i 的服务率；$f(\mu_i,k)$ 为冲突知识背景下公铁联运业务流程活动 A_i 的服务率；$\dfrac{1}{f(\mu_i,k)}$ 为冲突知识背景下公铁联运业务流程活动 A_i 的服务时间均值；$S_i(t)$ 为公铁联运业务流程活动 A_i 关于服务时间的概率密度函数。

2）计算稳态概率

根据排队论的 Little 定律，设已知在 t 时刻，公铁联运业务流程活动的状态为 j，P_j 为平衡状态下单公铁联运业务流程活动中存在 j 条业务流程实例的概率，$f(\mu_i,k)_{j+1}$ 为由 $j+1$ 状态转移到 j 状态的服务速率。公铁联运业务流程活动的状态中，最小业务流程实例数为 0，最大业务流程实例数为 h。

由 $j-1$ 状态转移到 j 状态的概率为 $P_{j-1}(t)\times\lambda\Delta t$；由 $j+1$ 状态转移到 j 状态的概率为 $P_{j+1}(t)\times f(\mu_i,k)_{j+1}\Delta t$；$j$ 状态不变的概率为 $P_j(t)\times[1-\lambda\Delta t-f(\mu_i,k)_{j+1}\Delta t]$。由此，得到：

$$P_j(t+\Delta t)=P_{j-1}(t)\times\lambda\Delta t+P_{j+1}(t)\times f(\mu_i,k)_{j+1}\Delta t+P_j(t)\times[1-\lambda\Delta t-f(\mu_i,k)_j\Delta t]+o(\Delta t)$$

同时，边界条件为

$$P_0(t+\Delta t)=P_1(t)\times f(\mu,k)_1\Delta t+P_0(t)\times(1-\lambda\Delta t)+o(\Delta t)$$

$$P_h(t+\Delta t)=P_{h-1}(t)\times\lambda\Delta t+P_h(t)\times[1-f(\mu,k)_h\Delta t]+o(\Delta t) \qquad （6.24）$$

再对上述式子求导，得到状态转移方程：

$$\lim_{\Delta t\to0}\frac{P_j(t+\Delta t)-P_j(t)}{\Delta t}=\lambda P_{j-1}(t)+f(\mu_t,k)_{j+1}P_{j+1}(t)-[\lambda+f(\mu_t,k)_j]P_j(t)$$

$$\lim_{\Delta t\to0}\frac{P_h(t+\Delta t)-P_h(t)}{\Delta t}=\lambda P_{h-1}(t)-f(\mu_t,k)_h P_h(t)$$

$$\lim_{\Delta t\to0}\frac{P_0(t+\Delta t)-P_0(t)}{\Delta t}=f(\mu_t,k)_1 P_1(t)-\lambda P_0(t)$$

$$\lim_{t \to \infty} P_j(t) = P_j$$

同时，当最大业务流程实例数趋于无穷时，每个状态的概率则趋于常数，而常数的导数为 0，因此，得到平衡状态下的状态转移方程：

$$\begin{cases} f(\mu_t, k)_1 \times P_1 - \lambda \times P_0 = 0, & j = 0 \\ f(\mu_t, k)_h \times P_h - \lambda \times P_{h-1} = 0, & j = h \\ f(\mu_t, k)_{j+1} \times P_{j+1} + \lambda \times P_j - [\lambda + f(\mu_t, k)_j] \times P_j = 0, & 1 \leqslant j < h \end{cases}$$

进一步对上述公式推导得到：

$$P_1 = \left(\frac{k\lambda + \lambda}{\mu_i} \right) \times P_0, \quad P_2 = \left(\frac{k\lambda + \lambda}{\mu_i} \right)^2 \times P_0, \quad P_h = \left(\frac{k\lambda + \lambda}{\mu_i} \right)^h \times P_0$$

因此，稳态概率 $\rho = \dfrac{k\lambda + \lambda}{\mu_i} < 1$。

此外，由于 $\sum_{j=0}^{h} P_j = 1$，也推导得到下列公式：

$$\rho \times P_0 + \rho^2 \times P_0 + \cdots + \rho^h \times P_0 = 1$$

$$\begin{cases} P_0 = \dfrac{1}{\rho + \rho^2 + \cdots + \rho^h} = \dfrac{1 - \rho}{1 - \rho^h} \\ P_h = \rho^h \times P_h = \rho^h \times \dfrac{1 - \rho}{1 - \rho^h} = \dfrac{\rho^h - \rho^{h+1}}{1 - \rho^h}, \quad h \geqslant 1 \end{cases} \tag{6.25}$$

3）单公铁联运业务流程活动效率测算

$$L_q(A_i) = \sum_{j=1}^{\infty} (j-1) P_j = \frac{\rho^2}{1 - \rho} = \frac{(k+1)^2 \lambda^2}{\mu_i^2 - (k+1)\lambda\mu_i} \tag{6.26}$$

$$W_q(A_i) = \frac{L_q(A_i)}{\lambda} = \frac{\rho^2}{\lambda(1-\rho)} = \frac{(1+k)^2 \lambda}{\mu_i - (1+k)\lambda\mu_r} \tag{6.27}$$

$$L = \sum_{j=1}^{\infty} j P_j = \frac{\rho}{1-\rho} = \frac{(1+k)\lambda}{\mu_i - (1+k)\lambda} \tag{6.28}$$

$$W_p(A_i) = W(A_i) - W_q(A_i) = \frac{L}{\lambda} - \frac{(1+k)^2 \lambda}{\mu_i - (1+k)\lambda\mu_i} = \frac{(1+k)}{\mu_i - \lambda - k\lambda} - \frac{(1+k)^2 \lambda}{\mu_i - \lambda\mu_i - k\lambda\mu_i} \tag{6.29}$$

式中，$L_q(A_i)$ 为公铁联运业务流程活动 A_i 中排队等待的平均业务流程实例数；$W_q(A_i)$ 为公铁联运业务流程活动 A_i 中业务流程实例的等待时间；L 为公铁联运业务流程活动 A_i 中业务流程实例数，包括正在等待和正在服务处理的业务流程实例数；$W(A_i)$ 为业务流程实例在公铁联运业务流程活动 A_i 中的平均停留时间；$W_p(A_i)$ 为业务流程实例在公铁联运业务流程活动 A_i 中的执行时间。

5. 整体业务流程协同效率

在整体公铁联运业务流程网络中，多个公铁联运业务流程实例会于同一时刻在系统中流转运行，而公铁联运业务流程网络结构效率则取决于同一条业务流程实例在整个公铁联运业务流程网络中的运转时间。以公铁联运经营人子流程网络为例进行流程结构的分析和业务流程效率的测算，如图 6.16 所示，公铁联运经营人的流程模型结构由循环结构、选择结构、并行结构、顺序结构层层嵌套组成，将虚线框内流程结构等效为一个顺序结构下的业务活动，整体公铁联运业务流程网络则等效简化为若干个顺序结构关键业务活动。

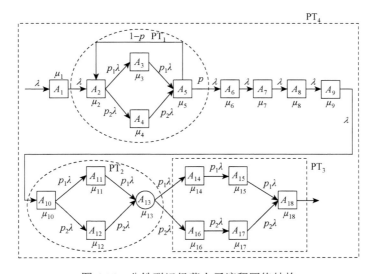

图 6.16　公铁联运经营人子流程网络结构

具体网络效率测算过程如下。

将公铁联运业务流程网络结构划分为选择与循环子结构 PT_1、并行子结构 PT_2、选择子结构 PT_3、顺序子结构 PT_4，表 6.4 描述了公铁联运业务活动的含义。

由

$$\begin{cases} p_1\lambda = (1-p)p_1\lambda + \lambda \\ p_2\lambda = (1-p)p_2\lambda + \lambda \end{cases}$$

得

$$p_1\lambda = p_2\lambda = \frac{\lambda}{p}$$

表 6.4　公铁联运业务活动含义

活动	含义	活动	含义
A_1	公铁联运经营人受理货主运输申请	A_{10}	多方签署合同
A_2	公铁联运经营人制订运输方案	A_{11}	货主备货
A_3	公铁联运经营人通知货主运输方案，货主进行费用核算	A_{12}	公路运输公司提取空箱
A_4	公铁联运经营人拟定运输合同	A_{13}	铁路局告知公铁联运经营人货物到达货运站
A_5	公铁联运经营人与货主确认运输合同	A_{14}	铁路运输
A_6	公铁联运经营人和货主签署运输合同	A_{15}	铁路费用明细表
A_7	公铁联运经营人向铁路局提出集装箱需求申请	A_{16}	公路运输
A_8	铁路局告知公铁联运经营人空箱知识	A_{17}	公铁联运经营人公路费用明细表
A_9	公铁联运经营人通知公路运输公司、货主集装箱知识	A_{18}	收回公铁联运运单

$$PT_1 = \min \begin{cases} R \times \left[\dfrac{(k+1)p}{p\mu_2-(k+1)\lambda} + \dfrac{(k+1)p}{p\mu_3-(k+1)\lambda} + \dfrac{(k+1)p}{p\mu_5-(k+1)\lambda} + C_1 \right] \\ R \times \left[\dfrac{(k+1)p}{p\mu_2-(k+1)\lambda} + \dfrac{(k+1)p}{p\mu_4-(k+1)\lambda} + \dfrac{(k+1)p}{p\mu_5-(k+1)\lambda} + C_2 \right] \end{cases}$$

$$PT_2 = \max \begin{cases} (1+k)\left[\dfrac{1}{\mu_{10}-\lambda(1+k)} + \dfrac{1}{\mu_{11}-\lambda p_1(1+k)} + \dfrac{1}{\mu_{13}-(k+1)\lambda} \right] + C_3 \\ (1+k)\left[\dfrac{1}{\mu_{10}-\lambda(1+k)} + \dfrac{1}{\mu_{12}-\lambda p_2(1+k)} + \dfrac{1}{\mu_{13}-(k+1)\lambda} \right] + C_4 \end{cases}$$

$$PT_3 = \min \begin{cases} (1+k)\left[\dfrac{1}{\mu_{14}-\lambda p_1(1+k)} + \dfrac{1}{\mu_{15}-\lambda p_1(1+k)} + \dfrac{1}{\mu_{18}-(k+1)\times\max\{p_1\lambda,p_2\lambda\}} \right] + C_5 \\ (1+k)\left[\dfrac{1}{\mu_{16}-\lambda p_2(1+k)} + \dfrac{1}{\mu_{17}-\lambda p_2(1+k)} + \dfrac{1}{\mu_{18}-(k+1)\times\max\{p_1\lambda,p_2\lambda\}} \right] + C_6 \end{cases}$$

式中，

$$C_1 = C(A_2)+C(A_3)+C(A_5)，\quad C_2 = C(A_2)+C(A_4)+C(A_5)$$
$$C_3 = C(A_{10})+C(A_{11})+C(A_{13})，\quad C_4 = C(A_{10})+C(A_{12})+C(A_{13})$$
$$C_5 = C(A_{14})-C(A_{15})+C(A_{18})，\quad C_6 = C(A_{16})+C(A_{17})+C(A_{18})$$

因此，若业务流程实例在整体公铁联运经营人业务流程网络中的业务活动执行序列为

$$\{A_1,A_2,A_4,A_5,A_6,A_7,A_8,A_9,A_{10},A_{11},A_{12},A_{13},A_{14},A_{15},A_{18}\}$$

则整体公铁联运业务流程网络效率为

$$PT = PT_4 = T(A_1) + PT_1\{A_2, A_3, A_5\} + \sum_{i=6}^{9} T(A_i) + PT_2 + PT_3\{A_{16}, A_{17}, A_{18}\}$$

$$= \left[\frac{(1+k)}{\mu_1 - \lambda(1+k)} + C(A_1) \right] + PT_1\{A_2, A_3, A_5\}$$

$$+ \sum_{i=6}^{9} \left[\frac{(1+k)}{\mu_i - \lambda - k\lambda} + C(A_i) \right] + PT_2 + PT_3\{A_{16}, A_{17}, A_{18}\}$$

式中,

$$PT_1\{A_2, A_3, A_5\} = R \times \left[\frac{(k+1)p}{p\mu_2 - (k+1)\lambda} + \frac{(k+1)p}{p\mu_4 - (k+1)\lambda} + \frac{(k+1)p}{p\mu_5 - (k+1)\lambda} + C_2 \right]$$

$$PT_3\{A_{16}, A_{17}, A_{18}\} = (1+k) \left[\frac{1}{\mu_{16} - \lambda p_2(1+k)} + \frac{1}{\mu_{17} - \lambda p_2(1+k)} \right.$$

$$\left. + \frac{1}{\mu_{18} - (k+1) \times \max\{p_1\lambda, p_2\lambda\}} \right] + C_6$$

　　本节基于顾客角度,根据物流和知识流对公铁联运业务流程进行阐述,聚焦于货物直接接触的服务活动,采用证据理论思想度量冲突知识,运用顾客视角下的公铁联运业务流程效率模型进行分析并构建了相应运算模型。

6.2.2　面向管理者的网状流程协同模型

1. 问题描述与模型假设

　　整体公铁联运网络涵盖多个参与主体,业务流程环节众多,这对公铁联运业务流程网络衔接的流畅性提出了挑战。作为整体公铁联运的管理者,既应关注货物准时交付,也应关注资源的处理效率。特别地,对于跨参与主体的公铁联运业务流程,当参与主体知识共享存在差异性时,将会在知识交互过程中因冲突知识而影响整体公铁联运网络运转效率。基于此,本节基于冲突知识对公铁联运业务活动之间衔接的影响,分别建立单智能体和多智能体着色时间工作流网,计算公铁联运业务流程网络的执行效率。

　　模型假设:

　　(1)在公铁联运业务活动执行期间仅执行一条业务流程实例。

　　(2)整体公铁联运业务流程网络结构合理。

　　(3)公铁联运业务流程活动执行与资源对应,资源数量是无限的。

　　(4)公铁联运业务流程活动开始执行流程实例之后,属于连续性操作。

　　(5)当公铁联运业务流程活动是空闲状态时,流程实例到达,则立即执行。

2. 模型构建

1）着色时间工作流网

定义：冲突知识影响下着色时间工作流网（colored timed workflow nets，CTWN）模型为一个九元组：

$$\text{CTWN} = (\Sigma, P, T, F, \text{pre}, \text{post}, C, \text{TI}, M)$$

该九元组满足以下条件：

$$
\begin{cases}
P \cup T \neq \phi \\
P \cap T = \phi \\
F \subseteq (P \times T) \cup (T \times P) \\
\text{dom}(F) \cup \text{cod}(F) = P \cup T \\
\text{存在一个起始库所} s \in P, s \neq \phi \\
\text{存在一个结束库所} e \in P, e \neq \phi \\
\text{每个节点} x \in P \cup T，\text{都存在于起始库所到结束库所的路径上}
\end{cases}
$$

模型参数释义如下。

（1）Σ：关于类型的有限非空集合，表示库所上的色彩集，确定数据值类型。

（2）P：有限的库所集合，$P = \{(P_1, P_2, \cdots, P_m) | i = 1, 2, \cdots, m\}$，表示公铁联运业务流程活动所需的资源条件，反映了工作流网络的当前状态。

（3）T：有限的变迁集合，$T = \{(T_1, T_2, \cdots, T_n) | j = 1, 2, \cdots, n\}$，表示一个独立公铁联运业务流程活动资源的处理，即事件发生。

（4）F：关于有向弧的集合，表示流的关系，$F \subseteq (P \times T) \cup (T \times P)$。

（5）pre：由库所 P 到变迁 T 的前置关联函数，$P \times T \to N$，N 表示非负的整数集合。

（6）post：由变迁 T 到库所 P 的后置关联函数，$T \times P \to N$。

（7）C：颜色函数，映射为 $C: P \to \Sigma$，$C = \{(C_1, C_2, \cdots, C_z) | v = 1, 2, \cdots, z\}$，表示存在于库所 P 中的 Token 属于色彩集，确定每个 Token 的不同类型，$C(P_i) = \{C_{i1}, C_{i2}, \cdots, C_{iz}\}$，为库所中的色彩集合。

（8）$\text{TI}: T \to \{([a_{T_1}, b_{T_1}], \alpha_{T_1}), ([a_{T_2}, b_{T_2}], \alpha_{T_2}), \cdots, ([a_{T_j}, b_{T_j}], \alpha_{T_j})\}$，表示冲突知识影响下变迁到执行时间的置信区间映射，其主要根据证据推理过程进行描述。例如，$\text{TI}_j = ([a_{T_j}, b_{T_j}], \alpha_{T_j})$，表示冲突知识影响下变迁 T_j 处理公铁联运业务流程实例的执行时间长度在区间 $[a_{T_j}, b_{T_j}]$ 的置信度为 α_{T_j}。

（9）M：状态标识函数，$M: P \to \{0, 1, 2, 3, \cdots\}$，表示库所 P 在非负整数下的映射。例如，$M: P_i(C_v) \to N$，表示在状态 M 下库所 P_i 中关于颜色 C_v 的 Token 数量。通常，采用 M_0 描述系统在初始状态下的 Token 的分布情况。

（10）dom(F)：表示流关系 F 的定义域。

（11）cod(F)：表示流关系 F 的值域。

（12）节点 x：$P \cup T$ 集合中的元素，表示变迁或库所。

同时，在 CTWN 模型中，采用圆圈表示库所，矩形表示变迁，有向箭头表示库所和变迁之间的关系，实心黑点表示 Token。值得注意的是，Token 是存在于系统库所 P 中资源的符号，如人、机、物，可以从一个库所经过变迁移动到另一个库所，是系统状态的反映。在本节中，Token 表示一个公铁联运业务流程实例，而颜色 Token 则用于确定数据类型值，同一种颜色可有多个实例。此外，在初始状态下不同颜色的 Token，则表示需要处理的工作流实例/公铁联运业务流程实例，而着色时间工作流网络中适用于同时运行多个不同的工作流实例。

2）冲突时延集

受冲突知识影响，变迁执行时间也具有一定的随机性，主要表现为知识完整度和知识重要性的不确定。本节的冲突时延集则根据随机分布函数和证据推理得到。基于证据推理的冲突时延集框架如图 6.17 所示。

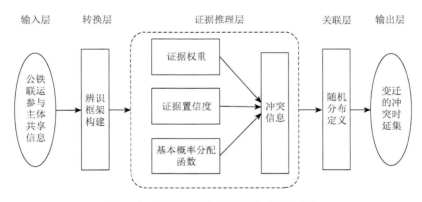

图 6.17　基于证据推理的冲突时延集框架

基于业务活动决策执行的需要，多位公铁联运参与主体的共享知识划分为 5 种知识类型，如式（6.30）和式（6.31）所示，构建辨识框架和证据集。其中，g 表示公铁联运参与主体个数，且证据 $e_1, e_2, \cdots, e_g$ 与基本概率分配函数 $m_1, m_2, \cdots, m_g$ 相对应。

$$\Theta = \{\theta_1, \theta_2, \theta_3, \theta_4, \theta_5\} \tag{6.30}$$

$$E = \{e_1, e_2, \cdots, e_g\} \tag{6.31}$$

定义 6.1：证据权重

证据权重集合 $W = \{w_1, w_2, \cdots, w_g\}$，$\sum\limits_{s=1}^{s} w_s = 1$。

定义 6.2：证据置信度

$\{\beta_{sd} \mid s=1,2,\cdots,g, d=1,2,\cdots,5\}$ 是证据 e_s 对辨识元素 θ_d 的置信度，$0\leqslant\beta_{sd}\leqslant 1$。

定义 6.3：基本概率分配函数

$$m_{e_s,\theta_d}=w_s\times\beta_{sd} \tag{6.32}$$

$$m_{e_s,\Theta}=1-w_s\times\sum_{d=1}^{5}\beta_{sd} \tag{6.33}$$

对 $m(e_s,\Theta)$ 进行分解，得到：

$$m_{e_s,\Theta}=\bar{m}_{e_s,\Theta}+\tilde{m}_{e_s,\Theta} \tag{6.34}$$

$$\begin{cases}\bar{m}_{e_s,\Theta}=1-w_s \\ \tilde{m}_{e_s,\Theta}=w_s\left(1-\sum_{d=1}^{5}\beta_{sd}\right)\end{cases} \tag{6.35}$$

同时，依据递归证据推理过程的合成规则，得到证据之间冲突程度的因子：

$$k=\frac{1}{1-\sum_{d-1}^{5}\sum_{t=1,t\neq d}^{5}[m_{e_s,\theta_d}\times m_{e_{s+1},\theta_t}]]} \tag{6.36}$$

式中，m_{e_s,θ_d} 为证据 e_s 对辨识元素 θ_d 的基本概率分配函数；$m_{e_s,\Theta}$ 为证据 e_s 对整体辨识框架 Θ 的基本概率分配函数；$\bar{m}_{e_s,\Theta}$ 为基于证据 e_s 重要性的未分配基本概率分配函数；$\tilde{m}_{e_s,\Theta}$ 为基于证据 e_s 知识不完整的未分配基本概率分配函数。

变迁执行时间受冲突知识影响的结果分为大于 H 和小于 H。其中，H 是无冲突知识影响下变迁执行时间均值（单位：H 条业务流程实例/单位时间）。大于 H，说明变迁执行时间受冲突知识影响大，执行时间效率有所降低；变迁小于 H，说明变迁在冲突知识影响下，执行时间效率有所提升。值得注意的是，这两种结果取决于知识来源，例如，融合物联网数据知识和融合司机传递单据知识之间的差异。因此，变迁执行时间受冲突知识影响的结果服从二项分布。同时，由中心极限定理可知，当数据规模较大时，正态分布是二项分布的极限分布，则总体结果近似服从正态分布，$X\sim N(\mu,\sigma^2)$，其中 X 为冲突知识影响下变迁执行时间的随机变量。

二项分布形式为 $E(X_l)=(1+k)r$，$D(X_l)=(r+kr)(1-kr-r)$，正态分布形式为 $X\sim N(r+kr,(r+kr)(1-kr-r))$。

根据统计量分布相关定理，得到：

$$\bar{X}\sim N\left(r+kr,\frac{(r+kr)(1-kr-r)}{f}\right)$$

$$\frac{\bar{X}-(r+k)}{\sqrt{\dfrac{(r+kr)(1-kr-r)}{f}}}\sim N(0,1)$$

$$
\begin{cases}
P\left\{\overline{X}-z_{\alpha/2}\times\sqrt{\dfrac{(r+kr)(1-kr-r)}{f}}<k^r<\overline{X}+z_{\alpha/2}^*\sqrt{\dfrac{(r+kr)(1-kr-r)}{f}}\right\}=\alpha_{T_j} \\[2mm]
\alpha_{T_j}=1-\alpha \\[2mm]
a_{T_j}=\overline{X}-z_{\alpha/2}\times\sqrt{\dfrac{(r+kr)(1-kr-r)}{f}} \\[2mm]
b_{T_j}=\overline{X}+z_{\alpha/2}\times\sqrt{\dfrac{(r+kr)(1-kr-r)}{f}}
\end{cases}
\tag{6.37}
$$

式中，f 为在单个变迁中，执行时间的样本数据规模；r 为无冲突知识影响下变迁执行时间大于 H 的概率；X_l 为变迁执行时间第 l 次记录结果的随机变量，$X_1,X_2,\cdots,X_l\subseteq X$。

由此，输出冲突时延集为 $\{([a_{T_1},b_{T_1}],\alpha_{T_1}),([a_{T_2},b_{T_2}],\alpha_{T_2}),\cdots,([a_{T_n},b_{T_n}],\alpha_{T_n})\}$。例如，设有冲突时延集 $\{([10,15],0.9),([13,21],0.95),([12,18],0.85)\}$，则其中在冲突知识影响下变迁 T_1 的执行时间区间为[10, 15]的概率为90%。

3. 着色时间工作流网示例

着色时间工作流网主要面向各个参与主体的子流程网络，例如，针对同一批订单，公路运输公司、铁路局均具有内部的处理流程网络。以铁路局内部的流程网络为例进行单智能体的模型阐述，铁路局在整体公铁联运运输过程中，主要承担集装箱调度和铁路段运输，其业务实际发生的地点为货运站，因此，铁路局的公铁联运业务流程如下。

（1）铁路局受理集装箱申请，进行空箱调配。

（2）铁路局通知公铁联运经营人、货运站集装箱信息。

（3）卡车到达，货运站核对卡车信息。

（4）卡车装载重箱，进行公路段运输。

（5）铁路局调度决策货物与列车的搭载信息，通知货运站列车信息。

（6）货运站接收重箱，通知公铁联运经营人信息。

（7）货运站装载重箱到列车，进行铁路段运输。

（8）列车到达货运站，进行重箱卸载。

（9）货运站核对信息，重箱交接装载给卡车。

（10）铁路局生成铁路承运费用明细单。

铁路局业务流程的着色时间工作流网如图 6.18 所示，库所含义、变迁含义见表 6.5、表 6.6。

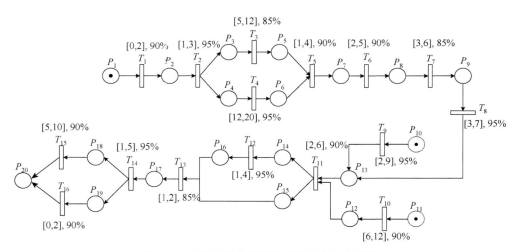

图 6.18　铁路局业务流程的着色时间工作流网

表 6.5　库所含义

库所	含义	库所	含义
P_1	集装箱申请（开始库所）	P_{11}	列车信息资源
P_2	集装箱信息资源	P_{12}	通知货运站列车搭载信息
P_3	通知公铁联运经营人集装箱信息	P_{13}	卡车重箱公路途中运输
P_4	通知货运站集装箱使用信息	P_{14}	等待卸载重箱
P_5	集装箱资源等待	P_{15}	货运站通知公铁联运经营人货物到达信息
P_6	通知公路运输公司提取空箱	P_{16}	铁路途中运输
P_7	卡车到达货运站	P_{17}	列车到达货运站
P_8	卡车等待装载空箱	P_{18}	卡车运输重箱（结束库所）
P_9	卡车公路运输空箱	P_{19}	铁路费用明细表
P_{10}	重箱货物资源	P_{20}	完成交付

表 6.6　变迁含义

变迁	含义	变迁	含义
T_1	铁路局受理申请	T_7	卡车装载空箱
T_2	铁路局空箱调配	T_8	卡车卸载空箱
T_3	公铁联运经营人核对运输计划	T_9	卡车装载重箱
T_4	货运站执行集装箱管理	T_{10}	铁路局制定列车搭载计划
T_5	货运站安排卡车到站信息	T_{11}	货运站接收重箱
T_6	货运站审核卡车信息	T_{12}	换装铁路

变迁	含义	变迁	含义
T_{13}	货运站核对信息	T_{15}	卡车归还空箱
T_{14}	重箱货物换装卡车	T_{16}	铁路局向公铁联运经营人 提交费用明细表

4. 流程网络运转效率算法

从整体公铁网络时效性角度，观察公铁联运业务流程活动之间的衔接关系，同样地，其衔接关系包括顺序、分支、消息传递关系等。同时，变迁激发的前提是变迁使能，使能规则为：当且仅当变迁 T_j 的输入库所 P_i 中存在至少 1 个 Token，则变迁 T_j 使能。整体公铁联运业务流程网络流程时间由使能时间和执行时间构成。考虑整体业务流程的运转效率，赋予 Token 时间属性，称为 Token 时间戳，记作 $\mathrm{Token}(\tau)$，以此来衡量网络中变迁的使能时间。

（1）变迁使能时间计算如下：

$$\mathrm{Enable}(T_j)=\begin{cases}\{\mathrm{Token}(\tau)_i \mid i=1,2,3,\cdots,m\}, & \text{仅一个库所}\\ \mathrm{Max}\{\mathrm{Token}(\tau)_i \mid i=1,2,3,\cdots,m\}, & \text{多个库所}\end{cases} \quad (6.38)$$

式中，Max()为返回最大值元素的函数。

（2）公铁联运业务流程网络衔接关系计算方式如下：

$$\mathrm{PT}_{\text{顺序}}=\sum_{j=1}^{n}\left([a_{T_j}\times\alpha_{T_j}+\mathrm{Enable}(T_j),b_{T_j}\times\alpha_{T_j}+\mathrm{Enable}(T_j)]\right)+\mathrm{Token}(\tau)_m \quad (6.39)$$

$$\mathrm{PT}_1=\min\begin{cases}\sum_{j=1,j\neq p}^{n}\left([a_{T_j}\times\alpha_{T_j}+\mathrm{Enable}(T_j),b_{T_j}\times\alpha_{T_j}+\mathrm{Enable}(T_j)]\right), & j=1,2,\cdots,p,\cdots,q,\cdots,n\\ \sum_{j=1,j\neq q}^{n}\left([a_{T_j}\times\alpha_{T_j}+\mathrm{Enable}(T_j),b_{T_j}\times\alpha_{T_j}+\mathrm{Enable}(T_j)]\right), & j=1,2,\cdots,p,\cdots,q,\cdots,n\end{cases}$$

$$(6.40)$$

$$\mathrm{PT}_2=\max\begin{cases}\sum_{j=2,j\neq p}^{n}[a_{T_j}\times\alpha_{T_j}+\mathrm{Enable}(T_j),b_{T_j}\times\alpha_{T_j}+\mathrm{Enable}(T_j)]+(a_{T_j},b_{T_{j1}})\times\alpha_{T_1}, & j=1,2,\cdots,p,\cdots,q,\cdots,n\\ \sum_{j=2,j\neq q}^{n}[a_{T_j}\times\alpha_{T_j}+\mathrm{Enable}(T_j),b_{T_j}\times\alpha_{T_j}+\mathrm{Enable}(T_j)]+(a_{T_j},b_{T_{j1}})\times\alpha_{T_1}, & j=1,2,\cdots,p,\cdots,q,\cdots,n\end{cases}$$

$$(6.41)$$

$$\mathrm{PT}_{\text{分支}}=\{\mathrm{PT}_1,\mathrm{PT}_2,\mathrm{PT}_1+\mathrm{PT}_2\} \quad (6.42)$$

其中，消息传递关系如下：

$$\mathrm{PT}_{\text{交互变迁}}=\sum_{r=1}^{R}\left(\max\{\mathrm{Token}(\tau)_{P_S^d}\mid d=1,2,\cdots,D\}+\left[a_{T_c^Y},b_{T_c^Y}\right]\times\alpha_{T_c^Y}\right) \quad (6.43)$$

$$\text{Enable}(T_a)_{外部信息交互时间} = \sum_{q=1}^{Q} \text{Token}(\tau)_{P_m^q} \qquad （6.44）$$

由此，得到公铁联运业务流程网络运转效率算法，见表6.7。

表 6.7　公铁联运业务流程网络运转效率算法

输入：公铁联运业务流程

参与主体共享的公铁联运信息

输出：整体公铁联运业务流程网络效率 PT

公铁联运参与主体内部业务流程网络效率 $\text{PT}_{智能体}$；

流程：

步骤1　分析公铁联运业务流程网络，构建单智能体和多智能体着色时间工作流网模型；

步骤2　确定库所、变迁的类型，初始化状态 M_0，Token 携带时间戳；

步骤3　判断变迁是否使能，若变迁使能，确定前置库所中 Token 的颜色和数量，转步骤4；若变迁不能使能，则变迁空闲状态；

步骤4　执行公铁联运的信息流分类，依据式（6.30）和式（6.31）建立辨识框架；

步骤5　根据式（6.32）、式（6.33）、式（6.34）、式（6.35）、式（6.36）计算不一致程度 k，采用式（6.37）计算变迁的冲突时间延迟区间和置信度；

步骤6　判断公铁联运网络之间的衔接关系，采用下列公式计算单智能体公铁联运业务流程网络运行时间：

$$\text{PT}_{智能体} = \begin{cases} \sum_{j=1}^{n} \left(\left[a_{T_j} \times \alpha_{T_j} + \text{Enable}(T_j), b_{T_j} \times \alpha_{T_j} + \text{Enable}(T_j) \right] \right) + \text{Token}(\tau)_m \\ \sum_{j=1}^{n} \left(\left[\left[a_{T_j} \times \alpha_{T_j} + \text{Enable}(T_j), b_{T_j} \times \alpha_{T_j} + \text{Enable}(T_j) \right] \right] + \text{PT}_{分支} \right) + \text{Token}(\tau)_m \\ \sum_{j=1}^{n} \left(\left[\left(a_{T_j} \times \alpha_{T_j} + \text{Enable}(T_j), b_{T_j} \times \alpha_{T_j} + \text{Enable}(T_j) \right) \right] + \text{PT}_{分支} + R \times \text{PT}_{顺序} \right) + \text{Token}(\tau)_j \end{cases}$$

步骤7　根据下列公式，计算多智能体公铁联运业务流程网络运行时间：

$$\text{PT} = \text{PT}_{智能体} + \sum_{r=1}^{R} \left(\max\{\text{Token}(\tau)_{F_s^d} \mid d = 1,2,\cdots,D\} + \left[a_{T_c^y}, b_{T_c^y} \right] \times \alpha_{T_c^y} \right) + \sum_{q=1}^{Q} \text{Token}(\tau)_{P_m^q}$$

步骤8　返回 $\text{PT}_{智能体}$ 和 PT，算法结束

以上研究管理者视角下基于冲突信息的公铁联运业务流程效率问题，通过在传统 Petri 网中加入时间、颜色属性，基于着色时间 Petri 网，结合证据理论，定量分析研究物流信息共享过程中的冲突知识对公铁联运业务流程网络效率的影响。

6.3　基于微服务的知识共享架构

本节聚焦于借助本体论、知识共享和工作流等思想或工具介绍针对微服务架

构（microservice architecture，MSA）的改造[61]，以一种新的视角提升其灵活性和可维护性，突破微服务架构瓶颈，实现业务间高度互联互通。

6.3.1 微服务架构下领域知识本体模型

本节旨在构建面向知识共享的微服务参考架构。首先考虑基于本体设计思想构建面向服务元数据管理的通用本体模型，通过松耦合集成的方式构建微服务架构的元数据本体模型；其次从本体模型出发构建联邦式微服务数据联合查询知识图谱模型；最后基于工作流的思想和技术将各微服务进行编排，形成面向知识共享的微服务参考架构，见图 6.19。

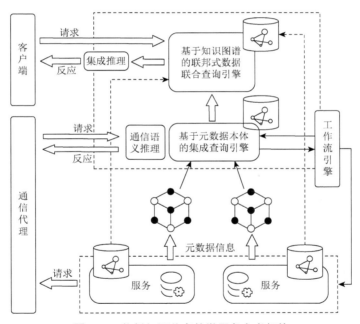

图 6.19 依托知识共享的微服务参考架构

1. 元数据信息及本体模型

元数据管理的核心是信息的概念表示和信息间连接的表示。微服务架构的元数据管理需要考虑两个方面：服务自身的元数据规范模型和服务间的元数据规范模型。微服务自身元数据信息可细分为基本信息、业务信息、功能信息、数据信息（如数据表、数据结构、类型、格式、访问方式等）、管理信息（如状态、版本信息等）和逻辑信息（如流程、状态转换、依赖情况等），基于此建立微服务自身元数据规范模型。微服务间的元数据信息可细分为通信信息、参数信息、过程信息。

　　系统工程中的本体是对"概念的明确规范"[62]。基于 OWL 的本体模型可为应用数据提供语义支撑,并在需要时进行自动推理。本研究依据 NeOn 本体构建方法[63],并利用 Protégé 软件进行本体的设计与构建。NeOn 本体构建方法相较其他本体构建方法更加注重各种本体的复用、重建和整合,因而更加符合本体构建的可找到性(findable)、可访问性(accessible)、可交互性(interoperable)和可重用性(reusable)(即 FAIR 原则)的要求。根据 NeOn 方法,微服务架构的元数据本体模型构建主要用到了第 2 种场景(即复用及重新设计非本体资源),以及第 4 种场景(即重用及重建本体资源),具体包括以下过程。

　　2. 确定复用本体和非本体资源

　　确定复用本体:首先,研究使用关键词"Microservice""Metadata",检索包括 Linked Open Vocabularies、OntoHub 和 Romulus 等本体库,以及知网、google scholar(谷歌学术搜索)等文献库,查找到的微服务架构本体十分稀少,经过本体搜索、本体评估、本体比较以及本体选择等过程,综合考虑下,复用微服务架构概念本体论(ontology of microservices architecture concepts,OMSAC)[64]作为本体资源,并在 OMSAC 框架下进行逆向工程,以支持微服务架构元数据本体模型的部分概念整合及复用。OMSAC 是一个专注于微服务架构的领域模型,使用 OWL 本体语言表达,该本体旨在支持基于微服务架构系统的建模、探索、理解和知识共享,与本研究所构建的领域本体模型有直接相关性,复用 OMSAC 可有效提高微服务架构元数据本体模型的构建效率及可靠性。

　　确定复用非本体:Garriga 于 2017 年发表的论文从生命周期和组织方面定义并分类了微服务架构中的概念[65],包括设计、实施、部署、运行、横切关注、组织等方面的概念。该论文提出了一个初步的针对微服务架构的分析理解框架,能有效地支撑基于微服务模型、语言、技术、平台和工具的利用、理解、评估、比较和选择。Garriga 大量检索并通过滚雪球的方式对微服务领域的论文进行了详细的定性分析,从而总结出了大量的微服务架构概念与术语,并给出了概念的层次关系。因此,本研究正是基于该分类结果进行扩展。

　　3. 重新构建

　　将 OMSAC 本体资源和 Garriga 的微服务架构分类结果作为本体重建的输入,将其转化为本节所构建微服务本体中的类。本研究通过对本体资源和非本体资源依次进行逆向工程、资源转换和正向工程,以不同的抽象级别构建概念实体表示,识别其潜在关联信息,使用一定的层次结构构建了包括微服务、微服务实例、业务流程、数据存储元数据、管理元数据、通信元数据等 27 个本体类。

　　本体还需构建相应的对象属性及数据属性完善本体的语义知识表述。针对

所构建的本体类，本研究识别出类与类之间显性或隐性的关系，其中包括
hasDependentMicroservice、hasDeployedOn、hasDiscoveredBy、hasExposedBy 等共 15
个对象属性；数据属性则表达了类与数据值之间的关系，本研究构建类的数据属性
共 49 个。本体构建完成后，还需对本体进行推理扩展，以验证构建本体所定义的类
及其约束关系是否正确，本研究使用了自动推理机 ELK 5.50 对所构建的本体进行了
推理，研究所构建的微服务架构本体模型及其图结构表示如图 6.20、图 6.21 所示。

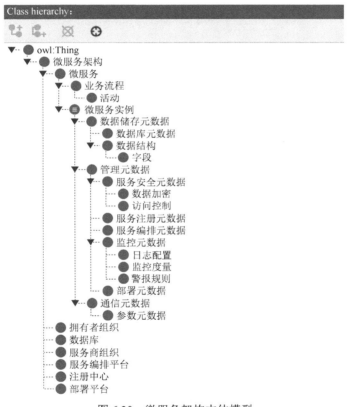

图 6.20　微服务架构本体模型

元数据驱动的微服务实现给微服务架构带来更清晰的脉络分析，本体模型支
持概念和关系的清晰定义与推理，从任何一个微服务出发都可以分析出微服务体
系中显式和隐含的关系图谱。元数据本体模型支撑了元数据驱动的微服务架构实
现，充分地展示了元数据驱动在微服务实现方面的技术优势。

元数据本体模型在这里起到了"桥梁"和"翻译官"的作用，它为分散在各
个微服务中的数据提供了一个统一的、高层次的描述，确保数据的语义一致性和
完整性。同时，元数据本体模型支持更高效的数据查询和数据整合，当一个微服

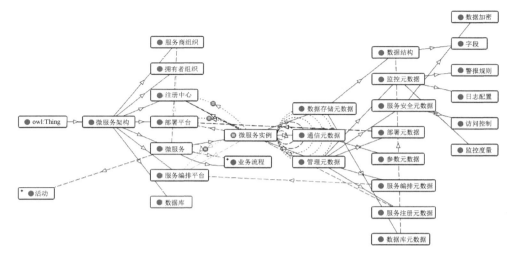

图 6.21　微服务架构本体模型图结构表示

务需要获取或组合多个其他服务的数据时，它可以利用元数据本体模型中的语义信息，进行更为智能和高效的查询。进一步地，元数据本体模型提供了一个稳定的数据结构，确保数据的完整性和一致性。

6.3.2　面向知识共享的微服务参考架构

本体方法、知识图谱、工作流技术三者的有机集合，使得一个融语义与数据的工作流驱动微服务架构应运而生，在该架构下本体模型注入业务情境感知能力，工作流引擎基于二者完成业务层次的微服务编排与执行，此种融合可以显著提高微服务架构的自动化程度、健壮性和灵活性，有助于其应对海量服务的管理挑战，本小节提出结合工作流的知识共享微服务参考架构，如图 6.22 所示。

在微服务架构本体建模基础上，引入知识图谱不仅为微服务提供了坚实基础，也有助于实体间的深度理解、数据解析及利用[66]。知识图谱可为数据存储和查询的实现、语义分析和推理能力的提升、微服务间的通信及参数信息和过程信息的集成提供有力支持，确保系统内各服务间数据格式和语义的统一性。

微服务内的数据可以通过查询知识图谱中的数据以获取所需的语义信息和上下文关系，大量的工具包括基于本体的数据获取（ontology-based data access，OBDA）以及查询语言 SPARQL，为整合和查询数据提供了极大的便利，知识图谱管理下的微服务元数据在服务的发现、选择与组合方面也有所贡献，支持更复杂的服务发现和业务组合功能，并满足更复杂多样的业务需求。

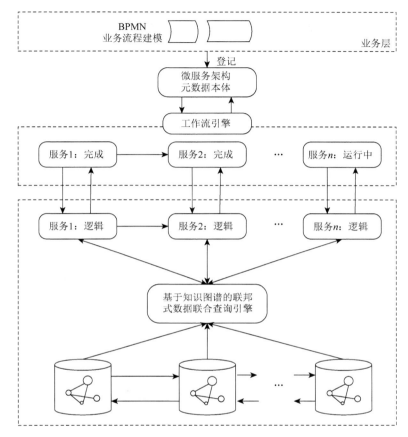

图 6.22　工作流驱动的知识共享微服务参考架构

BPMN（business process modeling notation）表示业务流程建模标注

　　广义上的工作流是对工作流程及其各操作步骤之间业务规则的抽象、概括、描述。简而言之，为了实现某个业务目标，抽象拆解出来的一系列步骤及这些步骤之间的协作关系，就是工作流。在业务层面，一项具体业务的覆盖面往往大于微服务可完成的逻辑，因此，往往多个服务间的组合才能完成某项业务需求，这种组合可以通过编排来实现，传统的编排方式（如协同）由于其更加去中心化的特征可能具备优势，但在处理需要保持服务状态的情况（如错误处理或用户交互）下，这样的方式会更费力。实际上在一个管理并不严格的公司里，端到端的业务流缺乏正式的文档说明，一个微服务到另一个微服务的事件流转都是在代码中隐含体现的，并且很多微服务架构依赖一种相对纯粹的协同模式（choreography pattern）以解决上述问题，在这种模式下，微服务间通过消息队列发送和接收事件来相互协作，这种协同给予开发者很高的灵活度，但仍未解决在业务层面的执行状态可见性和异常处理等问题。

　　工作流引擎的引入为微服务架构带来了独特的优势。首先，引入工作流引擎实现了进程内不同微服务之间的编排，可视化并规范了服务调用次序，明确定义了数据和控制的流动方向，这不仅提高了进程逻辑的清晰度，也为依赖关系复杂的流程提供了可靠的执行支撑。其次，工作流引擎具备监控度量、日志配置等能力，可以跟踪流程执行状态，并在故障发生时提供回退与重试机制，从而增强了微服务架构的健壮性。再次，许多工作流引擎支持业界流程标准如 BPMN，微服务架构可以通过它们与企业级业务流程和规则无缝集成，为企业业务流高效自动化运行提供有力支持。最后，工作流引擎还可以基于事件驱动触发服务调用，实现微服务之间的解耦。工作流引擎通过读取本体模型中的概念、属性、关系等信息，借助语义匹配自动发现合适的微服务，并理解服务接口的参数含义。

　　当然，我们还应注意不同模块间的耦合关系，通过定义清晰的接口与职责划分来保持其相对独立性。同时其性能与成本也需谨慎评估。但整体来说，工作流引擎与知识技术的融合赋予了微服务架构崭新的可能性。

第7章 融入区块链的知识共享与业务协同

区块链是一种实现技术信任的有力工具,区块也是知识共享的高效载体。在跨活动知识共享场景中,区块链与工作流的有机结合为知识共享带来新的契机。为此,本章从区块链与工作流的业务协同出发,探讨融入区块链的跨活动知识共享需求,设计知识共享框架并规划共享功能,进一步设计融入区块链的跨活动知识共享数据模型并通过开发加以验证。

7.1 区块链与工作流的业务协同

作为当代经济活动的重要组成部分之一,供应链管理的落实程度直接影响着企业乃至整个经济体系的效率。在复杂的供应链网络中,参与者之间知识共享制约着供应链的业务协同效率。所以,如何在供应链各个环节实现高效的知识共享是供应链管理面临的核心难题之一。本节提出了一种区块链和工作流相结合的供应链知识共享机制,通过区块链与工作流引擎相互连接来满足供应链中的业务活动知识共享需求。区块链能够有效建立供应链参与者之间的技术信任,实现账本数据的可验证性,保证共享信息的真实性[67],供应链上下游彼此协同,同级相互竞争,根据业务需求合理共享知识既兼顾协同又促进竞争[68]。考虑到供应链业务流程参与者多的情况,该机制专门设计了角色权限管理,实现基于要素的分段共享,平衡跨活动知识的共享与安全[69]。

接下来,从融入区块链的供应链知识共享机制、分对象知识共享模块、区块链账本模块、两类知识共享方式等几个方面加以详细阐述。

1. 融入区块链的供应链知识共享机制

在区块链与工作流的融合中,业务流程上的关键活动会加入区块链,而其他活动不会加入区块链,知识共享不会局限于关键活动,共享机制中将工作流引擎作为区块链上的一个节点放入区块链。因此,区块链与工作流引擎之间的关系主要有两点:①工作流引擎管理下的业务流程数据信息是依靠区块链中的智能合约来实现数据的存储与共享;②工作流引擎作为区块链的节点用户,将会同步存储区块链中的所有数据。

当区块链上的用户登录平台,完成并提交当前任务时,区块链会将链上用户所提交的任务数据信息通过公钥进行加密，随后智能合约会按照约定好的程序，将任务数据信息保存至区块链中。在将任务数据信息保存至区块链的过程中，工作流引擎与区块链还会产生许多的联系。智能合约按照约定的程序保存任务数据信息时，会将所拿到的数据信息进行打包，此时区块链节点用户会计算出区块的随机数等，并将打包好的数据存入区块。数据存入区块后，区块链会用广播的形式通知链上其他的用户，并由链上其他用户对该区块进行共识与验证。验证完后，区块链将会在最新区块后添加该区块。此时，区块链上所有的节点用户包括工作流引擎，将会把该最新区块信息同步至自己的电脑。需要注意的是，工作流引擎的作用在于为区块链的链上和链外的授权用户提供信息共享服务，而不仅仅是共识、验证区块信息。

　　工作流引擎在获取到区块数据后，便可以为链上用户与链外用户提供知识共享服务了。当用户登录到知识共享平台时，工作流引擎会根据其角色将其权限内的任务信息显示出来，用户在读取完成后，工作流引擎中的知识共享记录模块会根据区块哈希值对当前读取信息的区块进行标识，标识后知识共享平台不会主动显示该条信息。基于区块链与工作流结合的知识共享机制如图 7.1 所示。

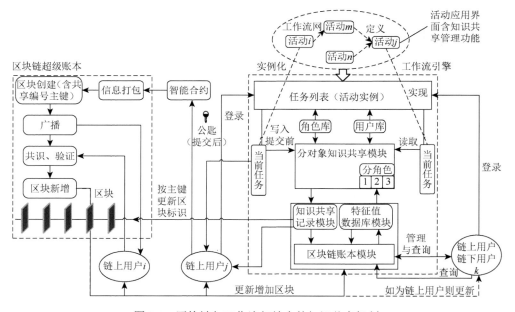

图 7.1　区块链与工作流相结合的知识共享机制

2. 分对象知识共享模块

在供应链知识共享中，区块链用于区块创建、信息打包、广播等功能。当活动交互数据要上传至区块链时，用户会通过公钥对上链数据进行加密，并使用智能合约将活动数据保存至新建好的区块，新区块将活动数据保存好后对链上的每个节点广播，节点收到广播后开始对新的区块信息进行共识与验证，确认无误后通过智能合约上传至区块链，链上所有节点便开始更新区块。若需要查看区块中的信息，则需要私钥。查看方式则需要依靠工作流引擎中分对象知识共享模块来将所有用户划分为多种角色，通过区块链账本模块根据不同权限对用户进行知识共享。

分对象知识共享模块用于根据用户角色或用户信息设置区块标识共享字段，其分别与角色库、用户库、知识共享记录模块以及特征值数据库模块连接，当活动不需要将交互信息上传至区块链时，用户在完成活动任务时，系统会根据用户权限将区块信息显示给用户查看，用户可以通过提前获知其他流程信息提高做决策的正确性。

分对象知识共享模块是基于区块链的供应链知识共享机制的组成部分，旨在实现知识的不同程度共享。当区块链上的用户完成特定任务时，需要调用此模块将任务信息传递到区块链上，并可以根据角色或身份选择设置共享字段。每个共享对象都会在共享记录模块中新增一条记录，以便在授权用户登录时根据他们的权限查询，或为首次阅读的用户设定阅读标志。这种设计旨在保证知识的有效共享，并使知识有序且便于理解和使用。

3. 区块链账本模块

1）知识共享记录模块

知识共享记录模块用于获取区块链中的业务信息，并将知识共享给其他用户。知识共享记录模块生成包含共享编号主键、用户编号、阅读与否标志位、区块哈希值以及知识共享内容。

知识共享需要区分对象，工作流引擎将通过知识共享记录模块，配合角色表和权限设置表完成知识共享权限设置；链上用户需要区分角色对象来设置当前任务中要生成区块信息的知识共享权限，每种对象均会在知识共享记录模块中增加 1 条对应记录，每条记录表包括共享编号主键、用户编号、阅读与否标志位、区块哈希值以及知识共享内容等字段。区块新增后，共享知识会按主键更新区块标识到知识共享记录模块，用户查看某个区块的信息后，知识共享记录模块会将该区块标识，不会再次读取该区块信息。

2）特征值数据库模块

特征值数据库模块用于根据特征值检索对应信息，知识共享记录模块和特征值数据库模块均与区块链账本模块连接，区块链账本模块用于将对应区块链的信息通过私钥解密，并根据其权限将对应信息分离。

　　由于工作流与区块链的共识算法仅能对某一次的活动知识进行上链存储，尽管知识实现了共享，但仍然不能使其他用户了解到知识的时效性，并且某些知识的内容用户只需要共享给某一个用户或多个用户，而不是某一类角色的用户。因此，基于工作流与区块链的共识算法可以与其活动相关的用户约定"特征值"。

　　"特征值"字段与含义可由用户自己定义，该字段与其含义由定义用户决定是否告诉其他用户，或者某一位用户。特征值知识共享操作过程如图7.2所示。

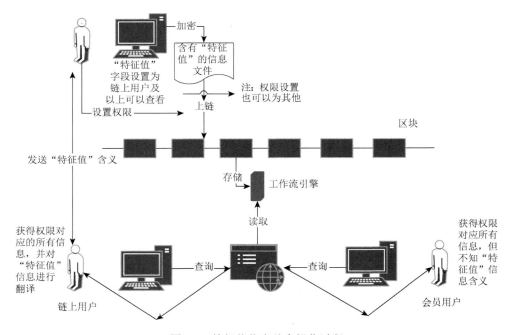

图 7.2　特征值信息共享操作过程

4. 两类知识共享方式

　　当企业完成活动知识交互时，将会触发智能合约，对完成的活动知识按照协议进行存储，计算机会将这些知识打包放入区块中并通过广播的形式通知各节点，各节点会对该区块信息进行验证，验证完成后区块将上链，实现知识共享。知识共享的方式分为两种：一种为链上用户通过区块链相互设置数据访问权限，来达到知识共享；另一种为当企业用户未加入区块链时，企业用户通过工作流引擎服务器进行信息查询。

　　1）基于区块链的链上用户信息共享

　　链上用户知识交互的方式为点到点的知识传递，用户在发送或者接收消息时，会通过两把钥匙（一把公钥、一把私钥）进行加密或者解密。公钥会交给与其相关的企业，用来对自己发送给对方并由对方接收的消息进行解密；私钥仅为自己使用，用来对信息进行加密。

链上用户是基于工作流引擎流程的知识传递来实现知识共享的。通过知识的共享，链上用户可以提前为接下来的工作做好准备以及计划战略，即知识共享的及时性。知识共享具有及时性，对企业内部以及供应链的工作效率以及协同性有积极的作用。

区块链的知识共享是基于工作流引擎实现的。在系统管理员部署完业务流程，开始进行流程的处理时，业务流程中各活动所提交的表单知识会存储至区块链中，并将其表单知识自动传输至下一活动，如图 7.3 所示。当活动 1 提交表单时，表单信息 1 会存储至区块中，同时活动 2 用户则收到流程处理信息，开始处理活动 2。活动 2 可以查看到活动 1 的业务流程信息，并且对活动 2 表单进行填写，以此类推。需要注意的是，并不是只有活动 2 可查询信息，后续活动，包括其余用户均可查看。业务流程的执行将会生成业务流程数据，其余用户则可以通过区块链进行信息查询，以实现知识共享。

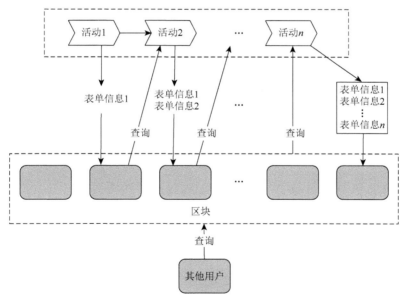

图 7.3　知识共享

当业务流程的某个活动完成时，下一个活动的用户如果担心前面表单信息被修改过，则可以对表单信息进行验证，若表单信息有改动，则会显示区块链表单信息已被修改；无改动则无异常。区块链流程验证机制如图 7.4 所示。

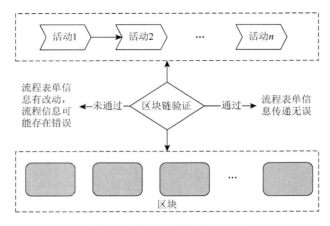

图 7.4　区块链流程验证机制

2）基于区块链的链外用户信息共享

链外用户知识共享的方式使用工作流引擎作为服务器，工作流引擎作为区块链节点将存储所有区块，并且获取所有节点的授权，保证可以查询所有的信息。链上用户进行知识交互时，需要对知识进行加密，如哈希、非对称加密、证书授权（certificate authority，CA）签名等，链外用户进行信息查询时，需要通过区块链平台向链上的用户进行申请，链上用户同意后将公钥发送至链外用户的计算机，链外用户就可以通过公钥查看与之对应的信息。查看信息时，区块链平台会根据互动双方提前约定好的字段在查询面板进行展示，如图 7.5 所示。链外用户

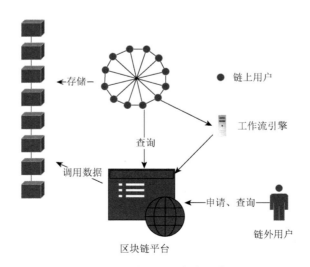

图 7.5　链外用户查询方法

的信息查看是基于节点中的服务器，服务器是区块链中需要配置区块链数据库的
节点，服务器节点会同步区块链数据库，区块链平台则读取服务器数据库信息以
供用户查询。

7.2　融入区块链的跨活动知识共享需求

7.2.1　跨活动的知识共享框架设计

1. 创建供应链业务流程

供应链知识共享机制的业务流程可以由管理用户自行创建，用户根据自己的
需求创建流程，并在创建过程中指定角色参与该业务流程，而所需要提交的应用
系统活动表也同样需要在创建流程时指定活动的统一资源定位符（uniform
resource locator，URL）地址，URL 地址为供应链知识共享平台的网站地址。创
建供应链业务流程如图 7.6 所示。

图 7.6　创建供应链业务流程

设计供应链流程：用户需要在流程设置中建立流程名称，并开始设计任务节
点，即活动任务。

添加参与角色：用户设计好流程后，在任务节点中需要设置候选人，即参与
活动任务的角色。

添加 URL：URL 又名统一资源定位符，也就是所说的网站地址。用户对设置
好的任务节点添加 URL，以此访问供应链信息共享平台的网站地址，候选人在收
到任务信息时，需要在该 URL 页面进行任务操作。

流程设计是否无误：用户创建完流程后开始运行时，若流程未执行或出现错
误，则需要返回修改或重新设计。

2. 提交共享知识流程

当链上用户被设置为活动候选人，该活动的前继任务完成后，工作流引擎会
自动判断其他链上用户是否为活动候选人，为候选人的用户则会收到流程的活动
任务，候选人收到后填好活动任务表并提交活动，进入后继任务。

在链上用户提交共享知识的过程中，供应链知识共享平台需要调用 WebService 接口与工作流平台链接，该接口主要是利用 HttpURLConnection 调用的方式，通过在工作流平台输入供应链知识共享平台网页地址，用户在工作流平台上通过此接口调用供应链知识共享平台页面，提交供应链知识表后，工作流平台会将数据提交至区块链进行上链，供应链知识共享平台会将数据存至数据库，以便后续对信息查询进行管理，具体流程如图 7.7 所示。

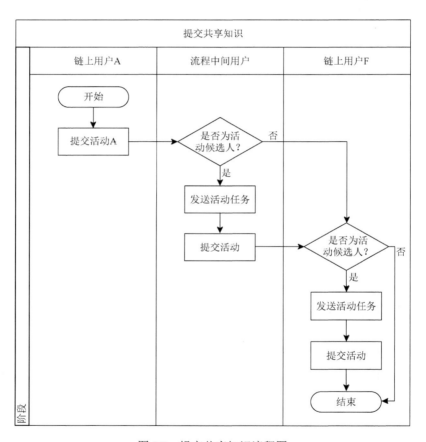

图 7.7　提交共享知识流程图

3. 知识共享权限设置流程

为了推动供应链中的企业毫无保留地分享其知识，设计了知识共享权限设置模块，确保供应链链上用户的信息安全。

链上用户在进行知识共享内容上链时，上链的内容可以根据智能合约进行调整，并且该共享内容可以依靠工作流引擎进行权限设置，权限的设置是根据角色来进行划分的，链上用户对即将上链的知识依次进行选择，对于每一条共享知识，其他用户都只能查看到与之权限对应的信息，知识共享权限设置流程如图 7.8 所示。

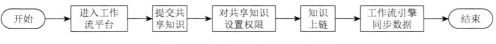

图 7.8　知识共享权限设置流程图

供应链知识共享平台的权限设置是在共享知识提交时进行的，链上用户在供应链知识共享平台提交共享知识时，可对提交的知识共享数据进行权限设置，可对知识的每个字段根据不同的角色来进行设置，设置完成后，对应的用户会在工作流平台查看到与之对应的活动任务，并且该任务活动只会显示其权限字段。当链上用户提交共享知识后，工作流平台通过 WebService 接口获得平台数据信息，通过智能合约将数据提交上链，随后工作流引擎同步区块信息。

4. 用户查询共享知识流程

知识共享对象分为两类：链上用户与链外用户。链上用户与链外用户查询共享知识的流程与渠道并不相同，链上用户通过参加业务流程活动或者获取查询权限查看共享信息；链外用户则需要通过工作流平台进行查询申请，才可以获得对应链上用户的共享知识。

1）链上用户查询共享知识

链上用户首先会参与供应链的业务流程，在参与业务流程的过程中，工作流引擎会显示该用户的前继活动知识内容，并且会显示该用户未查看的活动任务，当用户点击查看并完成该活动任务后，系统会标识该条记录，下次再次查看就不会再显示。活动结束后，链上用户可以自由浏览已查看的共享知识内容。链上用户查询共享知识流程图如图 7.9 所示。

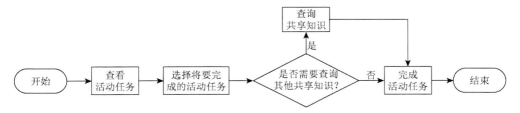

图 7.9　链上用户查询共享知识流程图

2）链外用户查询共享知识

链外用户由于没有加入区块链，不能参与供应链业务流程，但为了减弱链外用户对整体供应链效率的影响以及在链上用户与链外用户产生合作时，链外用户可通过平台查询与之合作的链上用户知识，保证双方合作顺利进行，为链外用户提供了查询共享知识的渠道。

　　链外用户需要前往工作流平台进行查询申请，首先需要选择申请对象，并填写想要查询的共享知识字段，向该链上用户发送请求，待该链上用户同意后，链上用户会根据链外用户所需要的共享知识字段对链外用户设置权限，至此链外用户便可对供应链共享知识进行查询，如图7.10所示。

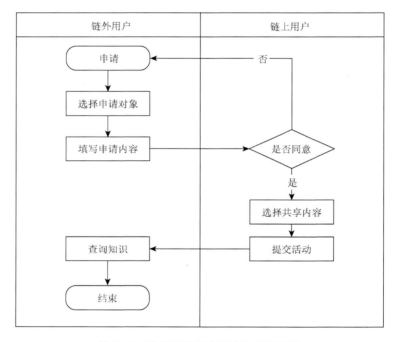

图 7.10　链外用户查询共享知识流程图

7.2.2　跨活动的知识共享功能规划

1. 用户管理功能需求分析

　　以往的供应链知识共享机制是为链上用户服务的，并没有考虑为链外用户提供知识共享的渠道，因此在用户管理上，平台只是对链上用户进行管理，链上用户可对其他用户设置隐私权限，限制其他用户查看自己知识共享的内容。

　　本节设计的供应链知识共享机制包含链上用户以及链外用户的知识共享机制，链上用户既可以对链上用户进行权限设置，也可以对链外用户进行权限设置。

权限设置是由用户对知识共享的内容字段进行设置，而不是直接限制某一用户查看知识共享的内容。

1）链外用户管理功能需求分析

没有加入到联盟区块链中的用户属于供应链知识共享中的链外用户，链外用户不需要加入区块链，即链外用户不能实现增删改等操作，而链外用户也只是需要查询知识共享的内容，因此链外用户仅需要向链上用户进行查询申请等操作，就能获取知识共享的内容信息，如图 7.11 所示。

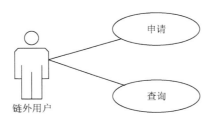

图 7.11　链外用户用例分析

2）链上用户管理功能需求分析

链上用户是加入区块链的供应链用户，此类用户拥有创建业务流程的权限，并且可以自由选择供应链信息是否上链、哪些字段上链，信息共享的内容可根据不同的角色进行设置。同时，链上用户也可以对链外用户的查询申请进行审批，并为链外用户设置查询权限。如图 7.12 所示。

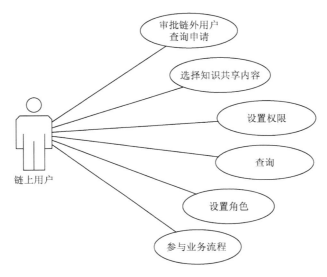

图 7.12　链上用户用例分析

3）系统管理员管理功能需求分析

系统用例分析是通过用例图从多种不同系统用户角度对系统功能需求进行描述的过程。用例分析相对其他需求分析方法来说有着多方面的优势，如用例图更加通俗易懂、能体现不同用户的思想、强调了用户的目标和观点，并且其对以后系统权限管理设计、系统子类功能建模等过程有着直接的指导作用。系统管理员用例分析如图 7.13 所示。

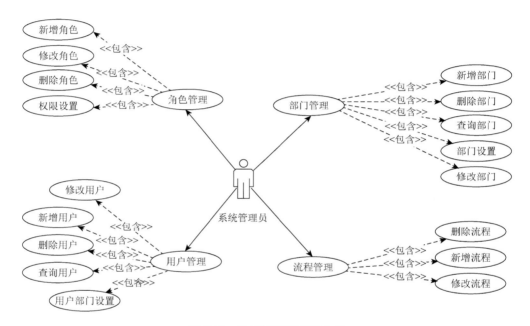

图 7.13　系统管理员用例分析

2. 提交共享信息功能需求分析

信息共享的内容是信息共享机制的关键，以往的信息共享平台利用超级账本联盟链本身的权限设置来限制用户查看信息共享的内容，而本书设计的信息共享机制则与以往的信息共享平台不同，是利用工作流引擎细化信息共享内容可设置的权限，提交共享信息功能只有链上用户使用，链外用户没有操作权限。

链上用户登录工作流平台（平台中有该链上用户未完成的活动任务），进入未完成的活动任务时，工作流平台会通过 URL 接口进入到供应链信息共享平台的活动页面，该用户在完成该项任务活动后，工作流平台会将任务活动的信息通过智能合约打包上链。上链后，工作流引擎作为区块链中的节点用户，会同步新增区块加入到本地服务器，供用户查询使用，如图 7.14 所示。

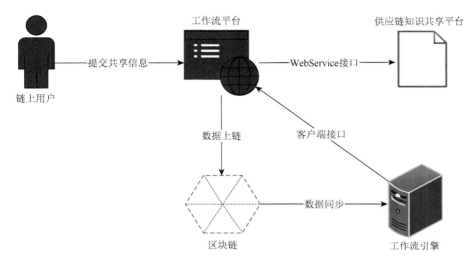

图 7.14　提交共享信息图

WebService 是系统对外的接口，它是一个向外界暴露出能够通过 Web 进行调用的应用 API。供应链信息共享平台则是通过工作流平台提供的 API 接口与工作流平台集成使用，使用的方法是在对应的流程设置中输入供应链信息共享平台的对应网址，从而实现提交数据信息。

数据上链：信息共享内容是通过区块链的智能合约进行上链的，智能合约会根据提前统一设置好的规则，对节点用户提交的信息进行打包上链存储，同时工作流引擎同步区块信息。

客户端接口：工作流管理系统根据工作流管理联盟的定义，将用来管理系统之间的 API 划分为五个，工作流平台与工作流引擎就是使用其中的客户端应用接口完成交互。

工作流管理系统的全部功能由五个接口以及对应的 API 函数共同实现。一个完整的工作流管理系统就是以工作流引擎为中心，向外部部件提供这五个接口，实现所有功能，如图 7.15 所示。

3. 权限设置功能需求分析

对于供应链的企业用户来说，进行信息共享无疑是具有风险的。企业想要将信息共享给其他与自己相关的企业，就需要避免将信息泄露给竞争对手，因此对于供应链中的企业来说，信息安全问题是最为重要的。为了使得信息安全问题得到解决，应对用户进行权限设置。该功能的主要目的是对链上其他用户设置信息查询权限，对工作流引擎开放权限，依靠工作流引擎进行更加细致的权限设置。

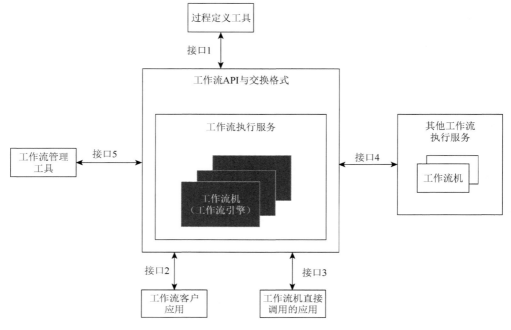

图 7.15　工作流接口设置

链上用户在进行权限设置时，由于链上用户并不想将所有共享信息给全部人共享，因此本书对用户设置了 A、B、C 三类角色，链上用户可以对共享信息的每个字段都选择一个或多个角色进行共享。当然，该链上用户也可选择不进行共享。在共享信息权限设置的过程中，若该链上用户所共享的信息中存在特征值，则还需对该特征值字段设置指定用户标识，以实现该条信息只能由指定用户查看，如图 7.16 所示。

4. 分对象信息共享查询功能需求分析

由于供应链中的企业需要针对其他不同企业进行信息共享，因此需要设计分对象信息共享模块。分对象信息共享是指针对不同用户所提供的信息共享内容会有所不同。该模块是由工作流引擎作为服务器加入区块链成为用户节点，服务器将同步区块链数据，工作流引擎会将用户进行分类。该模块的主要作用是对链上用户节点进行分对象信息共享，在链上用户对共享信息内容字段进行权限设置后，工作流引擎会根据链上用户的角色，查询与其权限对应的共享信息。链外用户则需要通过申请获取链上用户的共享信息，如图 7.17 所示。

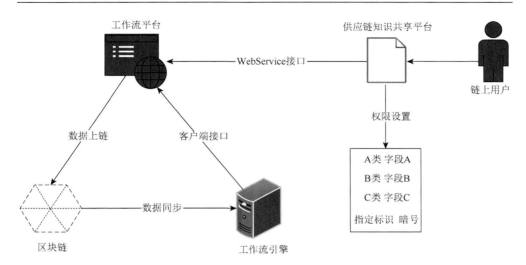

图 7.16　链上用户设置权限

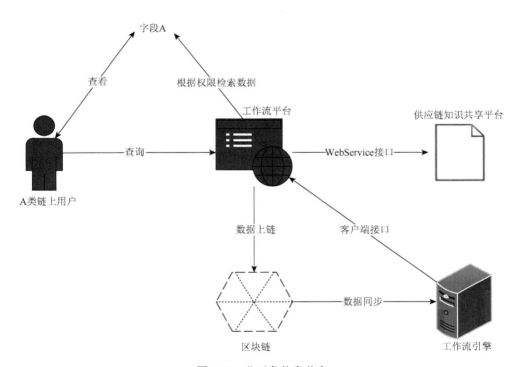

图 7.17　分对象信息共享

5. 信息共享记录模块功能需求分析

信息共享记录模块的每条记录包含账本中共享区块的标识符、共享角色或用户以及阅读与否标志位（取值未读或已读）等数据；区块链上经验证共识后的区块给区块链上的所有节点进行更新，包括工作流引擎。授权用户分链上用户和链外用户，两类用户在登录工作流引擎时，从任务列表读取要完成的任务，同时判断其角色或用户，如果信息共享记录模块中有其角色或用户名的共享信息且标志为未读，从工作流引擎的区块链账本模块中将对应区块的信息自动通过私钥解密出来，根据其权限将对应信息分离出来，授权用户查看确认后信息共享记录模块对应记录的阅读与否字段修改标志为已读。授权用户也可以根据需要在当前任务页面，查询共享记录模块记录的共享记录。在区块链的用户准备将当前任务信息上传至区块链之前，需要先激活分对象信息共享模块。这一模块允许不同的角色或用户选择他们希望与其他的区块链成员共享的信息字段。每一种共享行为，都会在共享记录模块中生成一条对应的记录。当获得授权的用户进行登录时，可以根据自己的权限进行查询查看。此外，信息共享记录模块还为那些首次阅读记录的用户设置了一个标志位，以便他们理解和跟踪哪些记录已经被阅读过。

7.3　融入区块链的跨活动知识共享设计

本节所设计的基于区块链的供应链知识共享平台由工作流引擎与区块链组成。因此本节内容将主要介绍跨活动知识共享所涉及的主要数据表及他们之间的关系。总结起来，供应链知识共享平台数据库主要包括工作流数据表、"特征值"数据表、区块链数据表等。

7.3.1　跨活动知识共享数据模型设计

1. 工作流数据表

Activiti 工作流引擎是含有自己的数据库的。在 Activiti 6.0 数据库中共有 25 张表，分为 5 类，工作流引擎就是通过这 5 类表对业务流程进行自动化管理。5 类表分别为一般数据类表、流程历史记录类表、流程定义类表、身份数据类表、运行实例类表。每一类表名都有独特的字段便于我们对表进行管理，如 ACT_ID_ 表示此类表是对身份信息进行管理的表，ACT_HI_ 则是对历史数据信息进行管理的表。

1）一般数据类表

一般数据类表（ACT_GE_）代表的是通用数据表，主要用来保存部署文件的大文本数据以及流程引擎属性的数据。本书中并未使用此类表，因此不做详细描述。

2）流程历史记录类表

流程历史记录类表有 9 个表，由历史节点表、流程实例表、流程明细表、历史流程人员表、历史任务表和历史明细表、附件表、评论表、变量实例表组成，每个表都记录着流程中各节点所操作过的元素。

历史节点表：记录着流程流转过的所有节点信息。

流程实例表：记录着从流程启动到流程结束的开始活动 ID、结束活动 ID 和流程被删除原因信息。

流程明细表：主要是记录流程执行所产生的参数和表单相关数据，该类数据量大，所以工作流引擎默认不保存该类数据。

历史流程人员表：记录历史流程实例的操作人员相关信息。

历史任务表和历史明细表：记录着每一个活动实例和任务执行的相关信息。

附件表和评论表：用来保存附件和评论信息。

变量实例表：储存流程实例中变量的值。

3）流程定义类表

流程定义类表是用于储存流程定义和流程部署相关数据的表。流程定义表用于记录部署的流程定义信息，流程部署表用于记录流程的部署情况，包括部署的名称、类别、时间等。

流程定义表主要是在流程设计器设计流程后，将流程数据保存到该表，其主要字段如表 7.1 所示。

表 7.1　流程定义表

字段	代码	数据类型	主键	外键
流程编号	Process_id	Int	是	否
流程名称	Process_name	Varchar（64）	否	否
流程类型	Process_type	Varchar（64）	否	否
流程图名称	Process_pic_name	Varchar（64）	否	否
创建人员编号	Creator_id	Int	否	是
BPMN 名称	BPMN_name	Varchar（64）	否	否

流程设计表主要是存储将部署添加的流程图文件进行解析后的流程文件相关数据，其主要字段如表 7.2 所示。

表 7.2　op 流程设计表

字段	代码	数据类型	主键	外键
序号	ID	Int	是	否
流程编号	Process_id	Int	否	是
流程名称	Process_name	Varchar（64）	否	否

字段	代码	数据类型	主键	外键
版本号	Version	Varchar（32）	否	否
类型	type	Char（3）	否	否
创建时间	Creat_time	DateTime	否	否
后修改时间	Modify_time	DateTime	否	否
部署编号	Deployment_id	Int	否	否

4）身份数据类表

Activiti 的身份数据表不需要与其他数据表相关联，能够单独在系统中存储信息，该类数据表由用户表、角色表和关联表构成。用户表保存用户名称、用户编号、用户密码等基本信息。角色表用于管理用户、分配用户权限。关联表用于保存用户与角色之间的关联信息。角色表与用户表的主要字段如表 7.3、表 7.4 所示。

表 7.3　角色表

字段	代码	数据类型	主键	外键
角色编号	Role_id	Varchar（64）	是	是
角色名称	Role_name	Varchar（64）	否	否
角色类型	Role_type	Char（3）	否	否

表 7.4　用户表

字段	代码	数据类型	主键	外键
用户编号	User_id	Int	是	否
用户名称	User_name	Varchar（64）	否	否
是否上链	IsChain	Boolean	否	否
哈希地址	Hash_address	Varchar（64）	否	否
登录密码	Password	Varchar（64）	否	否

5）运行实例类表

Activiti 运行时数据表由流程实例表、流程与身份关系表、流程任务表、事件描述表、流程参数表、工作数据表、活动表、活动信息表组成，用于保存流程运行过程中产生的相关数据。这里未考虑嵌套子流程等情况，主要用到流程实例表、活动信息表和活动实例表，并对表结构做适当调整。

流程实例表：流程实例表是工作流程的核心表，存储流程实例化后的执行工作流数据和流程实例数据，存储的主要详细信息如表 7.5 所示。

表 7.5　流程实例表

字段	代码	数据类型	主键	外键
流程实例编号	Pro_instance_id	Int	是	否
流程编号	Process_id	Int	否	是
执行人员编号	Executer_id	Int	否	是
当前活动实例	Act_instance	Varchar（255）	否	是
业务主键编号	Business_key	Varchar（64）	否	否
创建日期时间	Cre_date_time	DateTime	否	否
流程执行状态	Pro_execute_state	Varchar（64）	否	否

活动信息表：主要是用来存储表单的网页地址以及活动间的关联信息。其表结构中的主要字段如表 7.6 所示。

表 7.6　活动信息表

字段	代码	数据类型	主键	外键
活动编号	Act_id	Varchar（255）	是	否
活动名称	Act_name	Varchar（255）	否	否
角色编号	Role_id	Varchar（64）	否	是
所属流程	Owe_process	Int	否	是
创建人员编号	Creator_id	Int	否	是
关联应用	Asssociate_app	Varchar（64）	否	否
前置活动编号	Pre_act_id	Varchar（255）	否	否
活动类型	Act_type	Varchar（64）	否	否

活动实例表：主要是存储活动的业务数据以及特征值，区块链存储的数据信息大都来自活动信息表。其表结构中的主要字段如表 7.7 所示。

表 7.7　活动实例表

字段	代码	数据类型	主键	外键
活动实例编号	Act_instance_id	Int	是	否
活动编号	Act_id	Varchar（255）	否	否

字段	代码	数据类型	主键	外键
执行人员编号	Executer_id	Int	否	是
流程实例编号	Pro_instance_id	Int	否	是
关联订单编号	Asssociate_order_id	Varchar（64）	否	否
创建日期时间	Cre_date_time	DateTime	否	否
活动完成进度	Act_compete_pro	Varchar（64）	否	否
区块哈希值	Block_hash	String	否	否

2. "特征值"数据表

对于部分企业而言，有些信息只想共享给一个合作伙伴或者其他企业，但又不想让该企业获得其他共享信息，为此需要设计一个"特征值"数据库来满足用户此类需求。所述"特征值"是一串毫无含义的字母，而用户需要将重要信息与该特征值存储至"特征值"数据库中，通过该"特征值"数据库获取其特征值的真实含义。

该模块可以为企业针对特殊用户设定共享内容，该内容会给具有 A、B、C 权限的用户显示，但用户只能看到"特征值"字段，并不能查看"特征值"含义，而被授权的特殊用户则可以通过"特征值"数据库进行查看。

"特征值"数据库是由工作流引擎调用的，工作流引擎通过链上用户的标识号与"特征值"数据表的链上用户标识字段进行匹配，匹配成功则将"特征值"与真实信息显示给该链上用户，不匹配则只显示与该链上用户对应的权限共享信息。"特征值"数据表结构中主要字段如表 7.8 所示。

表 7.8　特征值数据表

字段	代码	数据类型	主键	外键
特征值编号	Secret_sign_id	Int	是	否
特征值	Secret_signal	Varchar（16）	否	否
真实信息	Information	Varchar（64）	否	否
链上用户标识	User_sign	Varchar（64）	否	否

3. 区块链数据表

数据是通过区块以链的形式从后向前有序连接起来的。

区块链数据是由所有已经存储数据的区块连接在一起而组成的，主要包括区块头数据，以及存储交易信息的区块体数据。其中区块数据主要通过哈希值进行链接，每一个区块都指向其父区块，区块信息表主要存储内容如表 7.9 所示。

表 7.9　区块信息表

字段	代码	数据类型	主键	外键
区块哈希值	Block_hash	String	是	否
区块名称	Block_name	Varchar（64）	否	否
区块类型	Block_type	Varchar（64）	否	否
区块创建时间	Block_cre_time	DateTime	否	否
前置区块编号	Pre_block_id	Varchar（64）	否	否
特征值编号	Secret_sign_id	Int	否	是
所属流程编号	Owe_process_id	Int	否	否
业务数据哈希值	Business_data_hash	String	否	否

区块链则是通过区块头的区块哈希值进行链接，每个区块都会指向上一区块哈希值。而区块体则记录了该区块存储的交易数量以及交易数据。

信息权限设置表是存储共享信息查看权限的表。该表将针对每个角色来设置字段权限，所设置的权限将只会对所属区块有效，其表结构中的主要字段如表 7.10 所示。

表 7.10　信息权限设置表

字段	代码	数据类型	主键	外键
角色编号	Role_id	Varchar（255）	是	否
区块哈希值	Block_hash	String	否	是
字段名称	Field_name	Varchar（64）	否	否
版本号	Version_id	Varchar（32）	否	否
类型	Type	Boolean	否	否

当区块链中加入新的区块时，工作流引擎将会同步区块信息，并通过设置信息权限设置表中的权限，将供应链信息共享出来，其表结构中的主要字段如表 7.11 所示。

表 7.11　信息共享记录表

字段	代码	数据类型	主键	外键
区块哈希值	Block_hash	String	是	否

字段	代码	数据类型	主键	外键
时间戳	Timestamp	Number	否	否
特征值编号	Secret_sign_id	Int	否	是
共享内容	Context	String	否	否
阅读人员编号	Reader_id	MediumInt	否	是
是否阅读	Read	Boolean	否	否

4. 数据模型

通过 7.2.2 节中的需求分析可知,供应链信息共享机制中主要包含分对象信息共享模块、特征值数据库模块、用户管理、权限设置、提交共享信息、信息共享记录等功能。

用户表具有用户编号、用户名称、是否在链上、哈希地址、用户密码等属性,判断用户是否为链上用户, 就是通过用户表中的是否在链上以及哈希地址来判断。对用户的管理则是通过角色表来实现的,通过对所有用户进行角色分类,不同角色的用户将获得不同的权限,同时通过对用户进行角色分类将会更加方便对用户进行管理。

活动信息表会记录活动完成的实际操作人哈希值,便于后期对信息的追溯。活动信息表与特征值数据表连接,若活动需要填写特征值,则需要填写与之对应的特征值以及指定特征值查看用户。

信息权限设置表则是对共享信息的内容进行权限设置。链上用户通过对某个活动信息的字段分角色来设置权限, 每个字段可以选择单个或多个角色。

信息共享记录表是用来显示共享信息以及对用户已查阅的信息进行标记,工作流将不会显示已被标记的区块信息。标记的方式是通过表中的区块哈希值来确定区块位置, 查阅信息后工作流会用区块标识符进行标记,下次检索时则只检索未标识的区块。

区块信息表是由用户参与流程任务并完成活动后,将活动信息表的内容以哈希值存储在区块表中的业务数据哈希值中,同时用户根据角色在信息权限设置中对活动信息内容设置权限。信息共享记录表则会根据信息权限设置的内容显示共享信息。用户登录平台后会看到信息共享记录表中的共享信息, 共享信息记录表显示的内容是由区块标识表进行筛选, 区块标识表根据用户编号以及区块哈希值确定用户是否查看该区块的信息, 查看的区块标记为已阅读,下次不再显示,如图 7.18 所示主要数据表间关系图,图中虚线实线表达的关联意义相同。

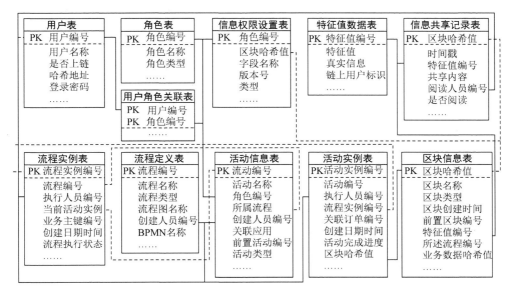

图 7.18　供应链信息共享数据模型

7.3.2　跨活动知识共享的实现与验证

基于 7.2.3 节所设计的数据模型开发出的基于区块链的供应链信息共享平台适用于任何供应链场景下的信息共享。本节主要介绍该平台的使用方式以及主要功能与代码。

1. 信息共享流程的启用

流程的启用需要先设计流程。设计流程时需要首先对所创建的活动设置关联，其次对活动的编号、候选人、名称等属性进行设置，最后将流程进行存储。设计流程页面如图 7.19 所示。

在流程设计好后，需要由用户选择需要发起的流程，并点击"开始"按钮启动所设计的流程，如图 7.20 所示。

2. 信息的传递

流程中信息的传递是依靠工作流引擎来实现的。工作流引擎根据已设计好的业务流程，按照顺序逐一执行流程中的活动，而流程中的活动信息则通过工作流引擎将前序活动信息传至后序活动中。

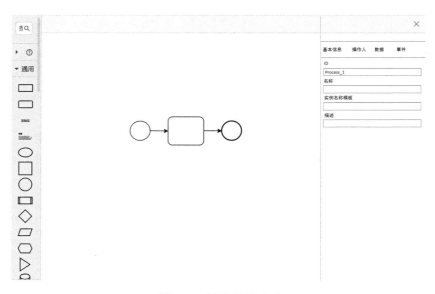

图 7.19　设计流程页面

发起流程		▶开始 ⟳刷新
名称	描述	版本
○ 信息共享		5
○ 请休假	请休假流程	18

图 7.20　启动流程

在基于区块链的供应链信息共享机制中，特征值的信息与共享的信息传输方式与工作流引擎传输方式有所不同。

区块链首先根据智能合约将数据信息打包到区块中，信息打包代码如图 7.21 所示，由节点用户进行共识验证后，再将区块添加至区块链中。本书使用 Fabric 的 Kafka 共识机制来完成节点共识，如图 7.22 所示。区块在打包数据信息时，需要对区块的哈希值以及区块高度等进行计算，并通过 Merkle 根保存数据信息，区块的创建代码如图 7.23 所示。

信息共享			
序号	区块哈希	时间	共享内容

暂无数据

图 7.21　信息打包代码

```
spring:
  application:
    name: fabric
  cloud:
    nacos:
      config:
        server-addr: nacos:8848
        file-extension: yaml
      discovery:
        server-addr: nacos:8848
  zipkin:
    sender:
      type: kafka
  sleuth:
    sampler:
      probability: 1.0
  kafka:
    bootstrap-servers: kafka:9092
```

图 7.22　Kafka 共识机制代码

```java
public class BlockController {

    private final static String TXID_PREFIX = "TXID_";

    private final Gateway gateway;
    private final ChaincodeService chaincodeService;

    @GetMapping("/{channel}/{chaincode}/{id}")
    @ResponseBody
    public BlockInfo get(@PathVariable String channel,
                         @PathVariable String chaincode,
                         @PathVariable String id) throws Exception {

        var txid = chaincodeService.get(channel, chaincode, TXID_PREFIX + id);

        var network = gateway.getNetwork(channel);
        var info = network.getChannel().queryBlockByTransactionID(txid);
        var result = new BlockInfo();
        result.setTxid(txid);
        result.setNumber(info.getBlockNumber());
        result.setHash(info.getDataHash());
        return result;
    }
}
```

图 7.23　区块的创建代码

信息共享记录模块在区块链加入区块后，会获取区块信息。获取数据首先要查找区块链信息，找到数据信息所存储的区块信息，再通过哈希算法获取区块的数据信息。获取区块链信息的代码如图 7.24 所示，获取区块信息的代码如图 7.25 所示。

```java
@FeignClient(value = "fabric", path = "/block", primary = false)
public interface BlockClient {

    /**
     * 获取区块链信息
     *
     * @param channel 通道ID
     * @param chaincode 链码名称
     * @param id 数据ID
     * @return 区块信息
     */
    @GetMapping("/{channel}/{chaincode}/{id}")
    BlockInfo get(@PathVariable("channel") String channel,
                  @PathVariable("chaincode") String chaincode,
                  @PathVariable("id") String id);

}
```

图 7.24　获取区块链信息的代码

```java
@GetMapping("/{channel}/{chaincode}/{id}")
String get(@PathVariable("channel") String channel,
           @PathVariable("chaincode") String chaincode,
           @PathVariable("id") String id);
```

图 7.25　获取区块信息的代码

3. 共享信息的显示

通过工作流虽然可以使流程实现自动化办公，获取流程中的部分信息，但其获取的信息因为其时效性，往往不能及时共享。基于区块链可以实现及时的信息共享，本书所设计的信息共享方式是通过信息共享记录模块将新区块的信息共享出来，共享的信息是各个流程中已提交的数据信息，而非现有公铁联运供应链中的相邻活动间进行共享的信息。信息共享记录模块会将区块链中的最新区块信息提取出来，并由工作流引擎将其区块信息共享出来，共享的方式为根据区块链账本模块中的特征值数据表以及分对象信息共享模块来实现。

1）特征值信息共享

特征值信息的传输是对特征值数据表设置特征值与其真实含义，以供工作流引擎根据其特征值进行查询，特征值数据表内容如图 7.26 所示。

主键	特征值	真实含义	链上用户标识
1	PR	最低价	gemini
2	QC	库存不多	重庆华晨宝马
3	WC	加急	物流公司
▶ 4	YM	满载	all

图 7.26　特征值数据表

在用户执行流程活动时，若用户需要传输特征值，便可在特征值数据表中填写自己将要传输的特征值以及真实含义，并在提交活动时在活动表单中填写特征值与查看该特征值真实含义的用户名称。当该用户查看共享信息时，工作流引擎会将其真实含义显示出来，其余用户则只是显示特征值。

2）分对象信息共享

分对象信息共享即对每个链上用户设置权限，工作流引擎根据不同的角色显示不同的共享内容。当区块链中加入了新的区块时，信息共享记录模块将会把该区块信息共享出来并通知与之相关的链上用户查看信息。信息共享中将主要显示获取区块信息的区块哈希值、区块加入区块链的时间以及区块中的信息。共享内容只会显示用户所拥有权限的信息，未具有权限的信息不会显示在共享内容中。信息共享界面如图 7.27 所示。

图 7.27　信息共享界面

第 8 章　基于知识共享的智能仓储管理系统

基于知识共享的智能仓储管理系统是当代物流管理领域的重要研究方向。本章针对智能仓储管理系统中的知识共享问题进行研究,旨在提高仓储管理效率。通过结合知识管理理论和仓储业务需求,我们提出基于知识共享的智能仓储管理系统通用数据模型。在此基础上,从不同角度研究基于工作流的纵向知识共享、基于区块链的横向知识共享以及面向能力平衡的仓储管理策略。另外,我们通过仿真模拟,验证了该模型的可行性和效果。研究结果表明,基于知识共享的智能仓储管理系统能够有效提升仓储管理效率、优化决策,对于现代物流管理具有重要意义。

8.1　智能仓储管理系统通用化设计

本节研究基于知识共享的智能仓储管理系统通用化数据模型规划设计,通过综合考虑整体结构和细节需求,建立一个通用的数据模型规划设计框架。为确保数据模型的一致性、可扩展性和易用性,模型的设计遵循数据库设计的基本原则。在此基础上完善系统概念模型、逻辑模型设计两个方面。在概念模型设计中,通过实际业务需求分析进行实体和实体关系图(ER 图)的设计。在逻辑模型设计中,以数据表设计为重点,将概念模型转化为具体的逻辑模型。本研究为数据模型规划设计提供一个综合性的方法论,可为实际应用和进一步研究提供基础。

8.1.1　通用化设计原则与基础

1. 设计原则

该数据模型设计原则遵循以下数据库设计的基本原则。

(1)一致性原则:对数据来源进行统一、系统的分析与设计,协调好各种数据源,保证数据的一致性和有效性。

(2)完整性原则:数据库的完整性是指数据的正确性和相容性。要防止合法用户使用数据库时向数据库加入不合语义的数据。对输入到数据库中的数据要有审核和约束机制。

(3)安全性原则:数据库的安全性是指保护数据,防止非法用户使用数据库或合法用户非法使用数据库造成数据泄露、更改或破坏。数据库要有认证和授权机制。

（4）可扩展性原则：数据库结构的设计应充分考虑发展的需要、移植的需要，具有良好的扩展性、伸缩性和适度冗余。

（5）规范化原则：数据库的设计应遵循规范化理论。规范化的数据库设计，可以减少数据库插入、删除、修改等操作时的异常和错误，降低数据冗余度等。

2. 工作流基础

工作流引擎使用常见的 Activiti 引擎，其数据模型包含 25 张表，用来保存流程实例，使得业务与流程分离，这些表总共分为 5 种，分别是一般数据表、流程历史记录表、身份数据表、流程定义表、运行实例表，这些表存储了一个流程整个生命周期的所有数据。这些表都以 ACT_开头，表名的第二部分是其用途的英文简称，每个表的作用和其所对应的 Activiti 的 API 所对应。工作流引擎自动生成的 25 张表的名称和功能如表 8.1 所示，各表的详细内容请查阅相关资料了解。

表 8.1　工作流引擎数据表

表分类	表名	说明
一般数据表	ACT_GE_BYTEARRAY	通用的流程定义和流程资源
	ACT_GE_PROPERTY	系统相关属性
流程历史记录表	ACT_HI_ACTINST	历史的节点表
	ACT_HI_ATTACHMENT	历史的流程附件
	ACT_HI_COMMENT	历史的说明性信息
	ACT_HI_DETAIL	历史的流程运行中的细节信息
	ACT_HI_IDENTITYLINK	历史的流程运行过程中用户关系
	ACT_HI_PROCINST	历史的流程实例
	ACT_HI_TASKINST	历史的任务实例
	ACT_HI_VARINST	历史的流程运行中的变量信息
	ACT_EVT_LOG	事件日志
身份数据表	ACT_ID_GROUP	用户组信息
	ACT_ID_INFO	用户扩展信息
	ACT_ID_MEMBERSHIP	用户与用户组对应信息
	ACT_ID_USER	用户信息
流程定义表	ACT_RE_DEPLOYMENT	部署单元信息
	ACT_RE_MODEL	模型信息

续表

表分类	表名	说明
流程定义表	ACT_RE_PROCDEF	已部署的流程定义
	ACT_PROCDEF_INFO	流程定义的动态变更信息
运行实例表	ACT_RU_EVENT_SUBSCR	运行时事件
	ACT_RU_EXECUTION	运行时流程执行实例
	ACT_RU_IDENTITYLINK	运行时用户关系信息,存储任务节点与参与者的相关信息
	ACT_RU_JOB	运行时作业
	ACT_RU_TASK	运行时任务
	ACT_RU_VARIABLE	运行时变量表

8.1.2　智能仓储业务需求概要

系统常见的入库、出库、盘点、移库业务流程分别如图 8.1～图 8.4 所示。

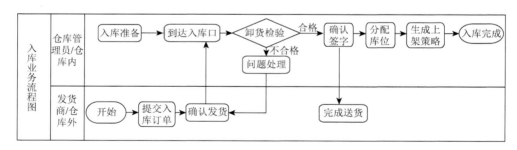

图 8.1　入库业务流程图

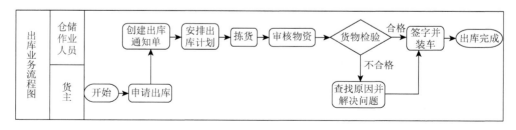

图 8.2　出库业务流程图

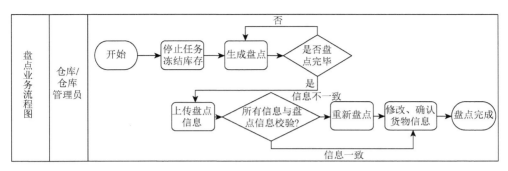

图 8.3　盘点业务流程图

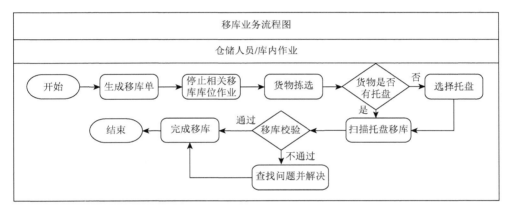

图 8.4　移库业务流程图

8.1.3　通用化数据模型设计

为了便于企业的管理，考虑建立"department"用于管理企业部门信息，同时设计"role"实体记录企业的所有用户角色信息，设计"company"用于记录供应商和客户的信息，通过"type"属性进行区分，同时引入工作流引擎实现对企业业务流程的管理。

从"出入库、移库、盘点"用例来看，需要建立一个"staff"实体来保存进行事件操作的主体信息，同时建立"inbound""outbound""move""count""device"分别用于记录入库、出库、移库、盘点、设备信息。这些操作都会涉及库存，因此建立"warehouse""shelves""position""tray""box"实体分别记录仓库、货架、库位、托盘、料箱信息，并建立库存表记录仓库中各产品库存信息。

1. 实体及相互关系

（1）员工实体（staff）：员工编号（staff_id）、员工姓名（staff_name）、员工

性别（staff_gender）、年龄（staff_age）、身份证号码（staff_idcard）、登录密码（password）、入职时间（staff_startdate）、职位（staff_position）、所在部门（staff_departmentid）、班组名（team）、状态（staff_status）、备注（remark）。

（2）部门实体（department）：部门编号（department_id）、部门名称（department_name）、部门基本信息（basicinfo）、部门负责人编号（manager）、部门人数（department_number）、部门电话（phone）、部门传真（fax）、部门邮箱（email）。

（3）角色实体（role）：角色编号（role_id）、角色名称（role_name）、角色描述（role_description）、角色权限（role_authority）、角色创建时间（created_at）、角色更新时间（updated_at）。

（4）供应商/客户实体（company）：编号（company_id）、名称（company_name）、联系电话（company_phone）、地址（company_address）、统一社会信用代码（company_usci）、创建时间（created_at）、类型（company_type）、更新时间（updated_at）。

（5）设备实体（device）：设备编号（device_id）、设备名称（device_name）、设备类型（device_type）、设备型号（device_mode）、生产厂商（manufacturer）、设备状态（status）、安装日期（installation_date）、安装位置（installation_location）、购买日期（purchase_date）、购买价格（purchase_price）。

（6）物资实体（product）：物资编号（product_id）、物资名称（product_name）、物资类型（product_type）、物资尺寸（product_size）、物资描述（product_description）、物资重量（product_weight）、物资总数（product_quantity）、更新时间（updated_date）。

（7）料箱实体（box）：料箱编号（box_id）、实际容量（box_actual_capacity）、状态（box_status）、核定容量（box_capacity）。

（8）托盘实体（tray）：托盘编号（tray_id）、实际容量（tray_actual_capacity）、托盘状态（tray_status）、核定容量（tray_capacity）。

（9）仓库实体（warehouse）：仓库编号（warehouse_id）、仓库名称（warehouse_name）、仓库地址（warehouse_address）、仓库类型（warehouse_type）、仓库占地面积（warehouse_area）、库位数量（position_num）、托盘数量（tray_num）、料箱数量（box_num）、联系人（linkman）、联系电话（phone）、创建时间（created_at）、更新时间（updated_at）。

（10）货架实体（shelves）：货架编号（shelves_id）、仓库编号（warehouse_id）、货架位置（shelves_location）、货架类型（shelves_type）、货架长度（shelves_length）、货架宽度（shelves_width）、货架容量（shelves_capacity）、货架状态（status）、创建时间（created_at）、更新时间（updated_at）。

（11）库位实体（position）：库位编号（position_id）、仓库编号（warehouse_id）、库位类型（position_type）、库位属性（position_attribute）、库位描述

（position_description）、库位容量（position_capacity）、库位状态（position_status）、创建时间（created_at）、更新时间（updated_at）、货架编号（shelves_id）、行（row）、列（column）、层（layer）。

本模型基于设备管理与仓储业务场景设计，定义了设备、部门、用户、仓库、物资等核心实体，并构建了采购、销售、入库等关键业务流程的交互关系。本系统的 ER 模型如图 8.5 所示。

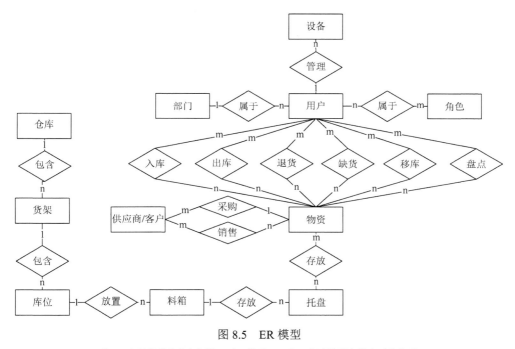

图 8.5　ER 模型

注：1 表示关联实体之间的一对一关系；m 和 n 表示关联实体多对多关系

业务知识图谱存储在 Neo4j 数据库中，存储的部分实体类型具体信息如表 8.2 所示。

表 8.2　知识实体表

类型名称	说明	举例
device	设备	叉车、堆垛机等
storage area	货物存储区域	入库区、出库区、缓冲区等
inbound process	入库操作	核对单据、分区入库、上架入位
safety regulation	安全规程	叉车操作许可、堆垛限高、岗位培训等
……	……	……
inventory checking rules	盘点规则	ABC 分类盘点法、全面月末盘点、抽样盘点

2. 数据字典

在关系型数据库 MySQL 中设计数据表时，除了确定每个数据表的字段之外，主要的任务是要确定每个数据表的主键和外键，此外，每个数据表都要尽量满足 3NF 范式（除了性能的考虑，可要求部分数据表只需满足 2NF 范式即可），相关数据表结构中主要字段如表 8.3 至表 8.13 所示。

表 8.3　员工表

字段	代码	数据类型	主键	外键
员工编号	staff_id	Varchar（10）	是	否
员工姓名	staff_name	Varchar（10）	否	否
员工性别	staff_gender	Boolean	否	否
年龄	staff_age	Int	否	否
身份证号码	staff_idcard	Varchar（18）	否	否
登录密码	password	Varchar（20）	否	否
入职时间	staff_startdate	Date	否	否
职位	staff_position	Varchar（10）	否	否
所在部门	staff_departmentid	Varchar（10）	否	是
班组名	team	Varchar（10）	否	否
状态	staff_status	Tinyint	否	否
备注	remark	Varchar（50）	否	否

表 8.4　角色表

字段	代码	数据类型	主键	外键
角色编号	Role_id	Varchar（10）	是	否
角色名称	Role_name	Varchar（10）	否	否
角色描述	role_description	Varchar（50）	否	否
角色权限	role_authority	Varchar（50）	否	否
角色创建时间	created_at	Datetime	否	否
角色更新时间	updated_at	Datetime	否	否

表 8.5　供应商/客户表

字段	代码	数据类型	主键	外键
供应商编号	company_id	Varchar（10）	是	否
供应商名称	company_name	Varchar（10）	否	否

续表

字段	代码	数据类型	主键	外键
供应商联系电话	company_phone	Varchar（50）	否	否
供应商地址	company_address	Varchar（50）	否	否
类型	company_type	Bool	否	否
统一社会信用代码	company_usci	Varchar（18）	否	否
供应商创建时间	created_at	Datetime	否	否
供应商更新时间	updated_at	Datetime	否	否

表 8.6　部门表

字段	代码	数据类型	主键	外键
部门编号	department_id	Varchar（10）	是	否
部门名称	department_name	Varchar（10）	否	否
部门基本信息	basicinfo	Varchar（50）	否	否
部门负责人编号	manager	Varchar（10）	否	是
部门人数	staff_number	Int	否	否
部门电话	phone	Varchar（11）	否	否
部门传真	fax	Varchar（11）	否	否
部门邮件	email	Varchar（20）	否	否

表 8.7　设备表

字段	代码	数据类型	主键	外键
设备编号	device_id	Varchar（10）	是	否
设备名称	device_name	Varchar（20）	否	否
设备类型	device_type	Varchar（10）	否	否
设备型号	device_mode	Varchar（10）	否	否
生产厂商	manufacturer	Varchar（20）	否	否
设备状态	status	Tinyint	否	否
安装日期	installation_date	Date	否	否
安装位置	installation_location	Varchar（20）	否	否
购买日期	purchase_date	Date	否	否
购买价格	purchase_price	Float	否	否

表 8.8　物资表

字段	代码	数据类型	主键	外键
物资编号	product_id	Varchar（10）	是	否
物资名称	product_name	Varchar（20）	否	否
物资类型	product_type	Varchar（10）	否	否
物资尺寸	product_size	Varchar（10）	否	否
物资描述	product_description	Varchar（20）	否	否
物资总数	product_quantity	Float	否	否
更新时间	updated_date	Datetime	否	否

表 8.9　料箱信息表

字段	代码	数据类型	主键	外键
料箱编号	box_id	Varchar（10）	是	否
实际容量	box_actual_capacity	Float	否	否
状态	box_status	Tinyint	否	否
核定容量	box_capacity	Float	否	否

表 8.10　托盘信息表

字段	代码	数据类型	主键	外键
托盘编号	tray_id	Varchar（10）	是	否
核定容量	tray_capacity	Float	否	否
实际容量	tray_actual_capacity	Float	否	否
托盘状态	tray_status	Tinyint	否	否

表 8.11　仓库表

字段	代码	数据类型	主键	外键
仓库编号	warehouse_id	Varchar（10）	是	否
仓库名称	warehouse_name	Varchar（10）	否	否
仓库地址	warehouse_address	Varchar（50）	否	否
仓库类型	warehouse_type	Varchar（10）	否	否
占地面积	warehouse_area	Float	否	否
库位数量	position_num	Int	否	否
托盘数量	tray_num	Int	否	否
料箱数量	box_num	Int	否	否

续表

字段	代码	数据类型	主键	外键
联系人	linkman	Varchar（20）	否	否
联系电话	phone	Varchar（11）	否	否
创建时间	created_at	Datetime	否	否
更新时间	updated_at	Datetime	否	否

表 8.12　货架表

字段	代码	数据类型	主键	外键
货架编号	shelves_id	Varchar（10）	是	否
仓库编号	warehouse_id	Varchar（10）	否	是
货架位置	shelves_location	Varchar（50）	否	否
货架类型	shelves_type	Varchar（10）	否	否
货架长度	shelves_length	Float	否	否
货架宽度	shelves_width	Float	否	否
货架容量	shelves_capacity	Float	否	否
货架状态	shelves_status	Tinyint	否	否
创建时间	created_at	Datetime	否	否
更新时间	updated_at	Datetime	否	否

表 8.13　库位表

字段	代码	数据类型	主键	外键
库位编号	position_id	Varchar（10）	是	否
库位类型	position_type	Varchar（10）	否	否
库位属性	position_attribute	Varchar（50）	否	否
库位描述	position_description	Varchar（50）	否	否
库位容量	position_capacity	Float	否	否
库位状态	position_status	Tinyint	否	否
创建时间	created_at	Datetime	否	否
更新时间	updated_at	Datetime	否	否
所属仓库编号	warehouse_id	Varchar（10）	否	是
货架编号	shelves_id	Varchar（10）	否	是
行	row	Int	否	否
列	column	Int	否	否
层	layer	Int	否	否

采购入库模块包含物资采购与物资入库业务，相关数据表的主要字段如表 8.14 至表 8.17 所示。

表 8.14　采购表

字段	代码	数据类型	主键	外键
采购单号	pr_id	Varchar（10）	是	否
供应商编号	company_id	Varchar（10）	否	是
订单数量	pr_amout	Float	否	否
订单金额	pr_price	Float	否	否
已入库数量	inbound_amout	Float	否	否
采购状态	pr_status	Tinyint	否	否
运费	freight	Float	否	否
制单人	lister	Varchar（10）	否	否
制单时间	pr_time	Datetime	否	否
备注	remark	Varchar（50）	否	否

表 8.15　采购详情表

字段	代码	数据类型	主键	外键
自增编号	id	Varchar（10）	是	否
采购单号	pr_id	Varchar（10）	否	是
物资编号	product_id	Varchar（10）	否	是
物资名称	product_name	Varchar（20）	否	否
物资类型	product_type	Varchar（10）	否	否
规格型号	product_model	Varchar（20）	否	否
适用车型	car_type	Varchar（10）	否	否
采购单位	product_unit	Varchar（10）	否	否
采购单价	product_price	Float	否	否
采购数量	product_amout	Float	否	否
备注	remark	Varchar（50）	否	否

表 8.16　入库表

字段	代码	数据类型	主键	外键
入库单编号	inbound_id	Varchar（10）	是	否
仓库名称	warehouse_name	Varchar（20）	否	否

续表

字段	代码	数据类型	主键	外键
订单数量	inbound_amout	Float	否	否
单据金额	inbound_price	Float	否	否
结算方式	pay_method	Varchar（10）	否	否
结算状态	pay_status	Varchar（10）	否	否
入库单状态	inbound_status	Tinyint	否	否
供应商编号	company_id	Varchar（50）	否	是
收货单位	consignee	Varchar（50）	否	否
入库类型	inbound_type	Tinyint	否	否
入库时间	inbound_time	Datetime	否	否
审核日期	check_date	Datetime	否	否
制单人	lister	Varchar（10）	否	否
审核人	inbound_operator	Varchar（10）	否	否

表 8.17　入库详情表

字段	代码	数据类型	主键	外键
自增编号	id	Varchar（10）	是	否
入库单编号	inbound_id	Varchar（10）	否	是
物资编号	product_id	Varchar（10）	否	是
入库数量	inbound_quantity	Int	否	否
采购单价	product_price	Float	否	否
总金额	product_amout_price	Float	否	否
批次号	product_batch	Varchar（20）	否	否
规格型号	product_model	Varchar（20）	否	否
适用车型	car_type	Varchar（10）	否	否
计量单位	unit	Varchar（20）	否	否
仓库编号	warehouse_id	Varchar（10）	否	是
货位编号	position_id	Varchar（10）	否	是
备注	remark	Varchar（50）	否	否

　　销售出库模块包含销售、发货、出库、开票等业务，相关数据表的主要字段见表 8.18 至表 8.26。

表 8.18　销售表

字段	代码	数据类型	主键	外键
销售单编号	sell_id	Varchar（10）	是	否
客户编号	company_id	Varchar（10）	否	是
结算方式	pay_method	Varchar（10）	否	否
发货方式	delivery_method	Varchar（10）	否	否
承运商	carrier	Varchar（10）	否	否
是否加急	is_urgent	Bool	否	否
费用	price	Float	否	否
联系人	contact	Varchar（10）	否	否
联系电话	phone	Varchar（11）	否	否
收货地址	address	Varchar（50）	否	否
固定折扣	discount	Float	否	否
制单时间	list_date	Datetime	否	否
制单人	lister	Varchar（10）	否	否
审核人	inbound_cperator	Varchar（10）	否	是
备注	remark	Varchar（50）	否	否

表 8.19　销售详情表

字段	代码	数据类型	主键	外键
自增编号	id	Varchar（10）	是	否
退货单编号	sell_id	Varchar（10）	否	是
物资编号	product_id	Varchar（10）	否	否
销售数量	sell_quantity	Float	否	否
单价	product_price	Float	否	否
总金额	product_amout_price	Float	否	否
批次号	product_batch	Varchar（20）	否	否
规格型号	product_model	Varchar（20）	否	否
适用车型	car_type	Varchar（11）	否	否
计量单位	unit	Varchar（20）	否	否
固定折扣	discount	Float	否	否
百分比	percent	Float	否	否
总折扣	total_discount	Float	否	否
仓库编号	warehouse_id	Varchar（10）	否	是
货位编号	position_id	Varchar（10）		
销售时间	sell_date	Datetime		
备注	remark	Varchar（50）	否	否

表 8.20　销售计划表

字段	代码	数据类型	主键	外键
销售计划单编号	sell_plan_id	Varchar（10）	是	否
采购单号	pr_id	Varchar	否	是
客户编号	company_id	Varchar（10）	否	是
订单类型	sell_type	Varchar（10）	否	否
制单时间	list_date	Datetime	否	否
提交时间	submit_date	Datetime	否	否
仓库编号	warehouse_id	Varchar（10）	否	是
所属制造厂	manufactory	Varchar（20）	否	否
备注	remark	Varchar（50）	否	否

表 8.21　发货表

字段	代码	数据类型	主键	外键
发货单编号	delivery_id	Varchar（10）	是	否
客户编号	company_id	Varchar（10）	否	是
出库单编号	out_id	Varchar（10）	否	是
结算方式	pay_method	Varchar（10）	否	否
结算状态	pay_status	Tinyint	否	否
发货方式	delivery_method	Varchar（10）	否	否
承运商	carrier	Varchar（10）	否	否
承运单号	carrier_id	Varchar（10）	否	否
订单金额	price	Float	否	否
联系人	contact	Varchar（10）	否	否
联系电话	phone	Varchar（11）	否	否
收货地址	address	Varchar（50）	否	否
出库时间	out_date	Datetime	否	否
发货时间	delivery_date	Datetime	否	否
车牌号	license_number	Varchar（10）	否	否
驾驶员	driver	Varchar（10）	否	否
销售单编号	sell_id	Varchar（10）	否	是
备注	remark	Varchar（50）	否	否

表 8.22　发货详情表

字段	代码	数据类型	主键	外键
自增编号	id	Varchar（10）	是	否
发货单编号	delivery_id	Varchar（10）	否	是
物资编号	product_id	Varchar（20）	否	是
物资名称	product_name	Varchar（20）	否	否
规格型号	product_model	Varchar（20）	否	否
批次号	product_batch	Varchar（20）	否	否
计量单位	unit	Varchar（20）	否	否
发货数量	delivery_amount	Float	否	否
售价	delivery_price	Float	否	否
金额	total_price	Float	否	否
实收金额	real_price	Float	否	否
返利金额	rebate_price	Float	否	否
固定折扣	discount	Float	否	否
成本价	cost	Float	否	否
利润	profit	Float	否	否
仓库编号	warehouse_id	Varchar（10）	否	是
货位编号	position_id	Varchar（10）	否	是
备注	remark	Varchar（50）	否	否

表 8.23　出库表

字段	代码	数据类型	主键	外键
出库单编号	id	Varchar（10）	是	否
出库时间	out_time	Datetime	否	否
状态	out_status	Tinyint	否	否
制单时间	list_date	Datetime	否	否
制单人	lister	Varchar（10）	否	否
出库操作人	out_operator	Varchar（10）	否	否
订单金额	out_price	Float	否	否
实收金额	real_price	Float	否	否
发货方式	delivery_method	Varchar（10）	否	否
结算方式	pay_method	Varchar（10）	否	否
结算状态	pay_status	Tinyint	否	否
承运商	carrier	Varchar（10）	否	否

续表

字段	代码	数据类型	主键	外键
收货地址	address	Varchar（50）	否	否
发货时间	delivery_date	Datetime	否	否
车牌号	license_number	Varchar（10）	否	否
驾驶员	driver	Varchar（10）	否	否
销售单编号	sell_id	Varchar（10）	否	是
联系人	contact	Varchar（10）	否	否
联系电话	phone	Varchar	否	否

表 8.24 出库详情表

字段	代码	数据类型	主键	外键
自增编号	id	Varchar（10）	是	否
出库单编号	out_id	Varchar（20）	否	是
物资编号	product_id	Varchar（20）	否	是
物资名称	product_name	Varchar（20）	否	否
规格型号	product_model	Varchar（20）	否	否
批次号	product_batch	Varchar（20）	否	否
计量单位	unit	Varchar（20）	否	否
出库数量	out_amount	Float	否	否
售价	out_price	Float	否	否
金额	total_price	Float	否	否
实收金额	real_price	Float	否	否
固定折扣	discount	Float	否	否
成本价	cost	Float	否	否
利润	profit	Float	否	否
仓库编号	warehouse_id	Varchar（10）	否	是
货位编号	position_id	Varchar（10）	否	是
备注	remark	Varchar（50）	否	否

表 8.25 销售开票表

字段	代码	数据类型	主键	外键
发票号	bill_id	Varchar（10）	是	否
业务单位编号	company_id	Varchar（10）	是	否
发货单号	delivery_id	Varchar（10）	是	否
开始时间	start_date	Datetime	否	否
结束时间	end_date	Datetime	否	否

表 8.26　发票详情表

字段	代码	数据类型	主键	外键
自增编号	id	Varchar（10）	是	否
发票单编号	bill_id	Varchar（20）	否	是
物资编号	product_id	Varchar（20）	否	是
销售单编号	sell_id	Varchar（10）	否	是
业务单位编号	company_id	Varchar（10）	否	是
物资名称	product_name	Varchar（20）	否	否
规格型号	product_model	Varchar（20）	否	否
批次号	product_batch	Varchar（20）	否	否
计量单位	unit	Varchar（20）	否	否
数量	amount	Float	否	否
售价	price	Float	否	否
发票金额	total_price	Float	否	否
备注	remark	Varchar（50）	否	否

库存管理模块包含盘点、移库、退货、缺件管理等业务，相关数据表的主要字段如表 8.27 至表 8.36 所示。

表 8.27　库存表

字段	代码	数据类型	主键	外键
编号	id	Varchar（10）	是	否
物资编号	product_id	Varchar（10）	否	是
物资名称	product_name	Varchar（20）	否	否
规格型号	product_model	Varchar（20）	否	否
批次号	product_batch	Varchar（20）	否	否
计量单位	unit	Varchar（20）	否	否
库存数量	storage_amount	Flaot	否	否
冻结数量	freeze_amount	Float	否	否
可用数量	available_amount	Float	否	否
库存状态	status	Tinyint	否	否
库位编号	position_id	Varchar（10）	否	是
更新时间	update_time	Datetime	否	否

表 8.28　退货表

字段	代码	数据类型	主键	外键
退货单编号	msc_id	Varchar（10）	是	否
供应商编号	company_id	Varchar（10）	否	是
退货数量	msc_amount	Float	否	否
实退金额	msc_price	Float	否	否
结算方式	pay_method	Varchar（10）	否	否
发货方式	delivery_method	Varchar（10）	否	否
承运商	carrier	Varchar（10）	否	否
收货地址	address	Varchar（50）	否	否
发货时间	delivery_date	Datetime	否	否
单据状态	msc_status	Tinyint	否	否

表 8.29　退货详情表

字段	代码	数据类型	主键	外键
自增编号	id	Varchar（10）	是	否
退货单编号	msc_id	Varchar（10）	否	是
物资编号	product_id	Varchar（10）	否	是
退货数量	msc_quantity	Float	否	否
单价	product_price	Float	否	否
总金额	product_amout_price	Float	否	否
批次号	product_batch	Varchar（20）	否	否
规格型号	product_model	Varchar（20）	否	否
适用车型	car_type	Varchar（10）	否	否
仓库编号	warehouse_id	Varchar（10）	否	是
货位编号	position_id	Varchar（10）	否	是
备注	remark	Varchar（50）	否	否

表 8.30　缺件表

字段	代码	数据类型	主键	外键
缺件单编号	missing_id	Varchar（10）	是	否
缺件物资编号	product_id	Varchar（10）	否	是
缺件物资名称	product_name	Varchar（20）	否	否
规格型号	product_model	Varchar（20）	否	否
仓库编号	warehouse_id	Varchar（10）	否	是
货位编号	position_id	Varchar（10）	否	是
制件时间	list_Datetime	Datetime	否	否
缺件数量	missing_amount	Float	否	否
备注	remark	Varchar（50）	否	否

表 8.31　物资库位托盘料箱关联表

字段	代码	数据类型	主键	外键
自增编号	id	Varchar（10）	是	否
物资编号	product_id	Varchar（10）	否	是
物资名称	product_name	Varchar（20）	否	否
规格型号	product_model	Varchar（20）	否	否
批次号	product_batch	Varchar（20）	否	否
库位编号	position_id	Varchar（10）	否	是
箱号	box_id	Varchar（10）	否	是
托盘号	tray_id	Varchar（10）	否	是
存放数量	amount	Float	否	否
存放状态	status	Tinyint	否	否

表 8.32　盘点表

字段	代码	数据类型	主键	外键
盘点单编号	id	Varchar（10）	是	否
仓库名称	warehouse_name	Varchar（20）	否	否
盘点类型	check_type	Tinyint	否	否
盘点开始时间	check_start_time	Datetime	否	否
盘点结束时间	check_end_time	Datetime	否	否
盘点负责人	check_operator	Varchar（20）	否	否
状态	check_status	Tinyint	否	否

表 8.33　盘点详情表

字段	代码	数据类型	主键	外键
自增编号	id	Varchar（10）	是	否
盘点单编号	check_id	Varchar（10）	否	是
物资编号	product_id	Varchar（20）	否	是
物资名称	product_name	Varchar（20）	否	否
规格型号	product_model	Varchar（20）	否	否
物资批次号	product_batch	Varchar（20）	否	否
计量单位	unit	Varchar（20）	否	否
适用车型	car_type	Varchar（10）	否	否
库存数量	storage_amount	Float	否	否
可用库存数量	available_amount	Float	否	否
盘点数量	check_amount	Float	否	否
盈亏数	difference_amount	Float	否	否
成本价	cost_price	Float	否	否
账面金额	available_price	Float	否	否

续表

字段	代码	数据类型	主键	外键
实盘金额	check_price	Float	否	否
盈亏金额	difference_price	Float	否	否
仓库编号	warehouse_id	Varchar（10）	否	是
货位编号	position_id	Varchar（10）	否	是
审核人	check_audit	Varchar（10）	否	否
状态	check_detail_status	Tinyint	否	否

表 8.34　移库表

字段	代码	数据类型	主键	外键
移库单编号	id	Varchar（10）	是	否
发出仓库	source_warehouse	Varchar（20）	否	否
目标仓库	destination_warehouse	Varchar（20）	否	否
移库开始日期	move_start_date	Datetime	否	否
移库结束日期	move_end_date	Datetime	否	否
制单人	lister	Varchar（10）	否	否
移库负责人	move_operator	Varchar（20）	否	否
状态	move_status	Tinyint	否	否
承运商	carrier	Varchar（10）	否	否
承运单号	carrier_id	Varchar（10）	否	否
订单金额	price	Float	否	否
联系人	contact	Varchar（10）	否	否
联系电话	phone	Varchar（11）	否	否
收货地址	address	Varchar（50）	否	否
备注	remark	Varchar（50）	否	否

表 8.35　移库详情表

字段	代码	数据类型	主键	外键
自增编号	id	Varchar（10）	是	否
移库单编号	move_id	Varchar（10）	否	是
物资编号	product_id	Varchar（20）	否	是
物资名称	product_name	Varchar（20）	否	否
规格型号	product_model	Varchar（20）	否	否
适用车型	car_type	Varchar（10）	否	否
物资批次号	product_batch	Varchar（20）	否	否
计量单位	unit	Varchar（20）	否	否
移库数量	move_amount	Float	否	否
调出库位编号	source_position_id	Varchar（10）	否	是
调出托盘编号	source_tray_id	Varchar（10）	否	是

续表

字段	代码	数据类型	主键	外键
调出料箱编号	source_box_id	Varchar（10）	否	是
目标库位编号	destination_position_id	Varchar（10）	否	是
目标托盘编号	destination_tray_id	Varchar（10）	否	是
目标料箱编号	destination_box_id	Varchar（10）	否	是

表 8.36　AGV 任务表

字段	代码	数据类型	主键	外键
任务编号	task_id	Varchar（10）	是	否
任务类型	task_type	Varchar（10）	否	否
创建时间	create_date	Datetime	否	否
开始时间	start_date	Datetime	否	否
完成时间	end_date	Datetime	否	否
库位编号	position_id	Varchar（10）	否	是
任务数据	task_data	Varchar（50）	否	否
内容	task_content	Varchar（50）	否	否
标签	task_label	Varchar（10）	否	否
反馈数据	feedback	Varchar（50）	否	否
反馈时间	feedback_date	Datetime	否	否
任务状态	task_status	Tinyint	否	否

注：AGV 为自动导引车（autcmated guided vehicle）

其余系统相关数据表的主要字段如表 8.37 至表 8.39 所示。

表 8.37　菜单表

字段	代码	数据类型	主键	外键
菜单编号	menu_id	Varchar（10）	是	否
菜单名称	menu_name	Varchar（20）	否	否
菜单级别	menu_level	Varchar（20）	否	否
菜单链接	menu_link	Varchar（50）	否	否
图标	menu_icon	Varchar（50）	否	否
上级菜单	menu_parent_id	Varchar（10）	否	是
菜单状态	menu_status	Bool	否	否
备注	remark	Varchar（50）	否	否

表 8.38　日志表

字段	代码	数据类型	主键	外键
自增编号	id	Varchar（10）	是	否
操作时间	operate_date	Datetime	否	否
人员账号	user_account	Varchar（10）	否	否

续表

字段	代码	数据类型	主键	外键
人员姓名	user_name	Varchar（20）	否	否
日志类型	log_type	Varchar（10）	否	否
IP 地址	ip_addr	Varchar（15）	否	否
主机名	host_name	Varchar（20）	否	否
菜单名称	menu_name	Varchar（20）	否	否
日志状态	log_status	Boolean	否	否
描述	description	Varchar（50）	否	否

表 8.39　数据字典表

字段	代码	数据类型	主键	外键
数据编号	data_id	Varchar（10）	是	否
数据名称	data_name	Varchar（20）	否	否
数据值	data_value	Varchar（10）	否	否
更新时间	update_date	Datetime	否	否
更新者	operator	Varchar（10）	否	否
父级数据编号	data_parent_id	Varchar（10）	否	是

8.2　智能仓储管理系统的知识共享

随着信息时代的到来，客户对物流时效性、安全性、经济性的需求越来越高。企业为了满足客户的需求，只能不断地升级和研发新的仓储管理系统，这样会导致企业仓储成本的增加。与此同时，现有仓储管理系统注重货物和设备管理，忽视了处理货物的人和设备的利用率，各业务流程之间也存在信息不透明等问题，导致在仓储入库、出库等仓储流程中资源浪费。

利用工作流引擎的特点，设计基于工作流的纵向知识共享机制，实现构建低耦合度、灵活管理流程、方便操作的仓储管理系统，并且基于工作流的特点，实现业务流程之间的知识共享，解决了业务流程之间知识共享的问题，能够有效提高机器设备及员工的利用率。

8.2.1　基于工作流的纵向知识共享

1. 入库流程

结合图 8.1 中的入库业务流程图，以 BPMN2.0 为标准构建仓储管理系统中的入库流程 BPMN 图，如图 8.6 所示。入库流程由一个开始事件开始，然后在用户任务进行订单填写活动和订单确认活动；在确认订单任务完成后，由互斥网关决定其子任务，当订单确认无误时，确认任务流向子任务库位设置，否则任务流向修改信息；库位设置和上架策略间同样由互斥网关链接，库位设置无误则执行上架策略选择，若库位设置有误，则任务流向修改信息；确认入库任务与上架策略任务间关系与前面一致，就不详细讲述了。

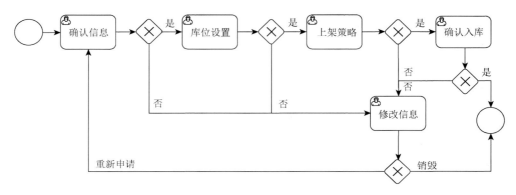

图 8.6   入库流程 BPMN 图

　　入库流程 BPMN 图具体配置由两部分组成，一部分为任务关系，如图 8.7 所示，另一部分为任务处理信息，如图 8.8 所示。

```
- <process id="in_order" isExecutable="true" name="入库流程">
    <startEvent id="start" name="开始" activiti:formKey="/stock/inOrder/form" activiti:initiator="apply"/>
    <userTask id="audit1" name="确认信息" activiti:assignee="admin"/>
    <sequenceFlow id="sid-6CB2AAA1-882E-407E-AD24-AD28589BFC5D" targetRef="audit1" sourceRef="start"/>
    <exclusiveGateway id="sid-54D9B0C0-82D6-4516-9BB5-F6C744803E9C"/>
    <endEvent id="sid-1A744145-67A8-48AD-8710-D34AB8FDEF68" name="结束"/>
    <userTask id="audit2" name="库位设置" activiti:assignee="admin"/>
    <sequenceFlow id="sid-0BE32276-B3D4-4825-8DF4-F384CB0859E2" targetRef="sid-54D9B0C0-82D6-4516-9BB5-F6C744803E9C" sourceRef="audit1"/>
    <exclusiveGateway id="sid-6293A8AB-6E9C-418F-A89B-7780A9C92BB8"/>
    <sequenceFlow id="sid-D9345F3C-058D-4C02-8359-01D92898B805" targetRef="sid-6293A8AB-6E9C-418F-A89B-7780A9C92BB8" sourceRef="audit2"/>
    <userTask id="audit3" name="上架策略" activiti:assignee="admin"/>
    <sequenceFlow id="sid-82B8F87E-C79A-4722-9993-3E6456EF1C31" name="是" targetRef="audit2" sourceRef="sid-54D9B0C0-82D6-4516-9BB5-F6C744803E9C">
```

图 8.7   入库流程图 XML 配置

```
- <conditionExpression xsi:type="tFormalExpression">
  - <![CDATA[
        ${pass==1}
    ]]>
  </conditionExpression>
</sequenceFlow>
<exclusiveGateway id="sid-6C469125-E650-4C45-869A-E37F82C634A3"/>
<sequenceFlow id="sid-E67CB67E-328B-428F-9DC2-796EC16E05A4" targetRef="sid-6C469125-E650-4C45-869A-E37F82C634A3" sourceRef="audit3"/>
<userTask id="audit4" name="确认入库" activiti:assignee="admin"/>
<exclusiveGateway id="sid-5C49E4C7-820C-4752-B336-D2006CD5F5A0"/>
<sequenceFlow id="sid-221A1450-1D3D-4B40-BEC7-B542FB9F5BA0" targetRef="sid-5C49E4C7-820C-4752-B336-D2006CD5F5A0" sourceRef="audit4"/>
- <sequenceFlow id="sid-D28D81A7-69A8-494A-AF08-595C32FEEE0F" name="是" targetRef="audit4" sourceRef="sid-6C469125-E650-4C45-869A-E37F82C634A3">
  - <conditionExpression xsi:type="tFormalExpression">
    - <![CDATA[
          ${pass==1}
      ]]>
```

图 8.8   入库确认任务 XML 配置

2. 出库流程

结合图 8.2 中的出库业务流程图，本书中的出库流程 BPMN 图如图 8.9 所示，为节省篇幅，这里就不详细描述了。

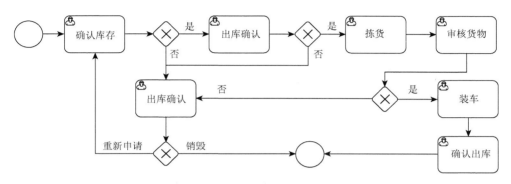

图 8.9　出库流程 BPMN 图

3. 盘点流程

根据图 8.3 中的盘点业务流程图，仓储管理系统盘点流程 BPMN 图如图 8.10 所示。

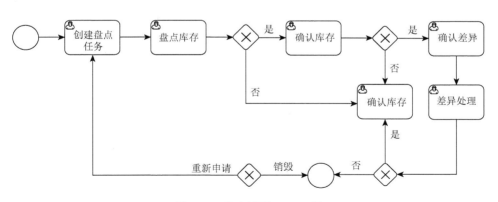

图 8.10　盘点流程 BPMN 图

4. 移库流程

根据图 8.4 中的移库业务流程图，仓储管理系统移库流程 BPMN 图如图 8.11 所示。

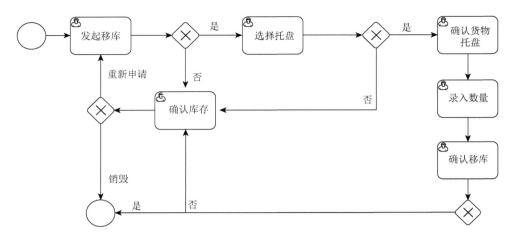

图 8.11   移库流程 BPMN 图

5. 需求分析

为保证仓储管理系统能满足不同情形下的客户需求和管理需求，基于工作流的仓储管理系统还应提供仓储流程的动态管理系统功能，仓储管理系统的动态管理包括以下几点。

（1）仓储流程的挂起和删除。当某项任务挂起被系统管理员管理时，该任务才能被用户所查看。当某项任务发生改变或不再需要时，可以将某项任务的 BPMN 图删除。

（2）仓储流程的实时设计。仓储管理人员可以在仓储流程管理中根据实际需要执行的流程完成流程设计并部署，此时只需对改变流程相关的数据库、操作界面等进行相应的修改即可完成重新部署，不影响其他流程执行。

6. 功能实现

基于工作流的仓储管理系统实现了流程的实时管理功能，包括流程管理和模型管理功能。流程管理包括流程查看、流程挂起、流程删除。流程挂起后流程就能在我的任务中查看到并被执行。图 8.12 为流程管理界面。

图 8.12   流程管理界面

　　为了能应对设备变更对仓储作业流程造成的影响，基于工作流的仓储管理系统还实现了模型管理功能，当流程变化后，可以根据变化后的作业流程快速新建BPMN 图，同时也可对现有流程进行修改，修改完后，将模型挂起即可。图 8.13为仓储管理系统模型管理界面，图 8.14 为仓储管理系统流程新建界面。

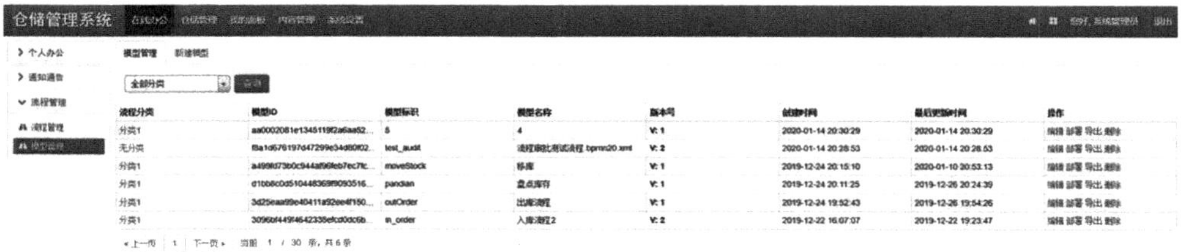

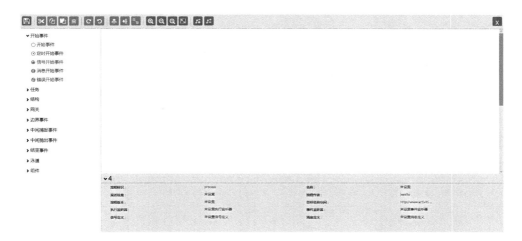

图 8.13　模型管理界面

图 8.14　流程新建界面

8.2.2　基于区块链的横向知识共享

　　本节首先针对组织内部知识共享中存在的问题，如知识碎片化、获取不便、共享激励缺失等，提出一种新的知识管理和共享机制。该机制通过构建员工可共享贡献知识的平台，并采用积分等手段激励知识贡献，同时依托区块链确保知识可追溯，以支持组织内部的协同与创新。以仓储领域为例，针对知识碎片化和仓库间信息孤岛的问题，构建一种基于区块链的知识共享框架。通过设计分布式知识库、积分激励机制以及利用区块链技术保证知识可追溯性，通过分布式区块链的技术信任机制，实现集成化、标准化、智能化管理与控制，既能保证原有各个仓库的仓储业务单独管理，又能实现多个仓库的协同调度管理，支持不同仓库和工作人员之间高效地知识获取与共享，解决知识的碎片化问题。

1. 基于 IPFS 的仓储数据横向共享

1）需求分析

当前，同一知识的数据分散存储在不同仓库，存在数据孤岛、重复收集、单点故障等问题，导致知识管理效率不高，也存在隐私泄露与数据被非法利用的安全风险。因此迫切需要一个知识数据横向共享平台，实现不同仓库系统的互联互通，安全高效地共享知识数据，结合已有研究专利，基于区块链的多仓储标准化集成管理系统与控制方沅的系统集成整体图如图 8.15 所示[70]，在原有仓储管理系统基础上新增网络互联等模块功能，构建基于星际文件系统（inter planetary file system，IPFS）的仓储数据横向共享方法，实现仓储供应链上的业务数据汇集、多种类统计、查询共享、跨库调度、盘点核查、采购计划等集成管理功能。

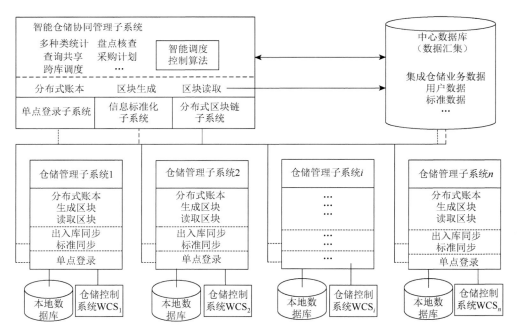

图 8.15　基于区块链的多仓储标准化集成管理系统与控制方法的系统集成整体图

2）总体设计

（1）构建知识联盟链，作为共享平台的基础数据层，连接各大仓库作为节点。联盟链采用许可制的联盟链模式，只有获准的仓库可以加入，确保数据仅在仓库系统内部共享。

（2）各个仓库节点在加入联盟链后，可以对接本仓库的知识管理系统，获取本地产生的各类知识数据。这些数据包括文档、报告、研究成果等多种形式，实现业务数据汇集，多种类统计。

（3）在知识数据上传到联盟链之前，必须先对数据进行加密，以防止未经授权的访问或恶意利用。加密可采用基于区块链账户的非对称加密方式，或传统的对称加密算法。加密后的知识数据才可以进入联盟链系统。

（4）在联盟链之上，还需要构建知识数据的分布式存储和传输网络。可以采用 IPFS 等分布式网络技术，将加密的数据切分成碎片，分布式储存到多个节点中。这样既提高了安全性，也实现了大容量知识数据的扩展性。

（5）为确保数据安全，必须设计严格的访问授权机制。知识数据只有在明确许可下，才可以被指定的仓库访问和使用。未获得授权的机构无法解密数据，从而保证安全，同时也实现了仓储供应链上的查询共享以及跨库调度。

（6）可以设计积分或通证等经济激励机制，奖励不同仓库主动将本地数据共享到联盟链上的行为。这可以促进仓库开放数据、协同高效，但需要避免数据被商业化利用。

（7）对知识数据的一切传输和访问行为，都必须进行匿名化或去识别化处理。确保在共享或利用数据的过程中，仓库的个人隐私得到充分保护。

3）具体实现

（1）系统初始化。

在加入仓储知识数据共享联盟链后，各家仓库需要进行系统初始化处理，这包括：生成节点的公私钥对、申请访问链的数字证书、部署数据加密与签名的算法模块、在服务器集群上安装 IPFS 节点软件、开发信息系统的数据接口对接机制、录入可参与数据共享的工作人员并指定其访问权限、制定不同数据类别的访问权限控制策略等。这些工作将确保区块链网络和分布式存储网络准备就绪，以及明确数据共享参与方的身份与权限控制方式。

（2）数据上链。

仓库要将本地的数据上传到知识联盟链，需要按照以下步骤进行：对源数据进行分类标注，加以结构化处理；使用授权访问仓库的公钥对源数据文件进行加密；通过 IPFS 网络接口将加密的知识数据上传，获取内容哈希值；将哈希值与元数据、时间戳等一起打包；调用智能合约接口将打包的数据写入知识联盟链的区块中，所有参与的仓库通过仓储管理子系统实时收集并提交业务数据，包括仓储过程中的各种操作信息、物品出入库信息等。随后，通过信息标准化子系统统一各个仓库提交的信息格式和数据标准，将所有业务数据汇总在中心数据库中。经过以上步骤，无论数据来自哪个仓库，都能以统一且规范的形式进行储存和管理。

（3）访问授权。

一旦业务数据被聚集到中心数据库中，各个仓库都可以借助单点登录子系统向智能仓储协同管理子系统提交查询请求来获取所需数据。然而，为保护数据安全性，当一个仓库需获取另一个仓库的数据时，必须首先进行访问授权。针对所需数据，仓库构造了含有目标数据标识符的访问请求，并对请求数据进行加密签名，确保请求的真实性和安全性。

该加密过程使用了数据提供仓库的公钥，确保只有目标仓库可以查阅并审批此次请求。加密签名后的请求通过合约接口提交给联盟链。联盟链上的智能合约负责对请求进行验证，并根据内置规则和授权权限进行审批，进而给出授权许可。这一严谨的流程保证了数据在仓库间传递的安全性，同时对前后流程进行了有效衔接，让数据获取操作更加高效且实用。

（4）数据提取。

数据提供仓库收到授权许可后，进入 IPFS 网络查找目标知识数据内容；使用申请仓库私钥对提取的数据进行解密；可以对数据做可选的再加工处理，以生成可共享格式的知识数据。

（5）数据返回。

数据提供仓库使用申请仓库公钥对处理后的数据进行加密；通过合约接口将数据包提交到知识联盟链。联盟链将数据包推送给申请仓库。

（6）数据使用。

申请仓库在收到数据后，利用其私钥对数据进行解密，并读取共享的数据内容以便于进一步应用。如果需要，这些新获取的数据可以与现有数据进行整合，以达到更全面的数据理解和应用。在此基础上，当实际需求出现，如需要在不同仓库间进行物品调度时，智能仓储协同管理子系统就发挥其作用。它会根据当前各仓库的库存状况来生成针对性的调度计划。分布式区块链子系统则起到协调作用，执行任务分配，并对调度执行情况进行实时更新。这一流程下的所有调度信息都被保存在区块链上，这不仅保证了调度过程的透明性和数据的完整性，还会对整个操作进行实时监控，从而保证了调度作业的高效性和准确性。这种设计让整个过程前后连贯，使仓库间的数据获取、融合和调度运作更顺畅。

2. 基于区块链的仓储数据安全共享

1）需求分析

（1）仓储联盟链的建立。

利用区块链技术，可以搭建一个多参与方的联盟链。这样的链结构相对于公开的区块链，更加适合知识数据的存储，因为它在隐私保护和数据安全性上能满足更高的要求。由于是多家仓库共同参与和维护，这不仅提高了数据的完整性和真实性，还打破了原有的数据孤岛，仓库数据在多个仓库之间可以流通。

（2）数据的加密存储。

每个仓库管理员都有一个唯一的数据账户及与之关联的公钥和私钥。公钥用于加密数据，私钥用于解密数据。当仓库管理员更新仓库数据时，相关的数据会被对应的公钥进行加密，然后存入仓储联盟链中。这确保了即使数据被非法访问，也无法被解读，从而保障了数据的隐私和安全。

（3）去中心化的数据管理。

仓库管理员可以使用去中心化应用（decentralized application，DAPP）随时接入仓储联盟链，这种应用程序具有去中心化的特性，意味着仓库管理员无须通过第三方中介就可以直接查看和管理自己的数据。通过 DAPP，仓库管理员可以查看自己的所有知识记录、研究成果、文档等，并具有数据的解密权限。

（4）数据授权和共享。

若仓库管理员希望分享其知识数据给特定的仓库或合作伙伴，可以通过 DAPP 进行授权操作。这一操作非常灵活，仓库管理员可以选择授权部分数据、授权时间长度等。获得授权的仓库可以使用源仓库的私钥，对加密的数据进行解密，从而得到完整、清晰的知识信息，助力合作和研究。数据授权的过程完全记录在仓储联盟链上，确保透明度和可追溯性，同时保护了仓库的数据权益。

2）实施方案

（1）仓储联盟链的构建和功能。

仓储联盟链的搭建基于区块链技术，由参与的多家仓库协同建设。每家仓库作为一个节点，共同参与数据验证和维护，确保整个系统的稳定运行。仓储联盟链有以下特点：数据的不可篡改性，一旦数据被存入链中，任何参与方都无法单独修改或删除，以确保仓库数据的真实性和完整性；数据追溯性，每一笔数据的存入都有完整的时间戳和来源信息，方便事后追踪和审计。

仓储联盟链的操作流程：当仓库管理员更新仓库信息时，相关数据首先会使用对应的公钥进行加密；加密后的数据随后被存入仓储联盟链，与仓库管理员的数据账户关联，实现数据的集中归集。

（2）共享积分智能合约。

共享积分的设计是为了激励仓库之间的数据共享和上传，推动仓储联盟链的健康生态发展。其运行机制包括：每次仓库管理员上传或共享数据到联盟链时，智能合约会自动执行，根据数据的大小、类型和共享的范围，计算出相应的积分奖励；积分可以在仓储联盟内部进行兑换或使用，如用于获得其他仓库的专业知识、参加研究合作等。由于基于区块链技术，智能合约的执行过程是透明且不可篡改的，确保了积分分配的公正性和公平性。

（3）仓库 DAPP。

通过构建去中心化应用，允许仓库管理员直接与仓储联盟链互动，无须通过任何中间服务提供商。其功能包括：数据查看，仓库管理员可以随时查看自己所有在仓储联盟链上的仓库数据；数据解密，利用自己的私钥，仓库管理员可以解密自己的数据，查看具体内容；数据授权，如果仓库管理员希望某合作伙伴访问其数据，可以进行数据授权操作，此操作灵活，仓库管理员可以选择授权的数据范围、时间等；用户友好性，仓库 DAPP 在设计时注重用户体验，界面简洁直观，操作简单易懂，让每个仓库管理员都能轻松管理自己的仓库数据。

8.3　基于知识共享的智能仓储管理优化

通过仓储管理系统的应用，能够对仓储流程、流程活动、流程资源的使用和闲置情况进行有效地管理，并反映在入库、出库、盘点、移库管理等仓储管理流程中资源的使用情况。但在实际仓储作业过程中往往存在需求和供给不能匹配的情况，这就容易造成资源分配不合理，导致入库流程或者出库流程整体效率变低，仓储成本增加。

因此，仿真模拟实际仓储活动具有一定的必要性，通过仓储仿真最大程度还原实际情况，减少误差，并反映出实际作业流程中的资源使用情况、任务处理时间、作业成本等，能够极大地缩短作业流程优化和验证周期。与此同时，AnyLogic8.5.2 版本实现了 AnyLogic 仿真软件与本地数据库的连接，在模拟过程中仿真数据源能直接从数据库中获取，仿真结果也可直接存储在数据库中，能有效避免从单据中获取数据时收集到的数据不准确等问题。

8.3.1　基于 WMS 的输入数据模型

AnyLogic 仿真软件可通过 JAVA 代码 + 数据库代码的方式直接获取 MySQL、SQL Server 等数据库中的数据，并将数据库数据作为仿真数据输入，能极大地减少仿真数据获取和数据分析的工作量，保证数据获取的准确性。考虑到本书所设计的仓储管理系统并未实际运行，其仓储管理系统数据库数据不能真实反映企业仓储作业情况，本节将给出 AnyLogic 连接本地数据库并将本地数据库数据作为仿真数据源输入的方法。

1. AnyLogic 与 MySQL5.6 数据库连接

在 AnyLogic 中建立与本地数据库的连接，需对数据库的 JDBC 驱动、连接网址、登录名和密码等属性进行配置，详细配置如图 8.16 所示。

图 8.16　AnyLogic 数据库配置图

属性描述如下。

名称：此处名称为数据库连接器在 AnyLogic 中的名称。

类型：AnyLogic 中除了 Access 和 SQL Server 均为其他数据库，本书选用的是 MySQL 数据库。

JDBC 驱动：需要下载 MySQL 数据库，本书选用的是 5.1.2jar。

连接网址：表示本地数据库连接地址，"fangzhen"为要连接的本地数据库名称。

登录：本地数据库名称。

密码：本地数据库密码。

2. 将仿真数据写入 WMS 数据库中

AnyLogic 支持各个模块属性值直接从数据库表中读取数据，并将仿真结果存储到连接数据库的相应数据库表中。从数据库表中读出数据时，需要在需要写入的模块属性处将值修改为数据库引用，并选择相应数据库表即可。

将仿真数据存储到 MySQL 数据库表中时，需要修改 AnyLogic 的 main 属性值，销毁时可写入 wms.modify("UPDATE LIYONGLV SET PEROSONU = " + Manager.utilization( ) + "WHERE name = 'Manager utilization'")；wms.modify("UPDATE LIYONGLV SET caru = " + car.utilization( ) + "WHERE name = 'car utilization'")。在销毁时写入的"wms.modify"表示：数据库名 + 方法，括号中写入相应的 SQL 语句，进行数据库修改即可。

3. 从 WMS 数据库中获取仿真数据

根据仿真目的总结得出，本书入库仿真主要数据包括货物到达速率、仓储人员数量、叉车数量、托盘数量、库位数量。

货物到达速率与 WMS 中的入库订单相关,即 source 到达速率为单位时间到达货物数量。此处需注意,AnyLogic8.5.2 版本从数据库中获取的数据分为两种方式。方式一,通过 MySQL 代码直接获取数据库某表格中的数据,在入库流程仿真中,入库校验环节人数、叉车数量(以托盘为单位)、仓储库位数量均为固定值,该方式可以分别从用户表、库位信息表、容器信息表中获取对应列数据作为仿真数据。此处的货物到达速率较为特殊,其到达和订单相关,而订单到达时间不确定,若通过该方式直接获取订单表中的货物数量,需要对到达时间单位进行单独计算,具体实现方法为:source 到达速率选择为从数据库中引用,值为 SELECT FROM s_in_order_detail,列为 plannumber,此处货物到达时间单位需根据实际订单到达情况计算。方式二,通过建立函数,在函数中计算货物到达速率,并在 source 模块的到达方式中选择速率或时间间隔模式,直接调用该函数即可动态生成货物到达时间。

X 企业 3 个月的货物到达时间表如表 8.40 所示,单位为件/秒。

表 8.40　货物到达时间表

13.4	14.9	15.9	16.2	14.1	12.9	16.1	13.9	14.4	17.4
14.8	15.5	20.9	15.7	18.8	18.9	15.5	15.3	14.6	14.3
13.6	18.7	14.2	14.8	16.3	15.2	18.7	19.8	15.2	16.3
12.9	17.3	15.6	14.8	14.2	13.7	10.3	11.4	13.7	9.1
15.6	15.5	16.7	11.6	15.2	19.2	12	14	13.6	13.5
13.4	14.9	13.9	16.2	16.1	17.9	17.1	12.9	9.4	19.4
12.8	13.5	20.9	15.7	18.8	18.9	15	15.3	14.6	15.3
15.6	14.7	14.2	14.5	19.3	10.2	8.7	9.8	15.2	11.3
12.9	16.3	14.6	158	8.2	13.7	10.3	11.4	17.7	17.5
14.6	15.5	16.7	15.1	15.7	19.2	12.3	14.9	14.9	14.3

收集系统输入数据并分析数据的随机特征,然后利用这些数据建立数据模型,使得所建立的数据模型能够正确地反映出数据的随机特征,这是得到仿真结果的重要前提。本节中所收集数据为连续性数据,将采用直方图法对数据进行拟合度分析,然后利用 SPSS23 数据分析软件进行校验。仓库货物到达时间正态图见图 8.17。

采用 SPSS 进行 K-S 校验,其显著性为 0.2,0.2>0.05,并且 Q-Q 图中点均在直线附近,所以该仓库货物到达时间服从均值为 15、方差为 2 的正态分布,图 8.18 为 Q-Q 图。

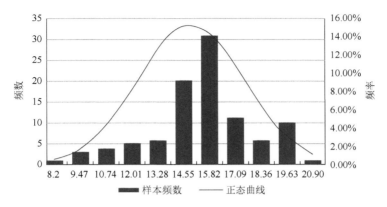

图 8.17　仓库货物到达时间正态图

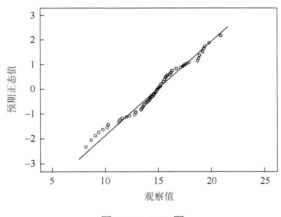

图 8.18　Q-Q 图

货物验收时间、货物上架时间分布函数求解和验证过程与货物到达时间分布函数求解和验证过程一致，就不详细讲解了，此处直接给出货物验收时间服从 T（17，46，21）的三角分布，货物上架时间服从 T（10，18，14）的三角分布。

8.3.2　面向流程仿真的仓储管理优化

1. 入库仿真模型建立

以入库流程为例，根据 8.1 节入库业务流程图，货物到达仓库后首先进入暂存区，其次由仓储人员进行货物检验，检验完成后，叉车工人根据订单将货物运送到货架前，将货物卸下，最后存储到货架上，如图 8.19 所示。

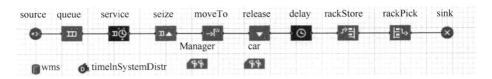

图 8.19　入库流程图

图 8.19 中各模块具体说明如下。

source：货物到达。

queue：货物在仓库入口的等待队列。

service：仓库人员进行货物校验服务。

seize：叉车装载货物。

moveTo：叉车将货物运载到指定地点。

release：叉车卸货。

delay：货物在货架前等待上架队列。

rackStore：货物上架存储。

rackPick：货物离开货架。

Manager：仓库工人资源。

car：叉车资源。

sink：结束。

2. 模型参数与仿真运行

1）仿真运行及结果分析

在仿真运行前需确定仿真运行时间，在本节中的数据是通过对三个月仓库数据进行分析所得，所以时间长短不影响实验结果。在本研究中将仿真时间长度设置为 1 个小时，在 AnyLogic 中仿真运行时间为 3600 秒，仿真时间单位为秒。采用条形图收集工人利用率、叉车利用率以及单个货物的入库时间（连续运行 5 次的结果），入库时间如表 8.41 所示，叉车和人员利用率如表 8.42 所示。

表 8.41　入库时间

运行次数	单件货物入库最短时间/s	单件货物入库最长时间/s	单件货物入库平均时间/s	入库货物数量/件
1	50	119.8	77.37	262
2	48.9	118.1	75.6	258
3	50.3	121.4	78.4	268
4	49.2	124.1	80.2	254
5	53.4	117.8	80.4	264

表 8.42　叉车和人员利用率

运行次数	叉车利用率/%	人员利用率/%
1	57	51
2	57	52
3	56	51
4	55	52
5	58	51

通过入库时间、叉车和人员利用率分析结果可以看出，当前 X 企业在满足入库货物需求的同时，人员资源和叉车设备资源利用率均低于 80%，需要根据入库需求对人员和设备分配进行优化。

2）基于仿真结果的优化

通过对 X 企业入库作业流程进行分析，发现 X 企业的资源利用率情况很不合理，仓储设备和人员利用率均低于 50%。为此希望在保证满足入库需求的同时提高资源利用率。分别将仓储作业人员数量和叉车数量重新分配，分配结果如表 8.43 所示。

表 8.43　叉车和人员重新分配情况

组数	1	2	3	4	5	6	7	8	9	10	11	12
人员数量/人	3	2	1	4	4	4	4	3	2	3	2	2
叉车数量/辆	6	6	6	5	4	3	2	5	5	4	4	3

运行仿真得到的资源利用率和入库时间情况如表 8.44 所示，该表呈现了不同资源配置下的入库情况。

表 8.44　不同资源配置下的入库情况

组数	入库最短时间/s	入库最长时间/s	入库平均时间/s	人员利用率/%	叉车利用率/%	入库货物数量/件	仿真是否有异常
1	47	111	78	67	55	250	无
2							异常
3							异常
4	46	108	78	51	68	257	无
5	51	121	81	52	85	256	无
6	71	591	346	55	98	218	无
7	71	1623	853	87	99	146	无
8	48	110	77	66	68	254	无

组数	入库最短 时间/s	入库最长 时间/s	入库平均 时间/s	人员 利用率/%	叉车 利用率/%	入库货物 数量/件	仿真是否 有异常
9							异常
10	47	135	83	69	88	263	无
11	54	220	158	98	86	256	无

根据仿真结果发现，第 2、3、9 组数据在进行仿真时出现异常，异常原因为货物到达为负，说明在该种资源分配下无法处理完到达货物。与此同时，一个小时内第 4、5、8、10、11 组处理货物数量明显高于其他组，叉车和人员利用率高的为第 7、10、11 组，入库时间短的为 1、4、5、8、10 组。考虑以上三个方面，最优资源分配策略为第 10 组。

8.4　能力平衡的智能仓储管理探索

面向能力平衡的智能仓储管理策略是一种旨在优化仓储运营的方法，以确保资源的最佳利用和最高效率。本节介绍两种主要的能力平衡模型：静态能力平衡模型和动态能力平衡模型。

静态能力平衡模型结合现有研究[71, 72]，基于长短期记忆（long short-term memory，LSTM）神经网络预测模型，利用历史订单量数据，预测未来一天的订单量、出入库量等，再结合企业当前的库存量、设备量、人力量等因素，进行第二天的资源规划和最优配置。该模型通过遗传算法获得资源最优配置方案[73]。其目标是确保仓库能够满足未来一段时间的需求，同时最大限度地减少资源浪费和提高操作效率。

动态能力平衡模型则采用强化学习方法，利用现有研究[74, 75]，以最小化作业时间和最大化资源利用率为目标。该模型利用深度 Q 网络逼近资源配置动作值函数，根据作业参数、存储区域参数等状态矩阵及时调整资源配置方案。该模型可以根据实时数据和预测进行调整，以适应需求变化、紧急插单等突发情况。通过灵活调配仓库资源，动态能力平衡模型可以提高响应速度、降低风险，确保高效运作。在此基础上，构建基于松耦合马尔可夫决策的供应链动态能力平衡模型，实现供应链网络协同。

综上所述，静态能力平衡模型关注历史数据进行规划，而动态能力平衡模型可以根据变化调整资源，以提高仓储系统的灵活性，进而提高供应链运营效率。两种模型的结合应用可以更好地适应需求变化，满足客户需求，降低成本。

8.4.1　静态能力平衡模型

随着企业规模的扩大，企业仓储管理的重要性日益凸显。但是由于缺乏对未来仓储需求量的预测分析，常导致仓储资源配置不合理的问题。为实现仓储资源的最优配置，有必要建立模型对未来仓储需求进行预测，以便按照预测结果制订配置方案。

为了预测仓储的未来需求，构建一个基于 LSTM 的预测模型。LSTM 是一种常用的序列模型，能够学习时间序列的数据内在联系。该模型的输入为原始订单量时间序列及经过构造的统计特征序列，通过 LSTM 层学习复杂的时间依赖关系，并进行回归预测。该模型由以下几部分组成。

1. 模型构建

1）输入层

输入层包含两个部分，第一个部分是原始的订单量时间序列，记录了过去 N 天的实际订单量。第二个部分是经过构造的统计特征序列，包含了过去 7 天订单量的移动平均值和过去 30 天的移动平均值。这些特征有助于模型学习订单量的趋势和周期性规律。

2）LSTM 层

该模型包含两层 LSTM 层，每层包含 128 个记忆单元。LSTM 层可以学习长距离的时间依赖关系。两层 LSTM 层堆叠使用能够学习复杂的非线性模式。

3）Dropout 层

在两层 LSTM 层后添加 Dropout 层，丢弃率设为 0.2。这可以有效防止网络过拟合问题。

4）输出层

最后是一个全连接层，输出层节点数为 1，代表下一天的预测订单量。激活函数采用线性函数。

5）编译与训练

该模型使用 MSE 作为损失函数，Adam 作为优化器。在时间轴上使用滑动窗口分批训练。批量大小为 32，丢弃率为 0.2。该模型在订单量时间序列上训练至损失函数聚敛。

根据预测结果得到每日订单量、出入库量、设备及人力需求，并在此基础上建立数学优化模型进行库存优化。

目标函数：

$$\min \sum h(t) \tag{8.1}$$

约束条件：

$$I(t) - O(t) + Q(t-1) = Q(t) \tag{8.2}$$

$$E(t) \geqslant E'(t) \tag{8.3}$$

$$L(t) \geqslant L'(t) \tag{8.4}$$

$$Q(t) \geqslant Q_{\min} \tag{8.5}$$

$$Q(t) \leqslant Q_{\max} \tag{8.6}$$

其中各符号含义如表 8.45 所示。

表 8.45　符号含义表

符号	说明
$h(t)$	单位库存的持有成本
$I(t)$	时间 t 的入库量
$O(t)$	时间 t 的出库量
$Q(t)$	时间 t 的库存量
$E(t)$	时间 t 的设备量
$E'(t)$	时间 t 的设备需求量
$L(t)$	时间 t 的人力量
$L'(t)$	时间 t 的人力需求量
$Q_{\max}$	库存量上限
$Q_{\min}$	库存量下限

2. 模型求解

针对该模型的求解，考虑到全局优化，本书选择遗传算法。遗传算法模拟了生物进化的过程，可以有效避免局部最优陷阱，进行全局搜索。它可以生成多个不同的初始解，然后通过选择、交叉、变异产生新的种群，逐步逼近全局最优。其步骤如图 8.20 所示。

首先使用二进制编码将问题映射到遗传空间，设置种群数量，设计评价函数计算每个解的适应度。其次进行基于适应度的选择，保留较好的解，丢弃较差的解。同时采用交叉和变异产生新的解。经过迭代进化，种群中适应度最高的个体代表了最优或近似最优解。最后我们对其进行解码，转换为实际问题的决策变量值，也就是我们想要的最优库存优化方案。

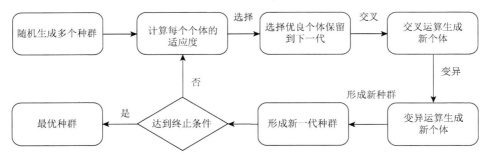

图 8.20　遗传算法流程图

8.4.2　动态能力平衡模型

1. 基于强化学习的企业动态能力平衡模型

面对供需波动、库存管理挑战以及物流效率优化的需求，动态资源配置成为提高企业运营效率、降低成本、满足客户需求的关键策略。同时，适应信息化需求和数字化转型的趋势，有效配置资源可使企业在竞争激烈的市场中保持优势。而更为重要的是，动态资源配置在紧急插单和设备故障等突发情况下的优势愈发显著。面对紧急插单，动态资源配置能快速调整仓库资源，确保及时交付，降低运营风险。同时，在设备故障发生时，动态资源配置可以迅速规划作业流程，调度其他资源弥补损失，减少生产停滞和成本损失。动态资源配置通过学习设备故障数据，预测风险并采取预防性维护措施，提高设备的稳定性和寿命。总之，动态资源配置的优势在于其应变能力，帮助仓储企业灵活应对突发情况，确保运营的连续性和高效性，为实现可持续发展奠定坚实基础。

为实现仓储企业动态资源的优化配置，本节以最小化作业时间和最大化资源利用率为目标，在资源配置阶段设置强化学习智能体，构建强化学习模型。基于对仓储知识图谱的学习，构建作业参数、存储区域参数和存储设备参数的多维状态矩阵，为资源配置智能体提供状态信息。资源配置智能体根据状态矩阵学习选择存储区域和存储设备的最优匹配方案。通过奖励函数训练智能体，可以获得作业时间最小化和资源利用率最大化的资源配置策略。

某仓储企业面临入库任务 $\{J_1, J_2, \cdots, J_n\}$、出库任务 $\{J_{n+1}, J_{n+2}, \cdots, J_m\}$ 等作业的动态调度，包含固定大批量作业和不定期小批量紧急插单作业。入库作业 J_1 将物料 W_1 分配入库到存储区 G_1，出库作业 J_{n+2} 从 G_2 取出 W_2。仓储系统包含仓储区域 $\{G_1, G_2, \cdots, G_i\}$，每个区域 G_i 配备仓储设备 $\{M_{i1}, M_{i2}, \cdots, M_{it}\}$。需要动态优化调配仓储设备、人工和可能消耗的其他物料资源，最小化作业时间，最大化资源利用率，具体的符号含义如表 8.46 所示。

表 8.46 符号含义表

符号	说明
J_k	第 k 个作业
$T(J_k)$	作业 J_k 的完成时间
G_i	第 i 个存储区域
G_{ij}	存储区域 G_i 中的第 j 个存储设备
$U(G_{ij})$	存储设备 G_{ij} 的利用率
$C(G_{ij})$	存储设备 G_{ij} 的处理能力
S_h	人员 h 的状态
P_h	人员 h 的能力
M_c	消耗物料 c
V_c	消耗物料 c 的容量

模型假设如下。

（1）将仓储系统视为智能体，根据状态做出资源配置决策。

（2）考虑设备处理能力约束。

（3）假设作业信息、区域状态、设备状态可完全获得。

（4）假设作业优先级已确定，高优先级作业先处理。

（5）不考虑资源配置转换成本和时间。

状态空间：作业信息 J_k、仓储区域状态 G_i、存储设备状态 G_{ij}、消耗物料状态 M_c、人员状态 S_h，构建状态矩阵 s。

动作空间：仓储设备 G_{ij}、消耗物料 c 和人员的配置方案 a。

约束条件：

$$a \leqslant C_i \tag{8.7}$$

$$\sum J_k s(J_k) \leqslant S_j \tag{8.8}$$

$$\sum J_k s(J_k) \leqslant V_c \tag{8.9}$$

$$\sum J_k s(J_k) \leqslant P_h \tag{8.10}$$

其中，C_i 表示第 i 个设备的处理能力；S_j 表示人员 j 的实时状态；V_c 表示物料的容量；P_H 表示人员 h 的能力。

目标函数：

$$\min \sum T(J_k) \tag{8.11}$$

$$\max \left(\sum U(G_{ij}) + \sum U(H_k) \right) \tag{8.12}$$

其中，H_k 表示第 k 类人员的利用率。

奖励函数：

$$R = -\alpha \sum T(J_k) + \beta \sum U(G_{ij}) + \gamma \sum U(H_k) \qquad (8.13)$$

智能体策略：采用深度 Q 网络逼近资源配置动作值函数 $Q(s, a)$。

2. 基于松耦合马尔可夫决策模型的供应链协同能力平衡模型

供应链高效协同不仅要考虑参与企业的内部，还需要在供应链层面建立动态能力平衡。本部分的主要研究目标是建立基于跨企业的排程与资源网络协同计算模型，实现供应链动态能力平衡。要完成这一目标，首先以工作流的思想为基础，构建供应链业务协同的流程网络模型，其次构建多流程实例需求下协同流程网络排程求解目标函数，再次基于松耦合马尔可夫决策模型构建静态排程计算模型，最后针对流程网络的动态需求构造能力流量网络并设计启发式混合重调度策略算法。

对于实例 $P = \langle P_n, P_c, P_r, P_{tc}, P_{cc} \rangle$，$P_n$ 表示实例名称；P_c 表示实例种类，如时间最优目标实例、成本最优目标实例；P_r 表示实例处理需求；$P_{tc} = \langle P_{st}, P_{ot} \rangle$，其中 P_{st} 表示实例的计划开始执行时间，P_{ot} 表示实例计划完工时间；$P_{cc} = \langle P_{cs}, P_{ct} \rangle$ 表示流程实例成本约束，其中 P_{cs} 表示资源约束，即流程实例运行允许消耗的最大资源成本，$P_{ct} = \langle P_{ctd}, P_{ctu} \rangle$ 表示时间约束，即流程实例允许滞后时间的约束上下界。多实例运行时，根据网络能力实例之间产生时间约束或资源分时复用，需要在有限资源和满足多实例时间要求下求解，其中实例在单流程运作时，考虑单流程活动集运行所需的时间和经济成本，跨流程过程中还需要支付额外的跨流程协同的时间和经济成本。

按照流程运行的先后顺序为网络拓扑结构的不同节点进行编号，假设网络中共有 m 个节点以及 n 种资源，并将其分为可消耗类资源 S_c 和可复用类资源 S_r 两大类，针对活动 i 的成本函数如下：

$$Fc_i = Cs_i S_i, i = 1, 2, \cdots, m \qquad (8.14)$$

$$S_{ri} = C_{ri} T_i, i = 1, 2, \cdots, n \qquad (8.15)$$

式中，$Cs_i = \langle Cs_{i1}, Cs_{i2}, \cdots, Cs_{in} \rangle$ 为实例在节点 i 运行时各资源单位成本，$S_i = \langle S_{ci}, S_{ri} \rangle$ 为实例运行过程中对这两类资源的实际消耗，对可复用资源的消耗量与其在活动中的使用时间成正比；$T_i = \langle T_{i1}, T_{i2}, \cdots, T_{in} \rangle$ 为实例在节点 i 运行时对每种资源的使用时间；$C_{ri} = \langle C_{ri1}, C_{ri2}, \cdots, C_{rin} \rangle$ 为实例在节点 i 运行时的单位时间成本，即单位时间内对每种可复用资源的消耗量。

从源点 i 到终点 j 的最小成本为目标函数：

$$Z_c = \min \sum_{i=1}^{j} Fc_i \qquad (8.16)$$

约束：

$$A_i \leqslant S_i \leqslant B_i, i = 1, 2, \cdots, m \qquad (8.17)$$

$$\sum_{i=p}^{q} Fc_i \leqslant P_{cs} \qquad (8.18)$$

式中，$A_i = \langle A_{ci}, A_{ri} \rangle$ 为实例在节点 i 对每类资源需求的最小值；$B_i = \langle B_{ci}, B_{ri} \rangle$ 为在节点 i 每类资源储备的最大值；S_i 为实例在源点 p 到终点 q 的运行路径上每个节点的资源消耗。

假设网络中有 k 个实例同时运行，以所有实例运行时间最小为目标函数：

$$Z_t = \min \sum_{i=1}^{k} \left(\left(\sum_{j=p}^{q} T_j \right) + T_{ci} \right) \qquad (8.19)$$

约束：

$$\sum_{j=p}^{q} T_j + T_c + P_{st} \leqslant P_{ot} + P_{ctu} \qquad (8.20)$$

式中，T_j 为实例在源点 p 到终点 q 的运行路径上每个节点的逗留时间；T_c 为实例运行过程中的跨流程协同时间。

以资源、时间和优先级的最大兼容度为目标函数：

$$Z = \max \sum_{i=1}^{k} (Z_c)^u (Z_t)^v \lambda_i \qquad (8.21)$$

式中，λ_i 为流程实例 i 的优先级；u、v 分别为多实例下成本优先和时间优先影响因子，且 $u+v=1$，$0 \leqslant u \leqslant 1$，$0 \leqslant v \leqslant 1$，当 $u = 1$ 时，只考虑资源消耗，当 $v = 1$ 时，只考虑执行时间。

对流程网络多实例场景，基于松耦合马尔可夫决策构造排程计算模型，指导多个实例在知识集成共享环境中进行决策。具体地，针对流程网络的各活动节点分别建立马尔可夫决策模型，设计活动的马尔可夫决策状态集、动作集、状态转移概率集和奖励函数，其中，状态集表示当前活动所处的状态的集合，包括执行状态、输入状态、等待状态等；动作集表示当前活动可执行的动作；状态转移概率集表示在活动当前状态下执行某动作变迁到另一状态的概率；而奖励函数指在执行某动作下需要被累计的奖励值，奖励函数是关于实例逗留时间、资源利用率、质量指标、活动运行单位成本等参数的综合评价值，即 $g_i(S, x) = F(Q)$，其中 S 为活动所处状态，x 为动作决策，Q 为奖励函数的影响因子，$F(Q)$ 为所使用的评价方法，如基于改进的模糊层次法等。同时，为适应多实例要求，还需根据多个实例求解的实例类型对综合评价值进行折扣处理。显然，在单活动马尔可夫决策中，活动只能观察和控制部分状态。

从单活动节点马尔可夫决策模型出发，针对流程网络多活动节点，依次建立多马尔可夫决策模型，值得注意的是，每个马尔可夫决策模型都会对截面时间的整体环境产生影响，进而影响其他马尔可夫决策模型的选择，因此，在协同知识图谱基础上，针对多个马尔可夫决策模型，引入联合动作、联合状态和联合收益等，即对多马尔可夫决策模型进行组合。同时，松耦合马尔可夫决策模型是由多个马尔可夫决策模型和各模型间的多个约束条件组成，考虑引入拉格朗日松弛将各活动节点之间的约束条件进行松弛，将其转化为一个无约束优化问题，在此基础上，基于知识图谱共享环境将该问题进一步转化为线性规划可行网络松弛模型，此外，在实际应用场景中，流程网络规模可能非常大，考虑采用一些马尔可夫决策图的近似方法来求解模型，例如合并同构的马尔可夫决策图或合并马尔可夫状态。在多实例需求下求解模型得到基于松耦合马尔可夫决策模型的静态排程结果。

探讨活动节点能力度量计算方法，该方法能够支撑流程网络中带有环的能力流量网络建设，依托知识图谱构造能力度量函数 $A(S, D)$，基于历史数据对流程网络中各活动能力进行度量，从静态 S 和动态 D 两方面能力描述当前网络能力，基于历史数据的静态能力 S 是包括资源储备 S_r、输出资源质量 S_q、协同因子 S_c 及活动对时间约束的满足率 R_t 等参数的综合评价值，基于截面时间的动态能力 D 是包括当前活动状态 S_c、剩余等待时间 T_w 等参数的综合评价值，将度量结果反馈到知识图谱中满足协同的实时计算需求。基于活动能力度量构造基于活动能力的流量网络，针对新流程实例的动态接入或其他突发情况，通过监控模块实时反馈当前流程网络能力。例如，针对新实例接入，可基于最大流算法寻找增广路径，判断流程实例接入的可行性，基于可行性结果，在启发式混合调度策略基础上进行动态排程重排程。此外，基于知识图谱，针对打通多活动间的横向协同需求，在知识共享语义环境下基于马氏距离设计多活动协同负载均衡机制，即各协同活动间基于马氏距离求解一个饱和函数（SAT 函数），对满足 SAT 函数协同需求的多个活动进行能力互补。

第9章 基于知识共享决策的供应链协同计算

在现代信息时代，企业内部积累了丰富的知识资源，为了更好地管理和利用这些知识，许多企业构建了知识网，通过度量知识的价值和贡献度，为决策提供支持。然而，企业的价值不仅仅来自内部知识，还来自与其他企业的合作关系。这些企业之间的合作构成了关系网，而信任在其中扮演着关键角色。因此，信任计算模型应运而生，通过分析合作历史、知识共享等因素，量化企业间的信任程度，指导合作伙伴选择，构建稳固的商业关系。

9.1 供应链的知识度量与信任计算

综合来看，知识度量模型和信任计算模型共同构成了现代企业管理的两大支柱。通过有效度量和利用企业内部知识，以及基于信任计算模型构建可靠的合作关系，企业可以更好地应对竞争挑战，实现持续创新和可持续发展。这两个模型的应用不仅提升了企业的内部效率，也促进企业间合作的智能化和高效化，为商业世界注入了新的活力。

1. 知识度量模型

随着信息技术的发展和全球化竞争的加剧，企业之间的知识共享和合作变得越来越重要，而知识度量则是评估和量化企业之间知识交流和合作的有效性的过程。目前对知识量的计算方法大都是通过模糊集合论的方式，但使用模糊集合论计算知识量存在主观性强、准确性不高、依赖领域知识和经验、计算复杂性高以及缺乏一致性和标准化等缺点[76]，这些因素限制了模糊集合论在知识量计算中的应用。本书提出基于知识图谱的知识度量模型，旨在为知识管理和信息检索领域的进一步研究和实践提供新的视角与方法。

假设企业共有 m 个知识节点，节点 i 的知识量为 K_i，入度为 in_degree_i，出度为 out_degree_i，使用如下步骤度量企业知识量。

（1）叶子节点 i 知识量表示为 $K_i = 1$。

（2）采用合适的算法计算节点 i 到 j 的最短路径长度，用 $s\_\text{path}(i,j)$ 表示。

（3）节点 i 的路径的重要性度量：$\text{PI}_i = \dfrac{1}{m-1} \times \sum\limits_{j=1}^{m} \dfrac{1}{s\_\text{path}(i,j)}, i \neq j$，路径越

短，与其他节点的关系越密切，重要性越高。

（4）计算节点 i 的权重：$w_i = \text{PI}_i \times (\alpha \times \text{out\_degree}_i + \beta \times \text{in\_degree}_i + \gamma \times \text{NodeAttr}_i)$，其中 α、β 和 γ 是权重系数，NodeAttr_i 用来表示与节点相关的其他度量。

（5）计算非叶子节点 i 的知识量 $K_i = \sum K_{\text{in\_node}} \times w_{\text{in\_node}}$，$\text{in\_node}$ 表示节点 i 对应的入度的节点。

综上所述，企业知识总量表示为 $K = \sum\limits_{i=1}^{m} K_i$。

2. 信任计算模型

在当今数字化、互联互通的时代，信任成为构建稳定而繁荣的人际关系、商业合作以及社会互动的关键要素。在面对众多信息源、平台和个体的选择时，我们常常需要依赖信任来做出决策。然而，信任是一个抽象而复杂的概念，如何量化和衡量信任一直是一个挑战。正是基于这个挑战，信任计算模型应运而生。通过信任计算模型，我们能够将主观的信任感受转化为可衡量的指标，更准确地评估不同实体的可信度和信任水平[77]。这不仅有助于我们在数字领域做出明智的决策，还为构建安全、可靠的在线环境提供了框架。本书通过将信任映射到数学公式中，将主观的信任感觉转化为可量化的指标，从而使我们能够更精确地评估在不同情境下个体、组织或系统的信任水平。

假设有 m 个企业节点，首先定义企业节点集合为 $E = \{E_1, E_2, \cdots, E_m\}$。为了量化并评估在特定情境下企业间的信任水平，使用如下步骤进行计算。

（1）通过调查研究和领域专家的参与，识别出可能影响信任的各种属性，如历史表现、透明度、安全性、用户反馈等，将信任属性集表示为 $t_a = \{x_1, x_2, \cdots, x_s\}$，$s$ 为影响信任的属性值数量。

（2）通过专家评估、数据分析、层次分析等方法，为每个属性分配权重，以确定其在信任评估中的相对重要性，表示为 $\omega = \{\omega_1, \omega_2, \cdots, \omega_s\}$，且 $\sum\limits_{i=1}^{s} \omega_i = 1$。

（3）当节点 E_i 与节点 E_j 进行交互时，节点 E_i 会对节点 E_j 的信任属性集进行评估，用 $t^{E_i, E_j} = \left\{ t_{x_1}^{E_i, E_j}, t_{x_2}^{E_i, E_j}, \cdots, t_{x_s}^{E_i, E_j} \right\}$ 来表示，其中 $t_{x_k}^{E_i, E_j}$ 表示节点 E_i 对节点 E_j 的信任属性 x_k 的评估结果，且 $t_{x_k}^{E_i, E_j} \in [0,1], 1 \le i, j \le m, 1 \le k \le s$。

（4）计算节点 E_i 对节点 E_j 所有信任属性的加权信任值，用 $t_{E_i, E_j} = \sum\limits_{k=1}^{s} \omega_k n t_{x_k}^{E_i, E_j}$ 来表示。

（5）计算所有节点对 E_j 的平均加权信任值，用 $\overline{t_{E_j}} = \dfrac{\sum\limits_{i=1}^{m} t_{E_i, E_j}}{m-1}, i \neq j$ 来表示。
综上所述，企业 E_j 的信任度表示为 $\overline{t_{E_j}}$。

9.2　基于公平的知识共享演化博弈

本节主要从纵向公平关切和横向公平关切两个维度分析供应链企业间的知识共享，在考虑分配公平、互动公平等因素的基础上，借助演化博弈理论和 Matlab 仿真工具分析企业决策的演化过程。

9.2.1　纵向公平的知识共享决策模型

1. 问题描述和假设

考虑一个二级供应链，假设供应链上有三家企业：企业 A、B 和 C，三家企业间存在知识差异，企业 A 与企业 B 和企业 C 的知识差异为图 4.1（b）所示的形式。企业 A 为该供应链的上游企业，分别与企业 B 和企业 C 进行知识共享，企业间具有纵向公平关切，企业 B 和企业 C 为该供应链的下游企业，二者之间不共享知识，但其具有横向公平关切，如图 9.1 所示。三家企业均只有两种行动策略：共享知识和不共享知识。在主观和客观因素的影响下，供应链上企业最终的行动策略在多次动态重复博弈后得到[78]。

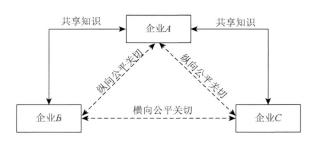

图 9.1　供应链上企业知识共享博弈结构

为分析企业间的共享策略，做出如下基本假设。

（1）假设企业可共享的知识量为 $K_i(K_i > 0)$，企业 A 向企业 B 和企业 C 共享的知识量分别表示为 K_{AB} 和 K_{AC}，企业 B 和企业 C 向企业 A 共享的知识量分别表示为 K_B 和 K_C。

（2）假设企业间的知识差异是恰当的，即企业间既存在相类似的知识，又存在不同的知识，此时共享异质知识是能提升绩效的，该部分绩效由企业合作产生的协同收益和接收知识所产生的直接收益两部分构成。协同收益与协同收益系数 μ_j 和总的知识共享量有关，协同收益以一定的比例（即协同收益分配系数 λ_z）分配给企业 A 与企业 B 或者企业 A 与企业 C；直接收益与企业对所接收知识的吸收转化相关，企业知识吸收意愿与互动公平分别影响企业吸收和共享的数量，二者分别用 α_i（$0<\alpha_i<1$）和 β_i（$0<\beta_i<1$）表示，知识的单位价值系数用 ω_i（$\omega_i>0$，$i=A,B,C$）表示，企业对所接收的知识的吸收能力用 θ_i（$i=A,B,C$）表示，由此可计算得到直接收益。

（3）共享知识付出的一定成本用 C_i 表示，$i=\{A,B,C\}$，其由两部分构成，一部分是由于知识挖掘和转移产生的成本，用参数 c_{1i} 表示，另一部分是知识转移所耗费的人力和时间等成本，由参数 c_{2i} 表示。假设共享知识的单位成本为 l_i，由 Joseph 成本函数可知知识转移成本为 $c_{1i}=1/2 l_i K_i^2$，由此，知识成本 $C_i=c_{1i}+c_{2i}=1/2 l_i K_i^2+c_{2i}$。

（4）企业 A 与企业 B 和企业 C 之间存在纵向公平关切，企业 A 和企业 B 之间的公平关切系数为 η_1，企业 A 和企业 C 之间的公平关切系数为 η_2。

（5）企业 A 以 x 的概率进行知识共享，则其不共享的概率为 $1-x$；同理，企业 B 以概率 y 进行知识共享，其不共享知识的概率为 $1-y$；企业 C 以概率 z 进行知识共享，其不共享知识的概率为 $1-z$，x,y,z 均为 $[0,1]$ 区间上的数值。

本章的符号说明如表 9.1 所示。

表 9.1　符号说明 1

影响因素	符号	含义
知识量	K_i	企业 i 可共享的知识总量，$i\in\{A,B,C\}$
知识单位价值系数	ω_i	企业 i 的知识单位价值系数，$i\in\{A,B,C\}$
知识吸收意愿	α_i	企业 i 的知识吸收意愿系数，$i\in\{A,B,C\}$
知识吸收能力	θ_i	企业 i 的知识吸收能力，$i\in\{A,B,C\}$
单位成本系数	l_i	企业 i 共享知识的单位成本系数，$i\in\{A,B,C\}$
时间等成本	c_{2i}	企业 i 共享知识的时间等成本，$i\in\{A,B,C\}$
协同收益系数	μ_j	企业 A 与企业 B 和企业 C 合作创收的收益系数，$j\in\{AB,AC\}$
收益分配系数	λ_z	企业间的收益分配系数，$z\in\{AB,B,AC,C\}$，其中 $\lambda_{AB}+\lambda_B=1$，$\lambda_{AC}+\lambda_C=1$
互动公平	β_i	企业间的互动公平水平，$i\in\{A,B,C\}$
纵向公平关切系数	η_i	企业 A 与企业 B 或者企业 C 之间的纵向公平关切系数

2. 模型构建

由以上内容可知，企业的收益由三部分构成，分别是直接收益、协同收益及共享成本。其中，直接收益为知识共享量、知识单位价值系数、知识吸收能力和知识吸收意愿的乘积，协同收益为协同收益系数、收益分配系数和总的知识共享量的乘积，由此得到公平关切下的知识共享收益矩阵，如表 9.2 所示。

表 9.2　供应链企业知识共享单次博弈收益矩阵

博弈决策		企业 A	
		共享	不共享
企业 B	共享	$K_{AB}\beta_A\omega_A\theta_B\alpha_B + \mu_{AB}\lambda_B(\beta_A K_{AB} + \beta_B K_B) - \frac{1}{2}l_B\beta_B^2 K_B^2 - c_{2B}$,　　$K_B\beta_B\omega_B\theta_A\alpha_A + \mu_{AB}\lambda_{AB}(\beta_A K_{AB} + \beta_B K_B) - \frac{1}{2}l_A\beta_A^2 K_{AB}^2 - c_{2A}$	$-\frac{1}{2}l_B\beta_B^2 K_B^2 - c_{2B}$,　　$K_B\beta_B\omega_B\theta_A\alpha_A$
	不共享	$K_{AB}\beta_A\omega_A\theta_B\alpha_B$,　$-\frac{1}{2}l_A\beta_A^2 K_{AB}^2 - c_{2A}$	$0,0$
企业 C	共享	$K_{AC}\beta_A\omega_A\theta_C\alpha_C + \mu_{AC}\lambda_C(\beta_A K_{AC} + \beta_C K_C) - \frac{1}{2}l_C\beta_C^2 K_C^2 - c_{2C}$,　　$K_C\beta_C\omega_C\theta_A\alpha_A + \mu_{AC}\lambda_{AC}(\beta_A K_{AC} + \beta_C K_C) - \frac{1}{2}l_A\beta_A^2 K_{AC}^2 - c_{2A}$	$-\frac{1}{2}l_C\beta_C^2 K_C^2 - c_{2C}$,　　$K_C\beta_C\omega_C\theta_A\alpha_A$
	不共享	$K_{AC}\beta_A\omega_A\theta_C\alpha_C$,　$-\frac{1}{2}l_A\beta_A^2 K_{AC}^2 - c_{2A}$	$0,0$

3. 演化稳定策略

企业 A 分别与企业 B 和企业 C 进行知识共享决策博弈，在纵向公平关切下，二者的合作关系互不影响，因此本节以企业 A 和企业 B 之间的博弈为代表进行分析。

假设企业 B 进行知识共享所获得的收益为 U_{1B}，不进行知识共享所获得的收益为 U_{2B}，期望收益为 $\overline{U}_B$，由表 9.2 的收益矩阵可得，纵向公平关切下企业 B 选择共享知识获得的收益如下：

$$
\begin{aligned}
U_{1B} = (1+\eta_1)&\left[x\left(K_{AB}\beta_A\omega_A\theta_B\alpha_B + \mu_{AB}\lambda_B(\beta_A K_{AB} + \beta_B K_B)\right.\right.\\
&\left.-\frac{1}{2}l_B\beta_B^2 K_B^2 - c_{2B}\right) + (1-x)\left(-\frac{1}{2}l_B\beta_B^2 K_B^2 - c_{2B}\right)\right]\\
-\eta_1&\left[y\left(K_B\beta_B\omega_B\theta_A\alpha_A + \mu_{AB}\lambda_{AB}(\beta_A K_{AB} + \beta_B K_B)\right.\right.\\
&\left.-\frac{1}{2}l_A K_A^2 \beta_A^2 - c_A\right) + (1-y)\left(-\frac{1}{2}l_A K_A^2 \beta_A^2 - c_A\right)\right]
\end{aligned}
\tag{9.1}
$$

企业 B 选择不共享知识获得的收益如下：

$$
U_{2B} = (1+\eta_1)x K_{AB}\beta_A\omega_A\theta_B\alpha_B - \eta_1 y K_B\beta_B\omega_B\theta_A\alpha_A
\tag{9.2}
$$

企业 B 的期望收益如下：

$$\overline{U}_B = yU_{1B} + (1-y)U_{2B} \tag{9.3}$$

由此，得到企业 B 的复制动态方程：

$$
\begin{aligned}
F(y) = \frac{\mathrm{d}y}{\mathrm{d}t} &= y(U_{1B} - \overline{U}_B) = y(1-y)(U_{1B} - U_{2B}) \\
&= y(1-y)\Big[(1+\eta_1)x\mu_{AB}\lambda_B(\beta_A K_{AB} + \beta_B K_B) \\
&\quad - \eta_1 y\mu_{AB}\lambda_{AB}(\beta_A K_{AB} + \beta_B K_B) \\
&\quad - (1+\eta_1)\Big(\frac{1}{2}l_B\beta_B^2 K_B^2 + c_{2B}\Big) + \eta_1\Big(\frac{1}{2}l_A K_A^2\beta_A^2 + c_A\Big)\Big]
\end{aligned} \tag{9.4}
$$

接下来对企业 A 的演化稳定策略进行分析，假设企业 A 共享知识获得的收益为 U_{1A}，不共享知识获得的收益为 U_{2A}，期望收益为 $\overline{U}$。企业 A 选择共享知识的收益为

$$
\begin{aligned}
U_{1A} &= (1+\eta_1)\Big[y\Big(K_B\beta_B\omega_B\theta_A\alpha_A + \mu_{AB}\lambda_{AB}(\beta_A K_{AB} + \beta_B K_B) \\
&\quad - \frac{1}{2}l_A K_A^2\beta_A^2 - c_A\Big) + (1-y)\Big(-\frac{1}{2}l_A K_A^2\beta_A^2 - c_A\Big)\Big] \\
&\quad - \eta_1\Big[x\Big(K_{AB}\beta_A\omega_A\theta_B\alpha_B + \mu_{AB}\lambda_B(\beta_A K_{AB} + \beta_B K_B) \\
&\quad - \frac{1}{2}l_B\beta_B^2 K_B^2 - c_{2B}\Big) + (1-x)\Big(-\frac{1}{2}l_B\beta_B^2 K_B^2 - c_{2B}\Big)\Big]
\end{aligned} \tag{9.5}
$$

企业 A 选择不共享知识的收益如下：

$$U_{2A} = (1+\eta_1)yK_B\beta_B\omega_B\theta_A\alpha_A - \eta_1 xK_{AB}\beta_A\omega_A\theta_B\alpha_B \tag{9.6}$$

企业 A 的期望收益如下：

$$\overline{U}_A = xU_{1A} + (1-x)U_{2A} \tag{9.7}$$

由此，得到企业 A 的复制动态方程：

$$
\begin{aligned}
F(x) = \frac{\mathrm{d}x}{\mathrm{d}t} &= x(U_{1A} - \overline{U}_A) = x(1-x)(U_{1A} - U_{2A}) \\
&= x(1-x)\Big[(1+\eta_1)y\mu_{AB}\lambda_{AB}(\beta_A K_{AB} + \beta_B K_B) \\
&\quad - \eta_1 x\mu_{AB}\lambda_B(\beta_A K_{AB} + \beta_B K_B) \\
&\quad - (1+\eta_1)\Big(\frac{1}{2}l_A K_A^2\beta_A^2 + c_A\Big) + \eta_1\Big(\frac{1}{2}l_B\beta_B^2 K_B^2 + c_{2B}\Big)\Big]
\end{aligned} \tag{9.8}
$$

令式（9.4）和式（9.8）等于 0 可得到 5 个局部均衡点，分别是 $(0,0)$，$(0,1)$，$(1,0)$，$(1,1)$ 和 (x^*, y^*)。为简化表达式，令 $X_{AB} = \mu_{AB}\lambda_{AB}(\beta_A K_{AB} + \beta_B K_B)$，

$$C_{AB} = \frac{1}{2}l_A K_A^2 \beta_A^2 + c_A, \quad X_3 = \mu_{AB}\lambda_B(\beta_A K_{AB} + \beta_B K_B), \quad C_B = \frac{1}{2}l_B \beta_B^2 K_B^2 + c_{2B}。其中,$$

$$x^* = \frac{C_B}{X_B}, \quad y^* = \frac{C_{AB}}{X_{AB}}。$$

由式(9.4)和式(9.8)求偏导可得企业 A、企业 B 博弈的雅可比矩阵:

$$J = \begin{bmatrix} \dfrac{\partial F(x)}{\partial x} & \dfrac{\partial F(x)}{\partial y} \\ \dfrac{\partial F(y)}{\partial x} & \dfrac{\partial F(y)}{\partial y} \end{bmatrix} \tag{9.9}$$

其中,

$$\frac{\partial F(x)}{\partial x} = (1-2x)[(1+\eta_1)yX_{AB} - \eta_1 x X_B - (1+\eta_1)C_{AB} + \eta_1 C_B] - x(1-x)\eta_1 X_B$$

$$\frac{\partial F(y)}{\partial y} = (1-2y)[(1+\eta_1)xX_B - \eta_1 y X_{AB} - (1+\eta_1)C_B + \eta_1 C_{AB}] - y(1-y)\eta_1 X_{AB}$$

$$\frac{\partial F(y)}{\partial x} = y(1-y)(1+\eta_1)X_B, \quad \frac{\partial F(x)}{\partial y} = x(1-x)(1+\eta_1)X_{AB}$$

则雅可比矩阵的行列式和轨迹如下:

$$\begin{aligned} \det(J) &= [(1-2x)[(1+\eta_1)yX_{AB} - \eta_1 x X_B - (1+\eta_1)C_{AB} + \eta_1 C_B] - x(1-x)\eta_1 X_B] \\ &\quad \times (1-2y)[(1+\eta_1)xX_B - \eta_1 y X_{AB} - (1+\eta_1)C_B + \eta_1 C_{AB}] - y(1-y)\eta_1 X_{AB} \\ &\quad - xy(1-x)(1-y)(1+\eta_1)^2 X_{AB}X_B \end{aligned} \tag{9.10}$$

$$\begin{aligned} \mathrm{tr}(J) &= (1-2x)[(1+\eta_1)yX_{AB} - \eta_1 x X_B - (1+\eta_1)C_{AB} + \eta_1 C_B] - x(1-x)\eta_1 X_B \\ &\quad + (1-2y)[(1+\eta_1)xX_B - \eta_1 y X_{AB} - (1+\eta_1)C_B + \eta_1 C_{AB}] - y(1-y)\eta_1 X_{AB} \end{aligned} \tag{9.11}$$

将每个局部均衡点代入雅可比矩阵计算,可得到局部稳定结果,如表 9.3 所示。

表 9.3 供应链企业知识共享演化博弈局部稳定分析结果 1

均衡点	$\det(J)$	$\mathrm{tr}(J)$
$(0,0)$	$[-(1+\eta_1)C_{AB} + \eta_1 C_B][-(1+\eta_1)C_B + \eta_1 C_{AB}]$	$-C_{AB} - C_B$
$(0,1)$	$[(1+\eta_1)X_{AB} - (1+\eta_1)C_{AB} + \eta_1 C_B][\eta_1 X_{AB} + (1+\eta_1)C_B - \eta_1 C_{AB}]$	$(1+2\eta_1)(X_{AB} + C_B - C_{AB})$
$(1,0)$	$[(1+\eta_1)X_B - (1+\eta_1)C_B + \eta_1 C_{AB}][\eta_1 X_B + (1+\eta_1)C_{AB} - \eta_1 C_B]$	$(1+2\eta_1)(X_B + C_{AB} - C_B)$
$(1,1)$	$[-(1+\eta_1)(X_{AB} - C_{AB}) + \eta_1(X_B - C_B)]*$ $[-(1+\eta_1)(X_B - C_B) + \eta_1(X_{AB} - C_{AB})]$	$-X_{AB} - X_B + C_{AB} + C_B$
(x^*, y^*)	$\dfrac{[\eta_1^2 - (1+\eta_1)^2]C_{AB}C_B[(X_B - C_B)(X_{AB} - C_{AB})]}{X_{AB}X_B}$	$-\left[\dfrac{\eta_1 C_B}{X_B}(X_B - C_B) + \dfrac{\eta_1 C_{AB}}{X_{AB}}(X_{AB} - C_{AB})\right]$

满足 $\det(J) > 0$ 和 $\operatorname{tr}(J) < 0$ 条件的局部均衡点为演化稳定点，对应策略为演化稳定策略。结合表 9.3 可知，若要判断各个局部均衡点行列式和轨迹的符号，只需讨论 X_{AB} 与 C_{AB}，X_B 与 C_B 的大小，主要包括四种情况，所得结果如表 9.4 所示。其中，"+"代表符号为正，"−"代表符号为负，"*"代表符号不确定，"ESS"代表演化稳定策略。

表 9.4　纵向公平关切下均衡点的稳定性

情形	局部均衡点	$\det(J)$	$\operatorname{tr}(J)$	ESS
① $X_{AB} > C_{AB}, X_B > C_B$	$(0,0)$	+	−	
	$(0,1)$	+	+	
	$(1,0)$	+	+	$(0,0)$
	$(1,1)$	+	−	$(1,1)$
	(x^*, y^*)	−	−	
② $X_{AB} > C_{AB}, X_B < C_B$	$(0,0)$	+	−	
	$(0,1)$	+	+	
	$(1,0)$	−	−	$(0,0)$
	$(1,1)$	−	*	
	(x^*, y^*)	+	*	
③ $X_{AB} < C_{AB}, X_B > C_B$	$(0,0)$	+	−	
	$(0,1)$	−	−	
	$(1,0)$	+	+	$(0,0)$
	$(1,1)$	−	*	
	(x^*, y^*)	+	*	
④ $X_{AB} < C_{AB}, X_B < C_B$	$(0,0)$	+	−	
	$(0,1)$	−	−	
	$(1,0)$	−	−	$(0,0)$
	$(1,1)$	+	+	
	(x^*, y^*)	−	+	

情形 1：当 $X_{AB} > C_{AB}, X_B > C_B$ 时点 $(0,0)$ 和点 $(1,1)$ 为演化稳定点，此时企业 A 和企业 B 均能从知识共享中获益，其最终演化结果为都共享或者都不共享，演化相位图如图 9.2 所示。

情形 2：当 $X_{AB} > C_{AB}, X_B < C_B$ 时点 $(0,0)$ 为演化稳定点，此时企业 A 共享知识所获得的收益高于其共享成本，而企业 B 所获收益不能覆盖其成本，因此企业 B 不共享知识，那么企业间最终的演化结果只会是不共享，演化相位图如图 9.3 所示。

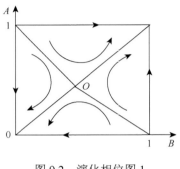

图 9.2　演化相位图 1

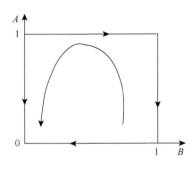

图 9.3　演化相位图 2

情形 3：当 $X_{AB} < C_{AB}, X_B > C_B$ 时点 $(0,0)$ 为演化稳定点，此时企业 B 共享知识所获得的收益大于其共享成本，而企业 A 的收益不能弥补其成本，因此企业 A 不共享知识，那么企业间最终的共享策略仍旧是都不共享，其演化相位图如图 9.4 所示。

情形 4：当 $X_{AB} < C_{AB}, X_B < C_B$ 时点 $(0,0)$ 为演化稳定点，此时企业 A 和企业 B 共享知识所获得的收益均不能弥补其共享成本，因此两家企业最终的稳定策略为都不共享，其演化相位图如图 9.5 所示。

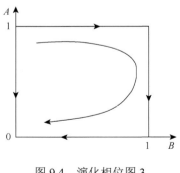

图 9.4　演化相位图 3

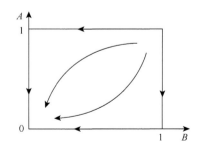

图 9.5　演化相位图 4

从上述分析可知，企业间的共享策略能否达到稳定的"共享"取决于企业自身能否从知识共享中获益，最终的演化结果与企业间的收入差距无关，即可认为纵向公平关切对企业的共享策略没有影响。

以上即为企业 A 和企业 B 之间共享策略分析，企业 A 与企业 C 之间类似，在此不再对其进行单独分析。

9.2.2 横向公平的知识共享决策模型

1. 问题描述和假设

由于横向公平关切发生于供应链同级企业，即企业 B 和企业 C 之间，所以企业 A 的效用保持不变，企业 B 与企业 C 的效用相互影响，假设横向公平关切系数为 ψ （ $0 < \psi < 1$ ），其他假设与纵向公平关切下的假设相同。

2. 演化稳定策略

当企业 B 和企业 C 之间具有横向公平关切时，企业 A 的效用函数、复制动态方程及其稳定策略保持不变，本节主要对企业 B 和企业 C 的演化稳定策略进行分析，首先对企业 B 进行分析，令 U'_{1B}、U'_{2B}、$\overline{U'_B}$ 分别代表企业 B 共享知识所得收益、不共享知识所得收益以及企业 B 的期望收益，基于表 9.2 可知，横向公平关切下企业 B 选择共享知识所获得的收益如下：

$$
\begin{aligned}
U'_{1B} = {} & x[(1+\psi)(K_{AB}\beta_A\omega_A\theta_B\alpha_B + X_B - C_B) \\
& - \psi(K_{AC}\beta_A\omega_A\theta_C\alpha_C + X_C - C_C)] \\
& + (1-x)[-(1+\psi)C_B + \psi C_C]
\end{aligned}
\tag{9.12}
$$

企业 B 选择不共享知识所获得的收益如下：

$$
U'_{2B} = x[(1+\psi)K_{AB}\beta_A\omega_A\theta_B\alpha_B - \psi K_{AC}\beta_A\omega_A\theta_C\alpha_C]
\tag{9.13}
$$

企业 B 的期望收益如下：

$$
\begin{aligned}
\overline{U'_B} = {} & yU'_{1B} + (1-y)U'_{2B} \\
= {} & xy[(1+\psi)(K_{AB}\beta_A\omega_A\theta_B\alpha_B + X_B - C_B) \\
& - \psi(K_{AC}\beta_A\omega_A\theta_C\alpha_C + X_C - C_C)] + y[-(1+\psi)C_B + \psi C_C] \\
& + x(1-y)[(1+\psi)\gamma K_{AB}\beta_A\omega_A\theta_B\alpha_B - \psi\gamma K_{AC}\beta_A\omega_A\theta_C\alpha_C]
\end{aligned}
\tag{9.14}
$$

由此，得到企业 B 的复制动态方程：

$$
F_1(y) = \frac{\mathrm{d}y}{\mathrm{d}t} = y(U'_{1B} - \overline{U'_B}) = y(1-y)[x(1+\psi)X_B - \psi xX_C - (1+\psi)C_B + \psi C_C]
\tag{9.15}
$$

在式（9.15）中对 y 求偏导得

$$
\begin{aligned}
F'_1(y) = {} & (1-2y)[x(1+\psi)X_B - x\psi X_C - (1+\psi)C_B + \psi C_C] \\
= {} & (1-2y)\{[(1+\psi)X_B - \psi X_C]x - (1+\psi)C_B + \psi C_C\}
\end{aligned}
\tag{9.16}
$$

满足 $F'_1(y) < 0$ 的点为演化均衡点，因此：

（1）当 $x=\dfrac{(1+\psi)C_B-\psi C_C}{(1+\psi)X_B-\psi X_C}$ 时，对 $\forall y\in[0,1]$，$F_1(y)=0$ 恒成立，即所有的 y 都是演化均衡点，企业 B 的共享策略不随时间发生改变。

（2）当 $x\neq\dfrac{(1+\psi)C_E-\psi C_C}{(1+\psi)X_E-\psi X_C}$ 时，令 $F_1(y)=0$，得到两个可能的演化均衡点为 $y=1$ 或者 $y=0$，当其满足 $F_1'(y)<0$ 时，可认为其为演化均衡点，具备一定的抗干扰性。由于 x 的符号不确定，令 $m=\dfrac{(1+\psi)C_B-\psi C_C}{(1+\psi)X_B-\psi X_C}$，则企业 B 的演化稳定情况有以下几种情况。

① 当 $(1+\psi)X_B<\psi X_C$，$(1+\psi)C_B>\psi C_C$ 时，$m<0$ 恒成立，此时，$F_1'(y=0)<0$，$F_1'(y=1)>0$，$y=0$ 为演化均衡点，其演化相位图如图 9.6 所示。即当企业 B 共享知识所获得的协同收益小于企业 C 共享知识获得的协同收益，而其成本又高于企业 C 时，企业 B 最终会选择不共享知识。

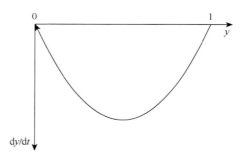

图 9.6　情形①下企业 B 的演化相位图

②当 $(1+\psi)X_B<\psi X_C$，$(1+\psi)C_B<\psi C_C$ 时，$m>0$，此时分为两种情况：当 $m<x$ 时，$F_1'(y=0)<0$，$F_1'(y=1)>0$，此时 $y=0$ 为演化均衡点，即当企业 B 的演化稳定策略为不共享，其演化相位图如图 9.7（a）所示；当 $m>x$ 时，$F_1'(y=0)>0$，$F_1'(y=1)<0$，此时 $y=1$ 为演化均衡点，即当企业 B 的演化稳定策略为共享，其演化相位图如图 9.7（b）所示。也就是说，当企业 B 共享知识所获得的收益和付出的成本均比企业 C 少时，在企业 B 的利润高于企业 C 时，企业 B 的演化稳定策略为共享；否则，其演化稳定策略为不共享。

③当 $(1+\psi)X_B>\psi X_C$，$(1+\psi)C_B>\psi C_C$ 时，$m>0$，此时分为两种情况：$m>x$ 时，$F_1'(y=0)<0$，$F_1'(y=1)>0$，此时 $y=0$ 为演化均衡点，即当企业 B 的演化稳定策略为不共享，其演化相位图如图 9.8（a）所示；当 $m<x$ 时，$F_1'(y=0)>0$，$F_1'(y=1)<0$，此时 $y=1$ 为演化均衡点，即当企业 B 的演化稳定

策略为共享，其演化相位图如图9.8（b）所示。也就是说，当企业 B 共享知识所获得的收益和付出的成本均比企业 C 多时，在企业 B 的利润高于企业 C 时，企业 B 的演化稳定策略为共享；否则，其演化稳定策略为不共享。

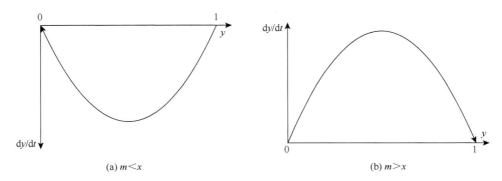

图 9.7　情形②下企业 B 的演化相位图

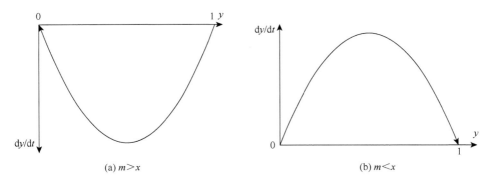

图 9.8　情形③下企业 B 的演化相位图

④当 $(1+\psi)X_B > \psi X_C$，$(1+\psi)C_B < \psi C_C$ 时，$m < 0$，此时 $F_1'(y=0) > 0$，$F_1'(y=1) < 0$，$y=1$ 为演化均衡点，即当企业 B 共享知识所获得的协同收益高于企业 C 所获得的协同收益，而共享知识所付出的成本又低于企业 C 时，其演化稳定策略为共享，其演化相位图如图9.9所示。

同理，对企业 C 具有横向公平关切时的演化稳定策略进行分析，令 U_{1C}'、U_{2C}'、$\overline{U_C'}$ 分别代表企业 C 共享知识所得收益、不共享知识所得收益以及企业 C 的期望收益，基于表9.2可知，企业 C 选择共享知识所获得的收益如下：

$$
\begin{aligned}
U_{1C}' = {} & x[(1+\psi)(K_{AC}\beta_A\omega_A\theta_C\alpha_C + X_C - C_C) \\
& - \psi(K_{AB}\beta_A\omega_A\theta_B\alpha_B + X_B - C_B)] \\
& + (1-x)[-(1+\psi)C_C + \psi C_B]
\end{aligned}
\tag{9.17}
$$

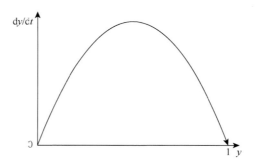

图 9.9　情形④下企业 B 的演化相位图

企业 C 选择不共享知识所获得的收益如下：
$$U_{2C}' = x[(1+\psi)K_{AC}\beta_A\omega_A\theta_C\alpha_C - \psi K_{AB}\beta_A\omega_A\theta_B\alpha_B] \qquad (9.18)$$
企业 C 的期望收益如下：
$$\begin{aligned}
\overline{U_C'} &= zU_{1C}' + (1-z)U_{2C}' \\
&= xz[(1+\psi)(K_{AC}\beta_A\omega_A\theta_C\alpha_C + X_C - C_C) \\
&\quad -\psi(K_{AB}\beta_A\omega_A\theta_B\alpha_B + X_B - C_B)] + z[-(1+\psi)C_C + \psi C_B] \\
&\quad + x(1-y)[(1+\psi)\gamma K_{AB}\beta_A\omega_A\theta_B\alpha_B - \psi\gamma K_{AC}\beta_A\omega_A\theta_C\alpha_C]
\end{aligned} \qquad (9.19)$$
由此，企业 C 的复制动态方程如下：
$$\begin{aligned}
F_1(z) &= \frac{\mathrm{d}z}{\mathrm{d}t} = z(U_{1C}' - \overline{U_C'}) \\
&= z(1-z)[x(1+\psi)X_C - \psi x X_B - (1+\psi)C_C + \psi C_B]
\end{aligned} \qquad (9.20)$$
在式（9.20）中对 z 求偏导得
$$\begin{aligned}
F_1'(z) &= (1-2z)[x(1+\psi)X_C - x\psi X_B - (1+\psi)C_C + \psi C_B] \\
&= (1-2z)\{[(1+\psi)X_C - \psi X_B]x - (1+\psi)C_C + \psi C_B\}
\end{aligned} \qquad (9.21)$$
满足 $F_1'(z) < 0$ 的点为演化均衡点，因此：

（1）当 $x = \dfrac{(1+\psi)C_C - \psi C_B}{(1+\psi)X_C - \psi X_B}$ 时，对 $\forall z \in [0,1]$，$F_1(z) = 0$ 恒成立，即所有的 z 都是演化均衡点，企业 C 的共享策略不随时间发生改变。

（2）当 $x \neq \dfrac{(1+\psi)C_C - \psi C_B}{(1+\psi)X_C - \psi X_B}$ 时，令 $F_1(z) = 0$，得到两个可能的演化均衡点为 $z = 1$ 或者 $z = 0$，当其满足 $F_1'(z) < 0$ 时，可认为其为演化均衡点，具备一定的抗干扰性。由于 x 的符号不确定，令 $n = \dfrac{(1+\psi)C_C - \psi C_B}{(1+\psi)X_C - \psi X_B}$，则企业 C 的演化稳定情况有以下几种情况。

①当 $(1+\psi)X_C < \psi X_B$，$(1+\psi)C_C > \psi C_B$ 时，$n < 0$ 恒成立，此时，

$F_1'(z=0) < 0$，$F_1'(z=1) > 0$，$z=0$ 为演化均衡点，其演化相位图如图 9.10 所示。即当企业 C 共享知识所获得的协同收益小于企业 B 共享知识获得的协同收益，而企业 C 共享知识所付出的成本又高于企业 B 时，企业 C 最终会选择不共享知识。

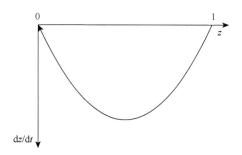

图 9.10　情形①下企业 C 的演化相位图

②当 $(1+\psi)X_C < \psi X_B$，$(1+\psi)C_C < \psi C_B$ 时，$n > 0$，此时分为两种情况：当 $n < x$ 时，$F_1'(z=0) < 0$，$F_1'(z=1) > 0$，此时 $z=0$ 为演化均衡点，即当企业 C 的演化稳定策略为不共享，其演化相位图如图 9.11（a）所示；当 $n > x$ 时，$F_1'(z=0) > 0$，$F_1'(z=1) < 0$，此时 $z=1$ 为演化均衡点，即当企业 C 的演化稳定策略为共享，其演化相位图如图 9.11（b）所示。也就是说，当企业 C 共享知识所获得的收益和付出的成本均比企业 B 少时，在企业 C 的利润高于企业 B 时，企业 C 的演化稳定策略为共享；否则，其演化稳定策略为不共享。

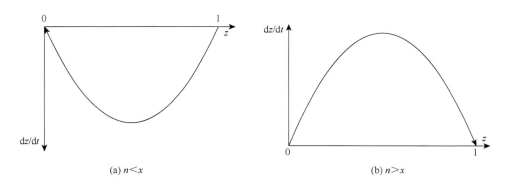

(a) $n < x$　　　　　　　　　　　　　(b) $n > x$

图 9.11　情形②下企业 C 的演化相位图

③当 $(1+\psi)X_C > \psi X_B$，$(1+\psi)C_C > \psi C_B$ 时，$n > 0$，此时分为两种情况：$n > x$ 时，$F_1'(z=0) < 0$，$F_1'(z=1) > 0$，此时 $z=0$ 为演化均衡点，即当企业 C 的演化稳定策略为不共享，其演化相位图如图 9.12（a）所示；当 $n < x$ 时，$F_1'(z=0) > 0$，

$F_1'(z=1)<0$，此时 $z=1$ 为演化均衡点，即当企业 C 的演化稳定策略为共享，其演化相位图如图 9.12（b）所示。也就是说，当企业 C 共享知识所获得的收益和付出的成本均比企业 B 多时，如果企业 C 的利润高于企业 B，则企业 C 的演化稳定策略为共享；否则，其演化稳定策略为不共享。

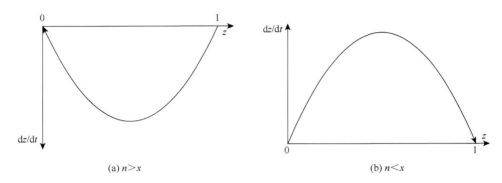

(a) $n>x$ (b) $n<x$

图 9.12　情形③下企业 C 的演化相位图

④当 $(1+\psi)X_C>\psi X_B$，$(1+\psi)C_C<\psi C_B$ 时，$n<0$，此时 $F_1'(z=0)>0$，$F_1'(z=1)<0$，$z=1$ 为演化均衡点，其演化相位图如图 9.13 所示，即当企业 C 共享知识所获得的协同收益高于企业 B 所获得的协同收益，而共享知识所付出的成本又低于企业 B 时，其演化稳定策略为共享。

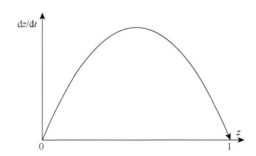

图 9.13　情形④下企业 C 的演化相位图

由以上分析可知，在横向公平关切下企业 A、B 和 C 演化博弈中局部均衡点是 8 个，分别是 $(0,0,0)$，$(0,0,1)$，$(0,1,0)$，$(0,1,1)$，$(1,0,0)$，$(1,0,1)$，$(1,1,0)$ 和 $(1,1,1)$。为简化计算，令 $X_{AB}=\mu_{AB}\lambda_{AB}(\beta_A K_{AB}+\beta_B K_B)$，$X_{AC}=\mu_{AC}\lambda_{AC}(\beta_A K_{AC}+\beta_C K_C)$，$C_A=\dfrac{1}{2}l_A\beta_A^2(K_{AB}^2+K_{AC}^2)+2c_{2A}$，那么，式（9.8）可表示为

$$F(x) = x(1-x)(yX_{AB} + zX_{AC} - C_A) \tag{9.22}$$

在复制动态方程 $F(x)$、$F_1(y)$、$F_1(z)$ 中分别对 x、y、z 求偏导，可得雅可比矩阵：

$$J' = \begin{bmatrix} J'_{11} & J'_{12} & J'_{13} \\ J'_{21} & J'_{22} & J'_{23} \\ J'_{31} & J'_{32} & J'_{33} \end{bmatrix} = \begin{bmatrix} \dfrac{\partial F(x)}{\partial x} & \dfrac{\partial F(x)}{\partial y} & \dfrac{\partial F(x)}{\partial z} \\ \dfrac{\partial F_1(y)}{\partial x} & \dfrac{\partial F_1(y)}{\partial y} & \dfrac{\partial F_1(y)}{\partial z} \\ \dfrac{\partial F_1(z)}{\partial x} & \dfrac{\partial F_1(z)}{\partial y} & \dfrac{\partial F_1(z)}{\partial z} \end{bmatrix} \tag{9.23}$$

式（9.23）中，

$J'_{11} = (1-2x)(yX_{AB} + zX_{AC} - C_A)$

$J'_{12} = x(1-x)X_{AB}$

$J'_{13} = x(1-x)X_{AC}$

$J'_{21} = y(1-y)[(1+\psi)X_B - \psi X_C]$

$J'_{22} = (1-2y)\{[(1+\psi)X_B - \psi X_C]x - (1+\psi)C_B + \psi C_C\}$

$J'_{23} = J'_{32} = 0$

$J'_{31} = z(1-z)[(1+\psi)X_C - \psi X_B]$

$J'_{33} = (1-2z)\{[(1+\psi)X_C - \psi X_B]x - (1+\psi)C_C + \psi C_B\}$

将局部均衡点代入雅可比矩阵可知，主对角线以外的元素均为 0，J'_{11}、J'_{22}、J'_{33} 为雅可比矩阵的特征值。各个均衡点下，J'_{11}、J'_{22}、J'_{33} 的值如表 9.5 所示。特征值均小于 0 的局部均衡点为演化稳定策略。

表 9.5　供应链企业知识共享演化博弈局部稳定分析结果 2

局部均衡点	J'_{11}	J'_{22}	J'_{33}
(0,0,0)	$-C_A$	$-(1+\psi)C_B + \psi C_C$	$-(1+\psi)C_C + \psi C_B$
(0,0,1)	$X_{AC} - C_A$	$-(1+\psi)C_B + \psi C_C$	$(1+\psi)C_C - \psi C_B$
(0,1,0)	$X_{AB} - C_A$	$(1+\psi)C_B - \psi C_C$	$-(1+\psi)C_C + \psi C_B$
(0,1,1)	$X_{AB} + X_{AC} - C_A$	$(1+\psi)C_B - \psi C_C$	$(1+\psi)C_C - \psi C_B$
(1,0,0)	C_A	$(1+\psi)X_B - \psi X_C - (1+\psi)C_B + \psi C_C$	$(1+\psi)X_C - \psi X_B - (1+\psi)C_C + \psi C_B$
(1,0,1)	$-X_{AC} + C_A$	$(1+\psi)X_B - \psi X_C - (1+\psi)C_B + \psi C_C$	$-(1+\psi)X_C + \psi X_B + (1+\psi)C_C - \psi C_B$
(1,1,0)	$-X_{AB} + C_A$	$-(1+\psi)X_B + \psi X_C + (1+\psi)C_B - \psi C_C$	$(1+\psi)X_C - \psi X_B - (1+\psi)C_C + \psi C_B$
(1,1,1)	$-X_{AB} - X_{AC} + C_A$	$-(1+\psi)X_B + \psi X_C + (1+\psi)C_B - \psi C_C$	$-(1+\psi)X_C + \psi X_B + (1+\psi)C_C - \psi C_B$

首先，在点 $(1,0,0)$ 处，由于 $J'_{11} = C_A > 0$ 恒成立，故点 $(1,0,0)$ 不是演化稳定点。其次，当 $(1+\psi)C_B < \psi C_C$ 时，$(1+\psi)C_C > \psi C_B$，则在点 $(0,1,1)$ 三个特征值都小于 0 的情况不存在，因此点 $(0,1,1)$ 也不是演化稳定点。最后，可能的演化稳定点有 6 个，具体如表 9.6 所示。其中，"＋"代表符号为正，"－"代表符号为负，"*"代表符号不确定。

表 9.6　横向公平关切下均衡点的稳定性

情形	均衡点	J'_{11}	J'_{22}	J'_{33}	ESS
$X_{AC} > C_A$、$X_{AB} > C_A$、$(1+\psi)C_B > \psi C_C$、$(1+\psi)C_C < \psi C_B$ $(1+\psi)X_C > \psi X_B$、$(1+\psi)X_B < \psi X_C$	$(0,0,0)$	−	−	+	
	$(0,0,1)$	+	−	−	
	$(0,1,0)$	+	+	+	
	$(1,0,1)$	−	−	−	$(1,0,1)$
	$(1,1,0)$	−	+	+	
	$(1,1,1)$	−	+	−	
$X_{AC} > C_A$、$X_{AB} > C_A$、$(1+\psi)C_B < \psi C_C$、$(1+\psi)C_C > \psi C_B$ $(1+\psi)X_C < \psi X_B$、$(1+\psi)X_B > \psi X_C$	$(0,0,0)$	−	+	−	
	$(0,0,1)$	+	+	+	
	$(0,1,0)$	+	−	−	
	$(1,0,1)$	−	+	+	$(1,1,0)$
	$(1,1,0)$	−	−	−	
	$(1,1,1)$	−	−	+	
$X_{AC} > C_A$、$X_{AB} > C_A$、$(1+\psi)C_B < \psi C_C$、$(1+\psi)C_C < \psi C_B$ $(1+\psi)X_B > \psi X_C$、$(1+\psi)X_C > \psi X_B$	$(0,0,0)$	−	+	+	
	$(0,0,1)$	+	+	−	
	$(0,1,0)$	+	−	+	
	$(1,0,1)$	−	+	−	$(1,1,1)$
	$(1,1,0)$	−	−	+	
	$(1,1,1)$	−	−	−	
$(1+\psi)C_B > \psi C_C$、$(1+\psi)C_C > \psi C_B$	$(0,0,0)$	−	−	−	
	$(0,0,1)$	*	−	+	
	$(0,1,0)$	*	+	−	
	$(1,0,1)$	*	*	*	$(0,0,0)$
	$(1,1,0)$	*	*	*	
	$(1,1,1)$	*	*	*	

情形 1：当 $X_{AC} > C_A$、$X_{AB} > C_A$、$(1+\psi)C_B > \psi C_C$、$(1+\psi)C_C < \psi C_B$、$(1+\psi)X_C > \psi X_B$、$(1+\psi)X_B < \psi X_C$ 时，点 $(1,0,1)$ 为演化稳定点，即当企业 A 共享知识所得收益高于其付出的成本，而企业 C 的共享收益高于企业 B 且其共享成本低于企业 B 时，不论三家企业的最初策略如何，最终的演化结果为企业 A 和企业 C 共享知识，企业 B 不共享知识。

情形 2：当 $X_{AC} > C_A$、$X_{AB} > C_A$、$(1+\psi)C_B < \psi C_C$、$(1+\psi)C_C > \psi C_B$、$(1+\psi)X_C < \psi X_B$、$(1+\psi)X_B > \psi X_C$，点 $(1,1,0)$ 为演化稳定点，即当企业 A 共享知识所得收益高于其付出的成本，而企业 B 的共享收益高于企业 C 且其共享成本低于企业 C 时，不论三家企业的最初策略如何，最终的演化结果为企业 A 和企业 B 共享知识，企业 C 不共享知识。

情形 3：当 $X_{AC} > C_A$、$X_{AB} > C_A$、$(1+\psi)C_B < \psi C_C$、$(1+\psi)C_C < \psi C_B$、$(1+\psi)X_B > \psi X_C$、$(1+\psi)X_C > \psi X_B$ 时，点 $(1,1,1)$ 为演化稳定点，即当企业 A 共享知识所得收益高于其付出的成本，在横向公平关切影响下，企业 B 和企业 C 认为自身利润较高时，三家企业最终都会选择共享知识。

情形 4：当 $(1+\psi)C_B > \psi C_C$、$(1+\psi)C_C > \psi C_B$ 时，点 $(0,0,0)$ 为演化稳定点，即在横向公平关切的影响下，当企业 B 和企业 C 认为自身所耗费的共享成本高于对方时，双方企业都不会选择共享知识，在这种情况下三家企业的最终共享策略只会是不共享知识。

9.2.3　基于公平的知识共享决策仿真

1. 纵向公平的知识共享决策仿真

1）初始仿真

基于纵向公平关切下的演化稳定策略分析过程可知，只有各参数满足 $X_{AB} > C_{AB}$、$X_B > C_B$ 的条件时，企业的共享策略才有可能稳定于"共享"，其他条件下不论参数如何变化，企业间的共享策略都是"不共享"。因此，本节的仿真在 $X_{AB} > C_{AB}$ 和 $X_B > C_B$ 的前提下为参数赋值。假设模型中的参数赋值为：$K_{AB} = K_B = 10$，$\beta_A = \beta_B = 0.5$，$\mu_{AB} = 2$，$\lambda_{AB} = \lambda_B = 0.5$，$\eta_1 = 0.3$，$l_A = l_B = 0.3$，$c_{2A} = c_{2B} = 10$，以企业 B 为例，图 9.14 为企业 A 在 0.3 和 0.7 概率共享知识的情况下企业 B 的知识共享演化路径，从图 9.14 中可以看出在企业间知识共享水平为 10 的情况下，不论企业 B 以多大概率共享知识，企业最终的共享结果都会稳定于"共享"，且当合作企业的共享概率较大时，收敛速度会加快。

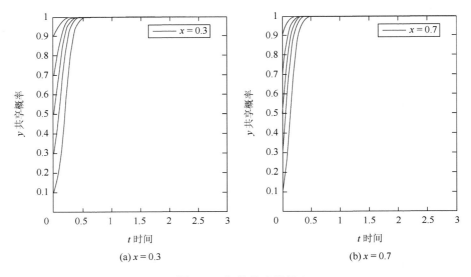

图 9.14　初始仿真结果

2）知识共享量对演化路径的影响

保持初始仿真中的其他参数不变,将企业间的知识共享水平修改为 $K_{AB} = K_B = 20$ 和 25，由此得到如图 9.15 所示的演化结果。从图 9.15 中可以看出，当企业间的知识共享水平为 20 时，在企业 A 以 0.3 的概率、企业 B 以 0.1 的概率共享知识时，企业 B 的演化结果改变为"不共享"，其他概率下的知识共享策略保持不变，收敛

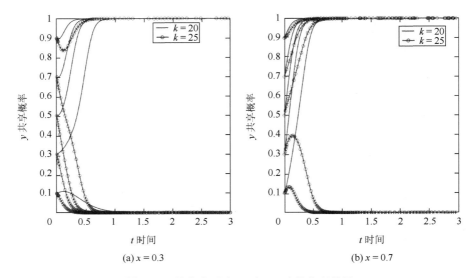

图 9.15　共享水平为 20 和 25 时的仿真结果

速度降低。继续提升企业间的共享水平可以发现仅仅在企业 B 以极高概率共享知识时才能使共享策略稳定于"共享"。同样地，提高企业 A 的共享概率，企业 B 的共享策略更易稳定于"共享"。

究其原因在于企业的学习能力是有限的，当共享过多知识时，企业不能将全部知识吸收进而转化为自身收益，而共享知识所付出的成本是随知识量增加的，此时企业的获益是减少的，共享更多知识反而不易形成稳定的"共享"策略。

3）协同收益分配系数对演化路径的影响

保持初始仿真中其他参数不变，将企业间的知识共享水平修改为 $K_{AB} = K_B = 20$，企业 A 和企业 B 之间的分配系数修改为 $\lambda_{AB} = 0.7$ 和 $\lambda_B = 0.3$，可得到如图 9.16 所示的演化结果。从图 9.16 中可以看出，企业 A 和企业 B 之间的协同收益分配策略不会对企业共享策略的演化结果造成影响，因为此时企业是能够获益的，但当企业获得较少的收益分配时，其达到稳定策略的速度显著降低，共享概率越低，收敛速度越慢。平均分配企业合作所带来的收益时收敛速度是最快的。

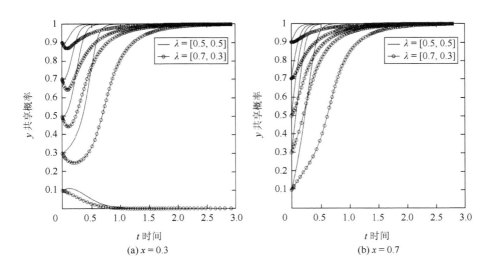

图 9.16　企业 A、企业 B 之间的分配系数分别为 0.7 与 0.3 时的仿真结果

4）纵向公平关切系数对演化路径的影响

保持初始仿真中其他参数不变，将企业间的知识共享水平修改为 $K_{AB} = K_B = 20$，企业 A 和企业 B 之间的纵向公平关切系数修改为 $\eta_1 = 0.7$，可得到如图 9.17 所示的演化结果。从图 9.17 中可以看出，纵向公平关切系数对企业间共享策略的影响几乎可以忽略不计，相比于合作企业的利润，企业更关心是企业合作所带来的协同收益的分配问题。究其原因在于：从企业的利润构成，即直接收益、协同收益

和共享成本看，直接收益和共享成本都与企业自身能力相关，公平关切并不能改变这部分的结果，而协同收益是企业 B 和企业 A 合作共同创造的收益，甚至此过程中还可能产生新的知识，双方均对此产生了共享，因此，企业会更加关注协同收益的分配，而非双方的收益差距。

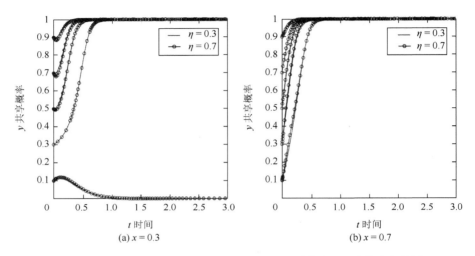

图 9.17　企业 A、企业 B 之间的纵向公平关切系数为 0.7 时的仿真结果

2. 横向公平的知识共享决策仿真

本节分析横向公平关切系数对演化路径的影响，为对横向公平关切和纵向公平关切下的演化路径进行对比，依旧以企业 B 为例进行仿真。为和纵向公平关切条件下的仿真路径进行对比，三家企业能够共享知识需满足条件 $X_{AC} > C_A$、$X_{AB} > C_A$、$(1+\psi)C_B < \psi C_C$、$(1+\psi)C_C < \psi C_B$、$(1+\psi)X_B > \psi X_C$、$(1+\psi)X_C > \psi X_B$，因此，本节的参数赋值在该条件和纵向公平关切下企业能够达成合作的条件下设置。假设各参数取值如下：$\beta_A = 0.7$，$\beta_B = \beta_C = 0.5$，$K_{AB} = 30$，$K_{AC} = 35$，$K_B = 30$，$K_C = 37$，$\psi = 0.7$，$\lambda_{AB} = 0.4$，$\lambda_{AC} = 0.7$，$\lambda_B = 0.6$，$\mu_{AB} = 4$，$\mu_{AC} = 5$，$l_A = 0.1$，$l_B = 0.2$，$l_C = 0.3$，$\lambda_C = 0.3$，$c_A = c_B = c_C = 10$。由此可得到如图 9.18 所示的演化路径。其中，带圈曲线代表横向公平关切下的演化路径，无圈曲线代表纵向公平关切下的演化路径，从图 9.18 中可以看出，在横向公平关切的影响下，企业的共享策略很难达到稳定的"共享"状态，即便短期内企业的共享策略稳定在了"共享"，但由于其过于关注与同级企业间的收入差距，在认为自身效益不如同级企业时拒绝共享知识，最终导致合作的失败。而同等条件下，纵向公平关切影响下企业的共享策略为"共享"，可见从长远来看，供应链企业间的横向公平关切心理不利于企业间的合作。

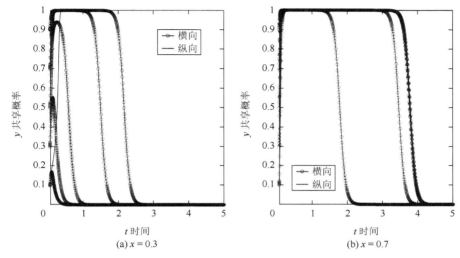

(a) $x = 0.3$　　　　　　(b) $x = 0.7$

图 9.18　横向公平关切系数为 0.7 时的仿真结果

基于上述分析可得出如下结论。

（1）恰当水平的知识共享量有利于企业间的知识共享，比如在纵向公平关切条件下，知识共享量在[10, 20]范围内更易达成合作。一旦知识共享量超出企业对知识的吸收能力，共享过多的知识量反而不利于企业间知识的共享。

（2）企业间的协同收益分配系数不会对企业共享策略的结果产生影响，但会影响其共享策略的演化路径，收益分配越均匀，共享策略收敛于"共享"状态的速度越快；反之，收敛速度越慢。

（3）在纵向公平关切下，相比于企业间的收入差距，企业更关心其协同收益的分配公平，企业间的收入差距对企业共享策略演化结果的影响可忽略不计。

（4）从短期看，企业间的横向公平关切不会对企业间的知识共享造成太大影响，但从长期看，供应链同级企业间的竞争会打击企业的知识共享行为，不利于形成企业间稳定的合作。

综上所述，若要促进供应链上的企业进行知识共享，应给予恰当的引导，使其关注自身及供应链整体的效益，避免其过分关心竞争者收益而陷入恶意竞争。

9.3　基于公平和信任的知识共享演化博弈

9.3.1　公平、信任和知识共享的关系

1. 公平与信任对知识共享的影响

本节将纵向公平关切、横向公平关切和信任影响下的企业的知识共享条件和

演化稳定条件进行对比可得到如表 9.7 所示的结果，由于本书未在信任因素影响下考虑横向公平关切，故表中信任因素下的结果仅包含企业 A 和企业 B 两个企业，且从 9.2 节的分析可以看出纵向公平关切下企业 B 和企业 C 的演化路径相同，同理，信任因素影响下企业 B 和企业 C 的演化稳定策略也相同，因此可以以企业 B 为代表。据此，可得出分析结果如表 9.7 所示。

表 9.7　三种影响因素下的知识共享对比

对象 影响因素		企业 A	企业 B	企业 C
纵向公平关切	共享条件	自身共享收益大于共享成本	自身共享收益大于共享成本	自身共享收益大于共享成本
	演化稳定情况	①企业 B 和企业 C 的收益均大于其共享成本：共享、不共享 ②企业 B 或者企业 C 的收益大于其共享成本：共享、不共享 ③企业 B 和企业 C 的收益均不大于其共享成本：不共享	①企业 A 的共享收益大于其共享成本：共享、不共享 ②企业 A 的共享收益小于其共享成本：不共享	①企业 A 的共享收益大于其共享成本：共享、不共享 ②企业 A 的共享收益小于其共享成本：不共享
横向公平关切	共享条件	自身共享收益大于共享成本	企业 A 共享收益大于企业 C 共享收益，企业 A 共享成本小于企业 C 的共享成本	企业 A 共享收益大于企业 B 共享收益，企业 A 共享成本小于企业 B 共享成本
	演化稳定情况	①企业 B 和企业 C 认为自身利润高于对方时：共享、不共享 ②企业 B 和企业 C 认为自身成本高于对方时：不共享	①企业 A 的收益大于其共享成本：共享、不共享 ②企业 A 的收益小于其共享成本：不共享	①企业 A 的收益大于其共享成本：共享、不共享 ②企业 A 的收益小于其共享成本：不共享
信任	共享条件	自身共享收益大于共享成本	自身共享收益大于共享成本	—
	演化稳定情况	①企业 B 的收益大于其共享成本：共享、不共享 ②企业 B 的收益小于其共享成本：不共享	①企业 A 的收益大于其共享成本：共享、不共享 ②企业 A 的收益小于其共享成本：不共享	—

从表 9.7 中可以看出，企业进行知识共享的条件在纵向公平关切和信任的影响下是相同的，即企业的共享收益大于其共享成本，也证明企业获益是企业进行知识共享的前提。而企业知识共享行为最终的演化稳定情况取决于合作企业的知识共享行为，若合作企业由于入不敷出而选择不共享知识，则最终企业也会选择不共享知识，存在合作企业起初共享知识但最终会趋向于不共享知识的可能。可见，在供应链中企业间的知识共享最终稳定情况只会是都不共享知识或者至少两家企业共享知识两种结果。

在横向公平关切下，由于本书假设的供应链中上游企业仅有企业 A 一家企业，故其不受横向公平关切的影响，其共享知识的前提条件依旧是自身共享知识所获收益高于共享知识所付出的成本，而下游的两家企业共享知识的前提为自身收益高于对方且自身成本低于对方，也就是说企业自身收益高于共享成本不再是企业 B 和企业 C 共享知识的前提条件。

这种情况既有利也有弊，有弊的原因有两点：一是在当前共享条件下有可能其自身收益是大于其成本的，也有可能其收益是低于成本的，若企业长期处于收益低于成本的情况，那么即使有横向公平关切的影响，企业 B 或者企业 C 也会选择不共享知识；二是若企业的知识共享成本高于对方，那么即使此时共享知识能够获益，企业也会选择不共享知识，最终导致合作无法达成。

有利则是在下游企业初期不能从共享知识中获益时，若能恰到好处地利用同级企业间的公平关切心理，则可以让双方均认为其自身效益较好，进而在企业 A 选择共享知识时实现供应链全体企业间的知识共享，在后续其共享收益足以满足其共享成本后，这种供应链全体企业共享知识的情况便可稳定下来，进而促进供应链整体效益的提升。而若后续合作不足以带来利润，仍旧会损害企业自身和供应链整体的效益。因此，综合来讲横向公平关切不利于企业间的知识共享合作。

2. 两类公平与信任的相互关系

假设公平与信任之间的相关关系不随时间发生改变，本节模型在静态下进行分析。由 9.2 节的结论可知，纵向公平关切对知识共享的影响可以忽略不计，影响纵向企业间知识共享行为的是企业间的利益分配，因此，参照第 4 章的模型添加横向公平关切因素，构建公平和信任共同影响下的知识共享决策模型，符号说明如表 9.8 所示。

表 9.8　符号说明 2

影响因素	符号	含义
知识量	K_i	企业 i 可共享的知识总量，$i \in \{A, B, C\}$
知识单位价值系数	ω_i	企业 i 的知识单位价值系数，$i \in \{A, B, C\}$
吸收能力	θ_i	企业 i 的知识吸收能力，$i \in \{A, B, C\}$
单位成本系数	l_i	企业 i 共享知识的单位成本系数，$i \in \{A, B, C\}$
时间等成本	c_i	企业 i 共享知识的时间等成本，$i \in \{A, B, C\}$
协同收益系数	μ_j	企业 A 与企业 B 和企业 C 合作创收的收益系数，$j \in \{AB, AC\}$
收益分配系数	λ_z	企业间的收益分配系数，$z \in \{AB, B, AC, C\}$，其中 $\lambda_{AB} + \lambda_B = 1$，$\lambda_{AC} + \lambda_C = 1$

影响因素	符号	含义
互动公平	β_i	企业间的互动公平水平，$i \in \{A, B, C\}$
情感信任	t_{1z}	企业间的情感信任水平，$z \in \{AB, B, AC, C\}$，$t_{1z} \in [0,1]$
可信信任	t_{2z}	企业间的可信信任水平，$z \in \{AB, B, AC, C\}$，$t_{2z} \in [0,1]$
横向公平关切系数	δ	企业 B 与企业 C 之间的横向公平关切系数
纵向公平关切系数	ϕ_i	企业 A 与企业 B 或者企业 C 之间的纵向公平关切系数

注：δ 同前文 ψ，ϕ 同前文 η。

1）纵向公平与信任的关系

由于企业 B 和企业 C 之间不存在知识共享，企业 A 与企业 B 和企业 A 与企业 C 之间的交易相对独立，故本节以企业 A 和企业 B 之间的共享为例探讨纵向公平与信任之间的关系，为简化模型，假设企业 A 和企业 B 对彼此的信任水平相同，情感信任和可信信任分别为 t_{11} 和 t_{21}。与前文类似，两家企业的收益均由直接收益、协同收益和成本构成，企业 A 和企业 B 的收益 U_A 和 U_B 分别为

$$U_A = (1+\phi_1)\left[t_{21}t_{11}K_B\omega_B\theta_A + \mu_{AB}\lambda_{AB}t_{11}(K_A+K_B) - \frac{1}{2}l_A t_{11}^2 K_A^2 - c_A\right] \tag{9.24}$$
$$- \phi_1\left[t_{21}t_{11}K_A\omega_A\theta_B + \mu_{AB}\lambda_B t_{11}(K_A+K_B) - \frac{1}{2}l_B t_{11}^2 K_B^2 - c_B\right]$$

$$U_B = (1+\phi_1)\left[t_{21}t_{11}K_A\omega_A\theta_B + \mu_{AB}\lambda_B t_{11}(K_A+K_B) - \frac{1}{2}l_B t_{11}^2 K_B^2 - c_B\right] \tag{9.25}$$
$$- \phi_1\left[t_{21}t_{11}K_B\omega_B\theta_A + \mu_{AB}\lambda_{AB}t_{11}(K_A+K_B) - \frac{1}{2}l_A t_{11}^2 K_A^2 - c_A\right]$$

在式（9.24）和式（9.25）中分别对 K_A 和 K_B 求偏导可得

$$\begin{cases} \dfrac{\partial U_A}{K_A} = (1+\phi)(-K_A l_A t_{11}^2 + \lambda_{AB}t_{11}\mu_{AB}) - \phi(\lambda_B t_{11}\mu_{AB} + \theta_B t_{11}t_{21}\omega_A) \\ \dfrac{\partial U_B}{K_B} = (1+\phi)(-K_B l_B t_{11}^2 + \lambda_B t_{11}\mu_{AB}) - \phi(\lambda_{AB}t_{11}\mu_{AB} + \theta_A t_{11}t_{21}\omega_B) \end{cases} \tag{9.26}$$

令式（9.26）中的偏导数等于 0，可求得

$$K_A = \frac{\phi(\lambda_B t_{11}\mu_{AB} + \theta_B t_{11}t_{21}\omega_A) - (1+\phi)\lambda_{AB}t_{11}\mu_{AB}}{(1+\phi)l_A t_{11}^2}$$

$$K_B = \frac{\phi(\lambda_{AB}t_{11}\mu_{AB} + \theta_A t_{11}t_{21}\omega_B) - (1+\phi)\lambda_B t_{11}\mu_{AB}}{(1+\phi)l_B t_{11}^2}$$

将 K_A 和 K_B 的值代入式（9.24）可得

$$U_A = (1+\phi_1)\left\{ t_{21}t_{11}\omega_B\theta_A \frac{\phi(\lambda_{AB}t_{11}\mu_{AB} + \theta_A t_{11}t_{21}\omega_B) - (1+\phi)\lambda_B t_{11}\mu_{AB}}{(1+\phi)l_B t_{11}^2} \right.$$

$$+ \mu_{AB}\lambda_{AB}t_{11}\left[\frac{\phi(\lambda_B t_{11}\mu_{AB} + \theta_B t_{11}t_{21}\omega_A) - (1+\phi)\lambda_{AB}t_{11}\mu_{AB}}{(1+\phi)l_A t_{11}^2} \right.$$

$$\left. + \frac{\phi(\lambda_{AB}t_{11}\mu_{AB} + \theta_A t_{11}t_{21}\omega_B) - (1+\phi)\lambda_B t_{11}\mu_{AB}}{(1+\phi)l_B t_{11}^2} \right]$$

$$\left. - \frac{1}{2}l_A t_{11}^2\left[\frac{\phi(\lambda_B t_{11}\mu_{AB} + \theta_B t_{11}t_{21}\omega_A) - (1+\phi)\lambda_{AB}t_{11}\mu_{AB}}{(1+\phi)l_A t_{11}^2} \right]^2 - c_A \right\}$$

$$- \phi_1\left\{ t_{21}t_{11}\omega_A\theta_B \frac{\phi(\lambda_B t_{11}\mu_{AB} + \theta_B t_{11}t_{21}\omega_A) - (1+\phi)\lambda_{AB}t_{11}\mu_{AB}}{(1+\phi)l_A t_{11}^2} \right.$$

$$+ \mu_{AB}\lambda_B t_{11}\left[\frac{\phi(\lambda_B t_{11}\mu_{AB} + \theta_B t_{11}t_{21}\omega_A) - (1+\phi)\lambda_{AB}t_{11}\mu_{AB}}{(1+\phi)l_A t_{11}^2} \right.$$

$$\left. + \frac{\phi(\lambda_{AB}t_{11}\mu_{AB} + \theta_A t_{11}t_{21}\omega_B) - (1+\phi)\lambda_B t_{11}\mu_{AB}}{(1+\phi)l_B t_{11}^2} \right]$$

$$\left. - \frac{1}{2}l_B t_{11}^2\left[\frac{\phi(\lambda_{AB}t_{11}\mu_{AB} + \theta_A t_{11}t_{21}\omega_B) - (1+\phi)\lambda_B t_{11}\mu_{AB}}{(1+\phi)l_B t_{11}^2} \right]^2 - c_B \right\} \qquad (9.27)$$

在式（9.27）中对 t_{21} 求偏导可得

$$\frac{\partial U_A}{\partial t_{21}} = -\phi\left\{ -\frac{\phi\theta_B^2 t_{21}\omega_A^2}{l_A(1+\phi)} - \frac{\theta_B\omega_A(-(1+\phi)\lambda_{AB}t_{11}\mu_{AB} + \phi(\lambda_B t_{11}\mu_{AB} + \theta_B t_{11}t_{21}\omega_A))}{l_A t_{11}(1+\phi)} \right.$$

$$+ \lambda_B t_{11}\mu_{AB}\left[-\frac{\phi\theta_B\omega_A}{l_A t_{11}(1+\phi)} + \frac{\phi\theta_A\omega_B}{l_B t_{11}(1+\phi)} \right]$$

$$\left. - \frac{\phi\theta_A\omega_B(-(1+\phi)\lambda_B t_{11}\mu_{AB} + \phi(\lambda_{AB}t_{11}\mu_{AB} + \theta_A t_{11}t_{21}\omega_B))}{l_B t_{11}(1+\phi)^2} \right\}$$

$$\hspace{8cm} (9.28)$$

$$+ (1+\phi)\left\{ -\frac{\phi\omega_A\theta_B(-(1+\phi)\lambda_{AB}t_{11}\mu_{AB} + \phi(\lambda_B t_{11}\mu_{AB} + \theta_B t_{11}t_{21}\omega_A))}{l_A t_{11}(1+\phi)^2} \right.$$

$$+ \frac{\phi\theta_A^2 t_{21}\omega_B^2}{l_B(1+\phi)} + \lambda_{AB}\mu_{AB}\left[-\frac{\phi\theta_B\omega_A}{l_A(1+\phi)} + \frac{\phi\omega_B\theta_A}{l_B(1+\phi)} \right]$$

$$\left. + \frac{\theta_A\omega_B(-(1+\phi)\lambda_{AB}t_{11}\mu_{AB} + \phi(\lambda_{AB}t_{11}\mu_{AB} + \theta_A t_{11}t_{21}\omega_B))}{l_B t_{11}(1+\phi)} \right\}$$

令式（9.28）等于 0 可得到企业 A 与企业 B 之间以情感信任水平 t_{21} 为因变量、纵向公平关切系数 ϕ 为自变量的函数关系式，在关系式中对 ϕ 求偏导可得

$$\frac{\partial t_{21}}{\partial \phi} = \frac{\mu_{AB} l_B \theta_B \omega_A [(1+\phi)^3 \lambda_{AB} - \phi(2+3\phi+\phi^2)\lambda_B]}{\phi(1+\phi)[l_B \phi(1+\phi)\theta_B^2 \omega_A^2 + l_A(2+4\phi+3\phi^2)\theta_A^2 \omega_B^2]}$$

$$+ \frac{\mu_{AB} l_A \theta_A \omega_B [(-2-6\phi-9\phi^2-3\phi^3)\lambda_{AB} + (1+7\phi+9\phi^2+3\phi^3)\lambda_B]}{\phi(1+\phi)[l_B \phi(1+\phi)\theta_B^2 \omega_A^2 + l_A(2+4\phi+3\phi^2)\theta_A^2 \omega_B^2]}$$

$$- \frac{l_A l_B (1+\phi)[l_B \phi(2+3\phi+\phi^2)\theta_B^2 \omega_A^2 + l_A(2+6\phi+9\phi^2+3\phi^3)\theta_A^2 \omega_B^2]}{\phi^2 [l_B \phi(1+\phi)\theta_B^2 \omega_A^2 + l_A(2+4\phi+3\phi^2)\theta_A^2 \omega_B^2]^2} \quad （9.29）$$

$$\times \left[\frac{\phi \theta_B \mu_{AB} \omega_A (\lambda_{AB} - \lambda_B)}{l_A} + \frac{\phi^2 \theta_A \lambda_B \mu_{AB} \omega_B}{l_B(1+\phi)} \right.$$

$$\left. + \frac{\theta_A(\lambda_B + \phi^3(-3\lambda_{AB} + 2\lambda_B) + \phi(-2\lambda_{AB} + 3\lambda_B) - 4\phi^2(\lambda_{AB} - \lambda_B))}{l_B(1+\phi)^2} \right]$$

对式（9.29）进行简化，令 $A = \phi(1+\phi)[l_B \phi(1+\phi)\theta_B^2 \omega_A^2 + l_A(2+4\phi+3\phi^2)\theta_A^2 \omega_B^2]$，$B = \dfrac{l_A l_B(1+\phi)[l_B \phi(2+3\phi+\phi^2)\theta_B^2 \omega_A^2 + l_A(2+6\phi+9\phi^2+3\phi^3)\theta_A^2 \omega_B^2]}{\phi^2 [l_B \phi(1+\phi)\theta_B^2 \omega_A^2 + l_A(2+4\phi+3\phi^2)\theta_A^2 \omega_B^2]^2}$，由此，式（9.29）转化为式（9.30）。

$$\frac{\partial t_{21}}{\partial \phi} = \frac{\mu_{AB} l_B \theta_B \omega_A [(1+\phi)^3 \lambda_{AB} - \phi(2+3\phi+\phi^2)\lambda_B]}{A}$$

$$+ \frac{\mu_{AB} l_A \theta_A \omega_B [(-2-6\phi-9\phi^2-3\phi^3)\lambda_{AB} + (1+7\phi+9\phi^2+3\phi^3)\lambda_B]}{A}$$

$$- B \left[\frac{\phi \theta_B \mu_{AB} \omega_A (\lambda_{AB} - \lambda_B)}{l_A} + \frac{\phi^2 \theta_A \lambda_B \mu_{AB} \omega_B}{l_B(1+\phi)} + \frac{\theta_A(\lambda_B + \phi^3(-3\lambda_{AB} + 2\lambda_B))}{l_B(1+\phi)^2} \right.$$

$$\left. + \frac{\theta_A(\phi(-2\lambda_{AB} + 3\lambda_3) - 4\phi^2(\lambda_{AB} - \lambda_B))}{l_B(1+\phi)^2} \right] \quad （9.30）$$

基于前述章节分析可知，企业间的协同收益进行平均分配时更利于达到稳定的合作共享状态，因此本节针对 $\lambda_{AB} = \lambda_B = 0.5$ 的情况进行讨论，此时 $\dfrac{\partial t_{21}}{\partial \phi}$ 的结果为

$$\frac{\partial t_{21}}{\partial \phi} = \frac{\mu_{AB} l_B \theta_B \omega_A(1+\phi) + \mu_{AB} l_A \theta_A \omega_B(-1+\phi)}{2A}$$

$$- B \left[\frac{\phi^2 \theta_A \lambda_B \mu_{AB} \omega_B}{l_B(1+\phi)} + \frac{\theta_A(0.5 - 0.5\phi^3 + 0.5\phi)}{l_B(1+\phi)^2} \right] \quad （9.31）$$

由式（9.31）可得到结论 1。

结论 1：当 $\dfrac{\mu_{AB}l_B\theta_B\omega_A(1+\phi)+\mu_{AB}l_A\theta_A\omega_B(-1+\phi)}{2A}>B\left[\dfrac{\phi^2\theta_A\lambda_B\mu_{AB}\omega_B}{l_B(1+\phi)}+\dfrac{\theta_A(0.5-0.5\phi^3+0.5\phi)}{l_B(1+\phi)^2}\right]$

时，企业间的可信信任与纵向公平关切系数正相关，即纵向公平关切对可信信任有促

进作用，当 $\dfrac{\mu_{AB}l_B\theta_B\omega_A(1+\phi)+\mu_{AB}l_A\theta_A\omega_B(-1+\phi)}{2A}<B\left[\dfrac{\phi^2\theta_A\lambda_B\mu_{AB}\omega_B}{l_B(1+\phi)}+\dfrac{\theta_A(0.5-0.5\phi^3+0.5\phi)}{l_B(1+\phi)^2}\right]$

时，企业间的可信信任与纵向公平关切系数负相关，即企业间的纵向公平关切行
为会降低企业间的可信信任。

同理，在式（9.27）中对 t_{11} 求偏导后令偏导数为 0，从公式中可以看出式子
的每一项包含参数 t_{11}，无法求得情感信任与纵向公平关切之间的关系，由此，可
得到结论 2。

结论 2：企业间的情感信任与纵向公平关切之间互不影响，情感信任取决于
企业间存在的家人、朋友、师生关系等情感联系以及企业间合作沟通过程中产生
的情感。

2）横向公平与信任的关系

基于前文分析，企业 A、企业 B 与企业 C 的收益分别见式（9.32）、式（9.33）
和式（9.34）。

$$\begin{aligned}\overline{U_A}={}&t_{21}t_{11}K_B\omega_B\theta_A+\mu_{AB}\lambda_{AB}t_{11}(K_A+K_B)-\frac{1}{2}l_At_{11}^2K_A^2-c_{AB}\\&+t_{22}t_{12}K_C\omega_C\theta_A+\mu_{AC}\lambda_{AC}t_{12}(K_A+K_C)-\frac{1}{2}l_At_{12}^2K_A^2-c_{AC}\end{aligned}\tag{9.32}$$

$$\begin{aligned}\overline{U_B}={}&(1+\delta)\left[t_{21}t_{11}K_A\omega_A\theta_B+\mu_{AB}\lambda_Bt_{11}(K_A+K_B)-\frac{1}{2}l_Bt_{11}^2K_B^2-c_B\right]\\&-\delta\left[t_{22}t_{12}K_A\omega_A\theta_C+\mu_{AC}\lambda_Ct_{12}(K_A+K_C)-\frac{1}{2}l_Ct_{12}^2K_C^2-c_C\right]\end{aligned}\tag{9.33}$$

$$\begin{aligned}\overline{U_C}={}&(1+\delta)\left[t_{22}t_{12}K_A\omega_A\theta_C+\mu_{AC}\lambda_Ct_{12}(K_A+K_C)-\frac{1}{2}l_Ct_{12}^2K_C^2-c_C\right]\\&-\delta\left[t_{21}t_{11}K_A\omega_A\theta_B+\mu_{AB}\lambda_Bt_{11}(K_A+K_B)-\frac{1}{2}l_Bt_{11}^2K_B^2-c_B\right]\end{aligned}\tag{9.34}$$

首先求得三家企业的知识共享水平，分别对式（9.32）～式（9.34）求偏导
可得

$$\begin{cases} \dfrac{\partial \overline{U_A}}{\partial K_A} = \mu_{AB}\lambda_{AB}t_{11} - l_At_{11}^2K_A + \mu_{AC}\lambda_{AC}t_{12} - l_At_{12}^2K_A \\[3mm] \dfrac{\partial \overline{U_B}}{\partial K_B} = (1+\delta)(\mu_{AB}\lambda_Bt_{11} - l_Bt_{11}^2K_B) \\[3mm] \dfrac{\partial \overline{U_C}}{\partial K_C} = (1+\delta)(\mu_{AC}\lambda_Ct_{12} - l_Ct_{12}^2K_C) \end{cases} \quad (9.35)$$

令式（9.35）中的偏导数等于 0，可得 $K_A = \dfrac{\mu_{AB}\lambda_{AB}t_{11} + \mu_{AC}\lambda_{AC}t_{12}}{l_A(t_{11}^2+t_{12}^2)}$，$K_B = \dfrac{\mu_{AB}\lambda_B}{l_Bt_{11}}$，

$K_C = \dfrac{\mu_{AC}\lambda_C}{l_Ct_{12}}$，将上述值代入式（9.33）中后可得到企业 B 的收益如下：

$$\begin{aligned} \overline{U_B} = (1+\delta)\Bigg[&t_{21}t_{11}\omega_A\theta_B\frac{\mu_{AB}\lambda_{AB}t_{11} + \mu_{AC}\lambda_{AC}t_{12}}{l_A(t_{11}^2+t_{12}^2)} \\ &+ \mu_{AB}\lambda_Bt_{11}\left(\frac{\mu_{AB}\lambda_{AB}t_{11} + \mu_{AC}\lambda_{AC}t_{12}}{l_A(t_{11}^2+t_{12}^2)} + \frac{\mu_{AB}\lambda_B}{l_Bt_{11}}\right) \\ &- \frac{1}{2}l_Bt_{11}^2\left(\frac{\mu_{AB}\lambda_B}{l_Bt_{11}}\right)^2 - c_B\Bigg] - \delta\Bigg[t_{22}t_{12}\omega_A\theta_C\frac{\mu_{AB}\lambda_{AB}t_{11} + \mu_{AC}\lambda_{AC}t_{12}}{l_A(t_{11}^2+t_{12}^2)} \\ &+ \mu_{AC}\lambda_Ct_{12}\left(\frac{\mu_{AB}\lambda_Bt_{11} + \mu_{AC}\lambda_{AC}t_{12}}{l_A(t_{11}^2+t_{12}^2)} + \frac{\mu_{AC}\lambda_C}{l_Ct_{12}}\right) - \frac{1}{2}l_Ct_{12}^2\left(\frac{\mu_{AC}\lambda_C}{l_Ct_{12}}\right)^2 - c_C\Bigg] \end{aligned} \quad (9.36)$$

在式（9.36）中对 δ 求偏导可得

$$\begin{aligned} \frac{\partial \overline{U_B}}{\partial \delta} = \Bigg[&t_{21}t_{11}\omega_A\theta_B\frac{\mu_{AB}\lambda_{AB}t_{11} + \mu_{AC}\lambda_{AC}t_{12}}{l_A(t_{11}^2+t_{12}^2)} + \mu_{AB}\lambda_Bt_{11}\left(\frac{\mu_{AB}\lambda_{AB}t_{11} + \mu_{AC}\lambda_{AC}t_{12}}{l_A(t_{11}^2+t_{12}^2)} + \frac{\mu_{AB}\lambda_B}{l_Bt_{11}}\right) \\ &- \frac{1}{2}l_Bt_{11}^2\left(\frac{\mu_{AB}\lambda_B}{l_Bt_{11}}\right)^2 - c_B\Bigg] - \Bigg[t_{22}t_{12}\omega_A\theta_C\frac{\mu_{AB}\lambda_{AB}t_{11} + \mu_{AC}\lambda_{AC}t_{12}}{l_A(t_{11}^2+t_{12}^2)} \\ &+ \mu_{AC}\lambda_Ct_{12}\left(\frac{\mu_{AB}\lambda_{AB}t_{11} + \mu_{AC}\lambda_{AC}t_{12}}{l_A(t_{11}^2+t_{12}^2)} + \frac{\mu_{AC}\lambda_C}{l_Ct_{12}}\right) - \frac{1}{2}l_Ct_{12}^2\left(\frac{\mu_{AC}\lambda_C}{l_Ct_{12}}\right)^2 - c_C\Bigg] \end{aligned}$$

$$(9.37)$$

从式（9.37）中可以看出，对企业 B 的收益针对横向公平关切系数求偏导后的式子不再有参数 δ，无法得出横向公平关切系数与信任水平的关系式，由此，可得到结论 3。

结论 3：企业 B 和企业 C 之间的横向公平关切与企业的可信信任和情感信任

均没有关系，且与纵向企业间的协同收益分配无关，其仅仅与横向企业 B 和企业 C 之间的收入差距有关。

在式（9.36）中对 λ_B 求偏导可得

$$\frac{\partial \overline{U_B}}{\partial \lambda_B} = (1+\delta)\left[\mu_{AB} t_{11} \frac{\mu_{AB}\lambda_{AB}t_{11} + \mu_{AC}\lambda_{AC}t_{12}}{l_A(t_{11}^2 + t_{12}^2)} - \frac{\mu_{AB}^2 \lambda_B}{l_B} \right] \tag{9.38}$$

由于 $\dfrac{\partial^2 \overline{U_B}}{\partial \lambda_B^2} = \dfrac{\mu_{AB}^2}{l_B} < 0$，所以上式存在最大值。令 $\dfrac{\partial \overline{U_B}}{\partial \lambda_B} = 0$，可得到企业 B 的协同收益分配系数与信任水平的关系式为

$$\lambda_B = \frac{l_B t_{11}(\mu_{AB}\lambda_{AB}t_{11} + \mu_{AC}\lambda_{AC}t_{12})}{\mu_{AB}l_A(t_{11}^2 + t_{12}^2)} \tag{9.39}$$

在式（9.39）中对 t_{11} 求偏导可得

$$\frac{\partial \lambda_B}{\partial t_{11}} = \frac{2l_B t_{12}(\lambda_{AB}t_{11}t_{12}\mu_{AB} + \lambda_{AC}(-0.5t_{11}^2 + 0.5t_{12}^2)\mu_{AC})}{\mu_{AB}l_A(t_{11}^2 + t_{12}^2)} \tag{9.40}$$

由此，可得出结论 4。

结论 4： 当 $\lambda_{AB}t_{11}t_{12}\mu_{AB} + \lambda_{AC}(-0.5t_{11}^2 + 0.5t_{12}^2)\mu_{AC} > 0$ 时，协同收益分配公平与情感信任正相关；否则，协同收益分配公平与情感信任负相关。同理，当 $\lambda_{AB}t_{11}t_{12}\mu_{AB} + \lambda_{AC}(-0.5t_{11}^2 + 0.5t_{12}^2)\mu_{AC} > 0$ 时，协同收益分配公平与可信信任正相关；否则，协同收益分配公平与可信信任负相关。

9.3.2　公平和信任下知识共享决策仿真

基于 9.2 节的仿真结果可知，纵向上对知识共享决策结果影响较大的是收益分配，公平关切因对企业间的知识共享决策影响较小可忽略不计，故本节模型中在纵向上仅考虑收益分配公平和互动公平，模型中的符号说明如表 9.8 所示，由此可得到三家企业单次博弈的收益矩阵，如表 9.9 所示。

表 9.9　公平和信任共同影响下各企业的收益矩阵

博弈决策		企业 A	
		共享	不共享
企业 B	共享	$t_{2B}t_{1AB}K_A\omega_A\theta_B + \mu_{AB}\lambda_B(t_{1AB}\beta_A K_A + t_{1B}\beta_B K_B) - \frac{1}{2}l_B t_{1B}^2\beta_B^2 K_B^2 - c_B$, $t_{2AB}t_{1B}K_B\omega_B\theta_A + \mu_{AB}\lambda_{AB}(t_{1AB}\beta_A K_A + t_{1B}\beta_B K_B) - \frac{1}{2}l_A t_{1AB}^2\beta_A^2 K_A^2 - c_{AB}$	$-\frac{1}{2}l_B t_{1B}^2\beta_B^2 K_B^2 - c_B$, $t_{2AB}t_{1B}K_B\omega_B\theta_A$
	不共享	$t_{2B}t_{1AB}K_A\omega_A\theta_B$, $-\frac{1}{2}l_A t_{1AB}^2\beta_A^2 K_A^2 - c_{AB}$	0, 0

博弈决策		企业 A	
		共享	不共享
企业 C	共享	$t_{2C}t_{1AC}K_A\omega_A\vartheta_C + \mu_{AC}\lambda_C(t_{1AC}\beta_A K_A + t_{1C}\beta_C K_C) - \frac{1}{2}l_C t_{1C}^2\beta_C^2 K_C^2 - c_C$, $t_{2AC}t_{1C}K_C\omega_C\vartheta_A + \mu_{AC}\lambda_{AC}(t_{1AC}\beta_A K_A + t_{1C}\beta_C K_C) - \frac{1}{2}l_A t_{1AC}^2\beta_A^2 K_A^2 - c_{AC}$	$-\frac{1}{2}l_C t_{1C}^2\beta_C^2 K_C^2 - c_C$, $t_{2AC}t_{1C}K_C\omega_C\vartheta_A$
	不共享	$t_{2C}t_{1AC}K_A\omega_A\vartheta_C$, $-\frac{1}{2}l_A t_{1AC}^2\beta_A^2 K_A^2 - c_{AC}$	0, 0

对于企业 A 来讲，其共享知识以及不共享知识所获得的收益 U_{1A} 和 U_{2A} 分别为

$$U_{1A} = y\left[t_{2AB}t_{1B}K_B\omega_B\theta_A + \mu_{AB}\lambda_{AB}(t_{1AB}\beta_A K_A + t_{1B}\beta_B K_B) - \frac{1}{2}l_A t_{1AB}^2\beta_A^2 K_A^2 - c_{AB}\right]$$

$$+ z\left[t_{2AC}t_{1C}K_C\omega_C\theta_A + \mu_{AC}\lambda_{AC}(t_{1AC}\beta_A K_A + t_{1C}\beta_C K_C) - \frac{1}{2}l_A t_{1AC}^2\beta_A^2 K_A^2 - c_{AC}\right]$$

$$+ (1-y)\left(-\frac{1}{2}l_A t_{1AB}^2\beta_A^2 K_A^2 - c_{AB}\right) + (1-z)\left(-\frac{1}{2}l_A t_{1AC}^2\beta_A^2 K_A^2 - c_{AC}\right)$$

$$(9.41)$$

$$U_{2A} = y t_{2AB}t_{1B}K_B\omega_B\theta_A + z t_{2AC}t_{1C}K_C\omega_C\theta_A \tag{9.42}$$

如此，便可得到企业 A 的期望收益：

$$\overline{U_A} = x U_{1A} + (1-x)U_{2A} \tag{9.43}$$

企业 A 的复制动态方程为

$$\frac{\mathrm{d}x}{\mathrm{d}t} = F(x) = x(1-x)(U_{1A} - U_{2A})$$

$$= x(1-x)\left[y\mu_{AB}\lambda_{AB}(t_{1AB}\beta_A K_A + t_{1B}\beta_B K_B) - \frac{1}{2}l_A t_{1AB}^2\beta_A^2 K_A^2 - c_{AB}\right. \tag{9.44}$$

$$\left. + z\mu_{AC}\lambda_{AC}(\beta_A t_{1AC}K_A + t_{1C}\beta_C K_C) - \frac{1}{2}l_A t_{1AC}^2\beta_A^2 K_A^2 - c_{AC}\right]$$

同理，可得到企业 B 和企业 C 的复制动态方程分别为

$$\frac{\mathrm{d}y}{\mathrm{d}t} = F(y) = y(1-y)\left[(1+\delta)\left(x\mu_{AB}\lambda_B(t_{1AB}\beta_A K_A + t_{1B}\beta_B K_B) - \frac{1}{2}l_B t_{1B}^2\beta_B^2 K_B^2 - c_B\right)\right.$$

$$\left. -\delta\left(x\mu_{AC}\lambda_C(t_{1AC}\beta_A K_A + t_{1C}\beta_C K_C) - \frac{1}{2}l_C t_{1C}^2\beta_C^2 K_C^2 - c_C\right)\right]$$

$$(9.45)$$

$$\frac{\mathrm{d}z}{\mathrm{d}t} = F(z) = z(1-z)\left[(1+\delta)\left(x\mu_{AC}\lambda_C(t_{1AC}\beta_A K_A + t_{1C}\beta_C K_C) - \frac{1}{2}l_C t_{1C}^2\beta_C^2 K_C^2 - c_C\right)\right.$$
$$\left. - \delta\left(x\mu_{AB}\lambda_B(t_{1AB}\beta_A K_A + t_{1B}\beta_B K_B) - \frac{1}{2}l_B t_{1B}^2\beta_B^2 K_B^2 - c_B\right)\right]$$

$$(9.46)$$

基于复制动态方程式（9.44）、式（9.45）和式（9.46）对公平和信任共同影响下企业 A、企业 B 和企业 C 的知识共享演化路径进行分析。本章的数值仿真同样在能够得到"共享"结果的条件下进行，即本章的参数设置需同时满足本章和第 4 章的数值仿真的条件，基于此，令参数取值：$\mu_{AB} = \mu_{AC} = 5$、$\lambda_{AB} = \lambda_B = \lambda_{AC} = \lambda_C = 0.5$、$t_{1AB} = t_{1B} = t_{1AC} = t_{1C} = 0.7$、$K_A = K_B = K_C = 30$、$l_A = l_B = l_C = 0.2$、$c_{AB} = c_{AC} = c_B = c_C = 10$ 和 $\delta = 0.5$。假设三家企业均以 0.5 的初始概率共享知识，其分别的演化路径如图 9.19 所示，其中纵坐标 x、y、z 分别代表企业 A、企业 B 和企业 C，直线代表公平与信任共同影响下的知识共享演化路径，带圈直线代表公平关切影响下的演化路径，带星号直线代表信任影响下的演化路径。从图 9.19 中可以看出，在相同条件下公平与信任共同影响下企业间更容易共享知识，仅关注公平和信任而忽略另一因素的影响容易造成判断失误。

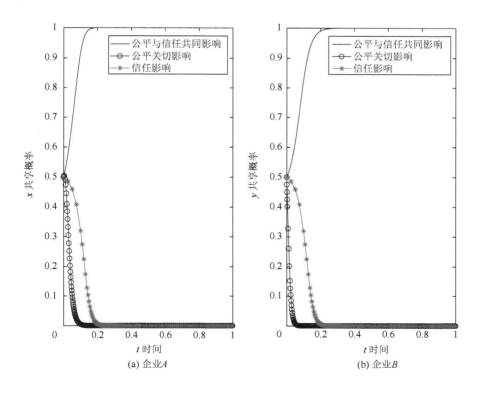

(a) 企业 A　　　　　　　　　　　　(b) 企业 B

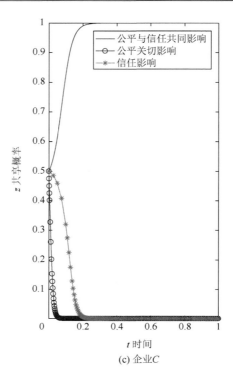

图 9.19　三种模型演化路径对比

　　这种结果可以从三种模型下能够达成合作的条件看出，每种模型下能够稳定于知识共享状态的条件如表 9.10 所示。从表 9.10 中可以看出，在公平和信任以外的因素保持一致的前提下，模型间的区别在模型参数上体现为 t_{1i}、β_i、$t_{1i}\beta_i$ 之间，即可共享知识量占企业所拥有知识的比例。以公平因素影响下 β_A 的取值范围为例，对表 9.10 中公平因素下的共享条件（1）和（2）联合求解，两个不等式可看作以 β_A 为变量的一元二次方程不等式，在条件（1）中可以求得令不等式为 0 的两个点：

$$\begin{cases} \beta_A^- = -\dfrac{-z\mu_{AC}\lambda_{AC}K_A + \sqrt{z^2\mu_{AC}^2\lambda_{AC}^2K_A^2 + 2l_AK_A^2(z\mu_{AC}\lambda_{AC}\beta_C K_C - c_{AC})}}{l_A K_A^2} \\[4mm] \beta_A^+ = \dfrac{z\mu_{AC}\lambda_{AC}K_A + \sqrt{z^2\mu_{AC}^2\lambda_{AC}^2K_A^2 + 2l_AK_A^2(z\mu_{AC}\lambda_{AC}\beta_C K_C - c_{AC})}}{l_A K_A^2} \end{cases} \tag{9.47}$$

表 9.10　三种模型下共享知识的条件的区别

影响因素	共享条件
公平	$(1) z\mu_{AC}\lambda_{AC}(\beta_A K_A + \beta_C K_C) - \dfrac{1}{2}l_A\beta_A^2 K_A^2 - c_{AC} > 0$ $(2) y\mu_{AB}\lambda_{AB}(\beta_A K_A + \beta_B K_B) - \dfrac{1}{2}l_A\beta_A^2 K_A^2 - c_{AB} > 0$ $(3)(1+\delta)\left(x\mu_{AB}\lambda_B(\beta_A K_A + \beta_B K_B) - \dfrac{1}{2}l_B\beta_B^2 K_B^2 - c_B\right)$ $\quad > \delta\left(x\mu_{AC}\lambda_C(\beta_A K_A + \beta_C K_C) - \dfrac{1}{2}l_C\beta_C^2 K_C^2 - c_C\right)$ $(4) x\mu_{AB}\lambda_B(\beta_A K_A + \beta_B K_B) - \dfrac{1}{2}l_B\beta_B^2 K_B^2 - c_B > 0$ $(5) x\mu_{AC}\lambda_C(\beta_A K_A + \beta_C K_C) - \dfrac{1}{2}l_C\beta_C^2 K_C^2 - c_C > 0$ $(6)(1+\delta)\left(x\mu_{AC}\lambda_C(\beta_A K_A + \beta_C K_C) - \dfrac{1}{2}l_C\beta_C^2 K_C^2 - c_C\right)$ $\quad > \delta\left(x\mu_{AB}\lambda_B(\beta_A K_A + \beta_B K_B) - \dfrac{1}{2}l_B\beta_B^2 K_B^2 - c_B\right)$
信任	$(1) z\mu_{AC}\lambda_{AC}(t_{1AC} K_A + t_{1C} K_C) - \dfrac{1}{2}l_A t_{1AC}^2 K_A^2 - c_{AC} > 0$ $(2) y\mu_{AB}\lambda_{AB}(t_{1AB} K_A + t_{1B} K_B) - \dfrac{1}{2}l_A t_{1AB}^2 K_A^2 - c_{AB} > 0$ $(3) x\mu_{AB}\lambda_B(t_{1AB} K_A + t_{1B} K_B) - \dfrac{1}{2}l_B t_{1B}^2 K_B^2 - c_B > 0$ $(4) x\mu_{AC}\lambda_C(t_{1AC} K_A + t_{1C} K_C) - \dfrac{1}{2}l_C t_{1C}^2 K_C^2 - c_C > 0$
公平与信任	$(1) z\mu_{AC}\lambda_{AC}(\beta_A t_{1AC} K_A + t_{1C}\beta_C K_C) - \dfrac{1}{2}l_A t_{1AC}^2 \beta_A^2 K_A^2 - c_{AC} > 0$ $(2) y\mu_{AB}\lambda_{AB}(t_{1AB}\beta_A K_A + t_{1B}\beta_B K_B) - \dfrac{1}{2}l_A t_{1AB}^2 \beta_A^2 K_A^2 - c_{AB} > 0$ $(3)(1+\delta)\left(x\mu_{AB}\lambda_B(t_{1AB}\beta_A K_A + t_{1B}\beta_B K_B) - \dfrac{1}{2}l_B t_{1B}^2 \beta_B^2 K_B^2 - c_B\right)$ $\quad > \delta\left(x\mu_{AC}\lambda_C(t_{1AC}\beta_A K_A + t_{1C}\beta_C K_C) - \dfrac{1}{2}l_C t_{1C}^2 \beta_C^2 K_C^2 - c_C\right)$ $(4) x\mu_{AB}\lambda_B(t_{1AB}\beta_A K_A + t_{1B}\beta_B K_B) - \dfrac{1}{2}l_B t_{1B}^2 \beta_B^2 K_B^2 - c_B > 0$ $(5) x\mu_{AC}\lambda_C(t_{1AC}\beta_A K_A + t_{1C}\beta_C K_C) - \dfrac{1}{2}l_C t_{1C}^2 \beta_C^2 K_C^2 - c_C > 0$ $(6)(1+\delta)\left(x\mu_{AC}\lambda_C(t_{1AC}\beta_A K_A + t_{1C}\beta_C K_C) - \dfrac{1}{2}l_C t_{1C}^2 \beta_C^2 K_C^2 - c_C\right)$ $\quad > \delta\left(x\mu_{AB}\lambda_B(t_{1AB}\beta_A K_A + t_{1B}\beta_B K_B) - \dfrac{1}{2}l_B t_{1B}^2 \beta_B^2 K_B^2 - c_B\right)$

　　因此，满足公平因素下条件（1）的 β_A 的取值范围为 (β_A^-, β_A^+)，由于 $\beta_A^- < 0$，而模型假设中 $\beta_i > 0$，故 β_A 的取值范围变为 $(0, \beta_A^+)$。同理，可求得公平因素影响下条件（2）中令不等式为 0 的两个点：

$$\begin{cases} \beta_{A1}^- = -\dfrac{-y\mu_{AB}\lambda_{AB}K_A + \sqrt{y^2\mu_{AB}^2\lambda_{AB}^2K_A^2 + 2l_AK_A^2(y\mu_{AB}\lambda_{AB}\beta_BK_B - c_{AB})}}{l_AK_A^2} \\[4mm] \beta_{A1}^+ = \dfrac{y\mu_{AB}\lambda_{AB}K_A + \sqrt{y^2\mu_{AB}^2\lambda_{AB}^2K_A^2 + 2l_AK_A^2(y\mu_{AB}\lambda_{AB}\beta_BK_B - c_{AB})}}{l_AK_A^2} \end{cases} \tag{9.48}$$

因此，公平因素影响下条件（2）中 β_A 的取值范围为 $(0,\beta_{A1}^+)$。综合条件（1）和条件（2）可知 β_A 的取值范围为 $(0,\min\{\beta_A^+,\beta_{A1}^+\})$。

在公平与信任因素的共同影响下，共享条件可看作变量为 $t_{1i}\beta_i$ 的不等式，将 $t_{1i}\beta_i$ 看作一个整体，对公平与信任因素影响下的条件（1）和条件（2）进行求解可得到令不等式等于 0 的 $t_{1AC}\beta_A$ 和 $t_{1AB}\beta_A$ 的取值，见式（9.49）和式（9.50）。

$$\begin{cases} \beta_{A2}^- = -\dfrac{-z\mu_{AC}\lambda_{AC}K_A + \sqrt{z^2\mu_{AC}^2\lambda_{AC}^2K_A^2 + 2l_AK_A^2(z\mu_{AC}\lambda_{AC}t_{1C}\beta_CK_C - c_{AC})}}{l_AK_A^2t_{1AC}} \\[4mm] \beta_{A2}^+ = \dfrac{z\mu_{AC}\lambda_{AC}K_A - \sqrt{z^2\mu_{AC}^2\lambda_{AC}^2K_A^2 + 2l_AK_A^2(z\mu_{AC}\lambda_{AC}t_{1C}\beta_CK_C - c_{AC})}}{l_AK_A^2t_{1AC}} \end{cases} \tag{9.49}$$

$$\begin{cases} \beta_{A3}^- = -\dfrac{-y\mu_{AB}\lambda_{AB}K_A + \sqrt{y^2\mu_{AB}^2\lambda_{AB}^2K_A^2 + 2l_AK_A^2(y\mu_{AB}\lambda_{AB}t_{1B}\beta_BK_B - c_{AB})}}{l_AK_A^2t_{1AB}} \\[4mm] \beta_{A3}^+ = \dfrac{y\mu_{AB}\lambda_{AB}K_A + \sqrt{y^2\mu_{AB}^2\lambda_{AB}^2K_A^2 + 2l_AK_A^2(y\mu_{AB}\lambda_{AB}t_{1B}\beta_BK_B - c_{AB})}}{l_AK_A^2t_{1AB}} \end{cases} \tag{9.50}$$

因此，公平与信任因素影响下 β_A 的取值范围为 $(0,\min\{\beta_{A2}^+,\beta_{A3}^+\})$。由于 $0 < t_{1i} < 1$，所以 $\beta_{A2}^+ > \beta_A^+$，$\beta_{A3}^+ > \beta_{A1}^+$，可得在公平与信任因素共同影响下 β_A 的取值范围变大了。由此可得到结论 5。

结论 5：在公平与信任共同影响下，其他条件保持不变，公平因素可取值的范围会变大，因此同等条件下综合考虑公平与信任因素时企业更易达到稳定的合作共享状态。

推论：在公平与信任共同影响下，其他条件保持不变，信任因素可取值的范围会变大，因此同等条件下综合考虑公平与信任因素时企业更易达到稳定的合作共享状态。

证明：略（同公平因素类似，本节不再阐述）。

然而，当公平与信任均从取值范围两端取值时，信任因素影响下更易达到稳定的合作共享状态，比如修改信任水平为 $t_{1AB} = t_{1B} = t_{1AC} = t_{1C} = 0.3$，所得结果如图 9.20 所示，此时公平与信任共同影响下反而不易达成合作，且不考虑信任，在横向公平关切下企业间很难达到稳定的合作状态。

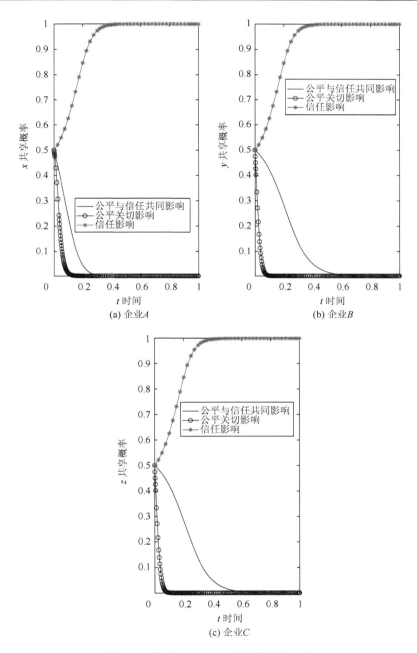

图 9.20　信任水平 0.3 下的演化路径对比

综上所述，可得出如下结论。

（1）公平与信任共同发挥作用时，能够促使企业间共享知识的公平和信任水平的取值范围变广，即企业间达成合作共享知识的条件更易得到满足。当公平与信任取值不在其取值范围的端值时，公平与信任共同影响下企业间更易达到稳定的合作共享状态；否则，信任因素影响下企业更易达成合作。

（2）信任可以减轻横向公平关切对企业间知识共享决策的不利影响，从图 9.20中可以看出，仅仅考虑公平，在供应链横向企业间存在公平关切时难以促使企业间的知识共享，而增加信任因素后同等条件下能够促进知识共享，但不论在何种情况下都应尽量引导企业避免其对横向公平关切的过多关注。

第10章　基于知识共享的物流网络业务协同

物流网络的高效业务协同需求决定了知识共享的必然性，比如物流网络中标准化载具（如托盘、集装箱）的循环共用，在带来物流效率提升的同时必然要求高效的跨企业知识共享。据此，本章站在物流网络的角度，以公铁联运网络为对象，探讨托盘共用带来的知识共享需求，以及如何实现托盘共用与知识共享的结合，同时构建基于知识共享的公铁联运业务协同仿真模型并加以验证。

10.1　基于托盘共用与知识共享的物流网络

现代物流的综合化、智能化发展对信息管理水平、知识管理水平提出了更高要求。物流网络支撑着现代物流运作和发展，它包括物流组织网络、基础设施网络和信息网络，其中物流组织网络由多个关联的运作主体组成，基础设施网络包括铁路、公路、货运场站、港口等硬件，信息网络是物流网络的神经系统。作为现代物流的标准化载具，托盘共用能够高效提升物流网络中不同运输方式间的装卸搬运衔接效率，知识共享则是进一步实现物流网络运作业务协同效率的重要手段。

10.1.1　物流网络与托盘共用的关系

物流网络是托盘共用的典型场景，托盘共用是物流网络发展的必然需求。现代物流需求源于跨地域的经济贸易，通常资金流、所有权流、信息流及部分电子产品可以通过信息网络实现，而大部分货物必须通过线下实体运作实现物流运输。跨地域物流必然涉及货物包装、发货端收揽、网络节点间装运、收货端配送等环节，托盘使用有助于实现机械化搬运、自动化输送和智能化调度，高效提升节点间运作效率。托盘共用则进一步有助于提升社会公共资源的集约化使用，在提升现代物流效率的同时降低社会物流成本。下面以公铁联运物流网络应用场景为例加以阐述。

1. 公铁联运网络应用托盘的情况

当前，公铁联运的托盘使用已逐步推广，推动托盘标准的实施，托盘共用也有部分试点，但远未全面展开。究其原因，主要有两个方面：一方面是运营机制有待进一步探索，另一方面是需要托盘跟踪技术的支撑。为此，可将托盘分为传统托盘和智能托盘两类，智能托盘在传统托盘的基础上实现了状态信息、位置信息的采集和跟踪等功能。显然，获取的智能托盘状态、位置等信息就是知识共享的重要内容之一。可以看出，物流网络的运作受到托盘共用的效率的影响。

公铁联运涉及多个企业和部门，知识共享是提高其效率的关键。共享的信息包括货物、运输、托盘等方面，目的是优化资源配置，快速准确地做出决策[79]。托盘标准化有利于公铁联运业务推广，托盘本身也是知识传递的载体，能够传递实时状态，提升运输效率，促进多式联运发展。影响知识共享的因素有两个：一是共享技术水平，二是知识推理水平。共享技术水平提供基础，知识推理水平决定内容和范围。有效处理信息可提效降本，广泛共享知识可增强协作，减少因信息不对称产生的影响。托盘共享可将知识关系优势转化为业务流程优势，实现信息高效共享和资源合理利用，降低成本，提高效率，推动公铁联运各环节协同运作[80]。

可以看出，充分利用智能托盘进行业务协同是提升公铁联运业务效率的重要途径，也为多式联运的整体发展提供了宝贵经验，为行业标准制定和运营优化提供了理论依据。

2. 基于托盘共用的公铁联运业务流程

通过对公铁联运业务流程相关文献资料的整理得出，公铁联运业务的主要参与者有托运人或发货商、托盘租赁公司、货运代理人、运输企业（公路运输企业、铁路运输部门）、收货人等。托盘租赁公司主要是为承运人服务，提供托盘租赁业务以及货物（托盘）监管服务，同时，托盘租赁公司运营和维护一个针对所有参与者的托盘共用系统平台，允许所有参与者进行访问，并且根据托盘所具有的功能，能够在使用智能托盘的情况下为参与者主动提供信息通知的服务；货运代理人则是连接托运人、公路运输企业、铁路运输部门、收货人的中间人，通过托运人的运输要求以及其在托盘共用系统平台获得的在途信息情况，合理安排运输计划，并通过知识共享及时做出安排和信息通知；公路运输企业在整个公铁联运过程中主要是负责公路运输的业务，由托运人进行联系，并签订运输协议，其运输信息一般由托运人或者托盘共用系统平台提供；铁路运输部门同样由托运人联系，并且根据托运人或者托盘共用系统平台提供的信息与公路运输企业进行交接，在整个铁路运输过程中，由于铁路运输的灵活性较低，一般根据中国国家铁路集团有限公司的运输计划进行相关运输安排，但同时铁路运输部门也可以访问托盘共用系统平台，获取相关信息，进行相关安排和调度[81]。

基于托盘共用的公铁联运的业务流程大致分为以下作业环节，流程如图 10.1所示。

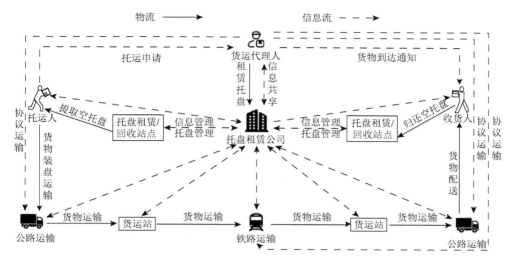

图 10.1　基于托盘共用的公铁联运的业务流程示意图

（1）托运人向货运代理人发出托运申请。托运人与收货人形成订购合同后，托运人根据需求向货运代理人提出托运申请。

（2）货运代理人接受申请，生成合同。货运代理人根据托运人的要求以及货物数量、种类、运输目的地等信息，联系相关运输企业以及托盘租赁公司，制订运输计划，形成运输合同。

（3）提取空托盘。托盘租赁订单审核通过后，形成租赁合同。根据订单准备所需托盘，并将托盘租赁信息发送给相应的托盘租赁站点，为客户提供送货上门服务，并向托运代理人收取相应的租赁押金费用。

（4）公路运输。公路运输企业接受运输合同，进行货物装盘运输，安排公路运输，在运输过程中进行信息的共享。

（5）中转运输。到达铁路货运站，货运代理人提前完成相关单据填写，进行车站审核，生成运输合同及相关票据后，进行收货验收，载货托盘进行装卸搬运操作后，运输方式将从公路运输转变为铁路运输，为后续铁路运输做准备。

（6）铁路运输。根据运输合同以及中国国家铁路集团有限公司的运输计划进行铁路运输。

（7）中转运输。到达货运站后，铁路运输完成，进行载货托盘的卸载、搬运，并根据与公路运输企业、货运代理人的合同，运输方式从铁路运输转化为公路运输。

（8）公路运输，送货上门。根据运输合同，进行运输"最后一公里"，送货上门，并将运输、货物等相关信息共享给相关参与者，为收货人提前收货做准备。

（9）收货。货物送到，收货人根据提货单进行货物验收。

（10）托盘回收。货物送达后，需归还空托盘，托盘租赁公司根据相关信息，安排相应的回收作业。

3．知识共享与托盘共用的关联关系

公铁联运中的知识共享不仅能够方便参与联运的各组织间资源共享，而且能方便各企业内部以及顾客间的资源共享，进而对各参与者产生相应的价值。在公铁联运业务流程中有不同的参与者和企业，其协调运行是建立在各个节点企业间高质、高效的知识传递和共享的基础上。提升不同组织、参与者之间的知识共享水平，能够增强共享活动、业务参与者间的开放度和透明度，减少因信息不对称产生的影响，进一步强化各参与者的合作关系[82]。

基于托盘共用进行知识共享之后，公铁联运中具有权限的各参与者能够实时进行信息查询，也使参与者之间的距离缩短，简化了联运的手续，密切了需求关系，更使得运输计划从定性方式进入定量化调度。参与联运的运输企业、相关托盘租赁公司以及客户通过货物（托盘）运输、装卸、存储等各个环节统一的电子化资料进行信息共享，并以此将公铁联运活动中的相关计划、配送、接运、仓储、装卸、核算、统计、托盘回收、结算以及调度指挥等作业环节信息都录入到计算机操作系统中，利用信息共享和创新，实现资源的有效利用，并且最大限度地保证货物安全。

无知识共享时，公铁联运业务流程由活动一步一步推动进行，只有上一个活动完成才开始执行下一个活动，且参与者之间呈线性合作，因此参与者间呈不稳定合作关系，如图 10.2 所示。信息传递是否有效在一定程度上决定着一个公司运营的效率以及盈利程度，即有效的信息共享，对每一个作业环节都会产生或多或少的影响。同样地，其对公铁联运业务流程也产生了一定的影响，如图 10.3 所示。

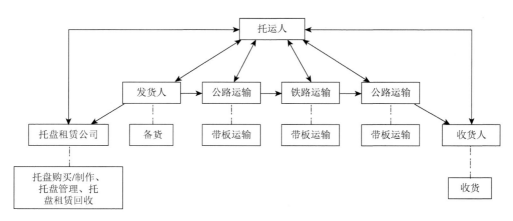

图 10.2　无知识共享下的公铁联运

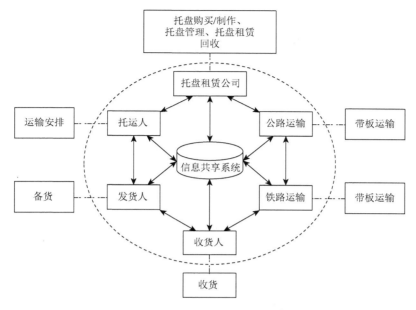

图 10.3　知识共享下的公铁联运

总之，在公铁联运中增加知识共享的价值主要体现在以下几个方面。

（1）优化资源配置，实现运输效率的最大化。知识共享可以使参与方充分掌握货物动态、运力情况等，从而进行精细化调度，提高装载率，降低运输成本。

（2）简化业务流程，提高作业效率。共享实时信息可以减少重复录入，快速准确地指导下一步工作，减少不必要的等待和求证时间。

（3）加强参与方合作，提高服务质量。知识共享增强透明度和一致性，有利于建立信任，减少纠纷，为客户提供安全可靠的一站式服务。

（4）推动标准化和规范化。知识共享有助于推进操作流程、数据格式等标准化，减少重复工作，使业务协同更高效。

（5）提升决策能力和水平。知识共享可集思广益，不同方面的数据支持可以使决策更全面准确。

（6）促进公铁联运持续健康发展。良好的知识共享机制是保证公铁联运稳定合作的基础。

10.1.2　知识共享对托盘共用的影响

1. 知识共享对公铁联运参与者的影响

知识共享的缺失，会影响参与者之间的信任，不利于合作的顺利进展，降低业务流程协同度，影响业务流程的执行效率[83]。公铁联运实现知识共享（即各参与者之间实现知识的共通共享）之后，各参与者之间可以通过知识共享实现资源的优化配置和准确及时的决策。知识共享能够有效地减少物流服务供应链之间由于知识偏差或者知识传递的时滞而引起的参与者的决策偏差和资源浪费。对于发货人、货运代理人和收货人来说，有效的知识共享能够使其更好地了解货物运输信息，从而避免货物的遗失，保证货物的安全性。并且通过知识共享，收货人还可以提前预知货物的到达信息，提前做好接货准备，当货物到达时做出及时的反应，能够更好更快地完成货物的接收。托运人通过共享的信息，能够合理安排运输企业，使得运输接洽工作更加顺利，减少不必要的等待时间，缩短准备时间。运输企业则通过知识共享，合理安排人力、运力、相关设备等资源，并减少相关的交接事宜。从整体来看，知识共享能够使各参与者及时做出更加合理的决策安排、减少不必要的资源浪费，并促进各参与者达成长期的合作，达到共赢。

2. 知识共享对公路运输的影响

知识共享的缺失及不及时准确的知识传递会产生"牛鞭效应"，致使运输过程失效，影响运输调度。而公路运输承运人通过共享的相关托运载货托盘的信息及时、合理地配置运输车辆、人力以及装载设备[84]，并根据货物的数量、种类、运输目的地等相关信息，提前安排货物运输计划，减少运输设备和人力的浪费，实现资源合理配置。在公路运输过程中，若是能实时共享位置信息、货物信息，则可减少获取信息的时间，及时解决运输过程中遇到的突发问题，避免不必要的货损情况，保证货物安全，提升运输效率，提升服务水平。

3. 知识共享对铁路运输的影响

知识共享在铁路运输过程中具有经济价值和安全价值，如通过平台/托运人共享的相关货物信息进行货物运输计划安排，合理配置相关资源；当因自然因素、不可抗力因素导致货物在途停靠时，通过位置、货物信息及时通知托运人/铁路承运人做出安排。

4. 知识共享对中转作业的影响

若无知识共享，中转货运站只能等到货物/车辆到达货运站后进行相关操作安排。通过货物、位置等信息的共享，中转货运站可以及时准确地安排接运设备、站台或者仓库货位。尤其是对于货物的装卸和拆盘，中转货运站能够准确地安排操作设备和人员。并且，及时的知识共享，能够减少货物的盘点次数，减轻盘点难度。铁路运输或者公路运输承运人，通过知识共享，可以合并多个业务，减少不必要的业务流程，将运输设备和资源的应用价值发挥到最大。

5. 知识共享对到达作业的影响

通过知识共享，收货人可以及时了解物流信息，并且根据物流的动态信息，提前做好接货准备。对于托盘回收，托盘租赁/回收站点可以提前做好接收空托盘的准备，为之后进行新的托盘租赁业务做回收计划。

6. 知识共享对托盘、货物管理的影响

通过知识共享，托盘租赁公司可以实现对托盘的监控，对各个托盘租赁/回收站点的托盘数量能够及时准确地掌握，并且能够通过租赁业务和托盘流动情况，及时调度或者购买相应数量的托盘，随时满足客户需求，并使得站点的托盘数量尽可能保持最少，减少边际成本。对于货物，托盘信息中包含相应的货物信息，通过知识共享平台，可以随时了解货物动态，能够对货物在路途中丢失和破损情况及时了解，并且能够对货损进行准确追溯，保证货物的安全。

总之，公铁联运作为当代货运业的重要组成部分，业务流程的协同与顺畅直接影响运输效率。而知识的共享正是提高公铁联运效率的关键所在，经过分析可以看出，知识共享对公铁联运的各个参与者、运输环节乃至管理流程都存在重大正面影响。

具体来说，知识共享增强了各参与者之间的理解和信任，减少了信息偏差，使协作更加高效顺利。发货方和收货方能充分掌握货物动态，运输企业也能根据知识规划调配资源，各参与者都能根据共享信息进行精确决策。在运输环节方面，公路运输可以合理规划，铁路运输效率明显提升，中转作业能够精准安排，到达作业能够精确提前准备。于全程物流监控而言，知识共享使托盘和货物的状态可以被实时跟踪，帮助提高装载率，确保安全性。

可以说，知识共享促使公铁联运的参与者、流程、管理都更加协调高效。它不仅能显著降低重复工作和错误决策造成的时间和成本损失，还能够确保物流的安全，提高客户满意度。当前各企业应积极整合内外部信息系统，为公铁联运建立健全知识共享平台，以进一步发挥协同作用。

当然，共享的知识需要及时准确，并保证参与者对关键信息的理解一致，才能真正提高决策质量。此外，应注意加强知识的动态更新维护，并配合灵活的业务流程设计，使共享知识能够持续为公铁联运创造价值。

10.2 基于知识共享的公铁联运网络业务协同

公铁联运作为当代货运业的新兴模式，其业务流程的效率直接影响着运输的整体竞争力。而在复杂的公铁联运过程中，不同参与方之间的知识共享与协同，正是保证流程高效运转的关键。因此，研究知识共享对公铁联运业务流程效率的影响具有重要的理论价值和实践意义。

影响公铁联运竞争力的两个核心指标是时间和费用。其中，时间效率反映了业务流程的协同效能，也是研究的重点分析对象。采用单位时间内完成指定工作量这一量化指标来评估不同模式下的公铁联运时间效率。

前人研究表明，虽然智能托盘的前期投入成本高于传统托盘，但从长远来看，它通过减少人力投入、提升效率带来的收益，能够降低公铁联运的总体费用。因此，研究人员专注于分析比较传统托盘和智能托盘在知识共享方面的差异，以及这一差异对公铁联运时间效率的影响。

传统托盘和智能托盘的核心的区别在于，智能托盘能够实时传递动态信息，扩展知识共享范围和内容，优化协调决策，最大限度地避免重复工作。在研究方法上，通过对两个模式下的业务流程进行建模，设计仿真场景，并比较运行结果，评估效率差异。这种定量分析能够直观反映知识共享对效率提升的作用，也为运营模式的选择提供理论依据。

10.2.1 公铁联运网络业务协同模型

1. 问题描述与假设

1）知识共享内容在业务流程协同中存在的问题及问题假设

公铁联运是当代物流体系中的重要组成部分，其业务流程效率的提高对于整个货运链的优化具有重要意义。然而，由于公铁联运涉及铁路、公路及多家企业等多个环节和参与方，如何在复杂的网络环境下实现知识共享，使各环节高效协同，一直是困扰公铁联运发展的关键问题。

经分析发现，传统公铁联运模式下，参与者之间主要依靠人工传递信息，导致知识共享范围和速度都受到限制。各参与者无法及时准确地掌握货物动态、运力调度等关键信息，造成重复录入、资源配置失误、中转仓储低效等问题，严重制约了公铁联运的整体时间效率。

为实现公铁联运流程再造，要构建基于托盘共享理念的公铁联运模式。特别是在引入智能托盘后，物联网技术使得实时信息的广泛共享成为可能，参与者能够通过共享的托盘信息进行精细化协作，大幅提升了公铁联运的协同效率。研究表明，智能托盘下的知识共享可使公铁联运的准备时间缩短30%以上，中转作业效率提高25%，从而可降低整体运输成本约20%。

可以看出，信息共享是公铁联运流程再造的关键所在。充分利用智能技术手段实现信息互通，不仅能显著提升公铁联运的综合效益，也为其他多式联运的协同提供了宝贵借鉴。

假设存在成熟的知识共享平台能够实现托盘共用下公铁联运知识共享，且此平台由托盘租赁公司管理和维护。现实中，由于涉及知识供需双方的利益、责任和风险，诸多因素影响了知识共享的实现。因此在公铁联运过程中，不考虑季节性因素、利益冲突、合作意愿程度等对业务流程的影响，研究的主要对象为知识共享的内容对整体业务流程协同效率的具体影响。由于我国的托盘标准并不统一，现在存在多种规格的托盘，在应用过程中需要考虑货物种类、体积大小等内容与托盘规格的匹配，使得托盘的共用过程更为复杂。但是，本书主要研究的是托盘共用情况下公铁联运的业务流程效率，而托盘共用的前提是托盘标准化，所以，在后续的研究中假设已经实现托盘的标准化，不考虑托盘规格与货物是否匹配等问题。

本节主要研究知识共享内容的差别，因此不考虑知识共享技术水平的高低对整体业务流程和信息共享内容的影响。公铁联运业务流程是一个复杂的离散系统，具有众多干扰因素，包括自身的以及外界的干扰因素，而仿真模型只是对其本身特定属性的一种模拟方式，不能将所有干扰因素考虑进去。因此，做出如下假设。

假设 1：具有完善的托盘共用系统平台，且平台由托盘租赁公司管理。

假设 2：托盘共用系统平台使用的是统一的标准托盘。

假设 3：托盘租赁公司有足够的空托盘保有量，公路承运人可用车辆数量充足，能够满足客户的需求。

假设 4：承运人与托盘租赁公司签订了托盘的租赁合同，保证货物从仓库出发至货运站装车全场机械化运输。

假设 5：承运人能够很快地联系公路承运人、铁路货运承运人/部门，并顺利签订相关合同，即在整个业务流程中，办理相关单据手续所花费的时间尽可能少。

假设 6：车厢内托盘是整车运输且整车的车载量确定。

假设 7：运输的货物均可以用标准托盘进行承运。

假设 8：各参与者均能够获取相应信息，不考虑同公司不同部门或者不同层级之间数据信息的传递所消耗的时间，即假设信息共享的范围为全部参与者。

2）知识共享范围在业务流程协同中存在的问题及问题假设

不同类型托盘在实际的知识共享中不仅在共享内容上有差别，在知识共享范围上也同样存在差异。加入不同托盘类型知识共享范围因素，研究不同托盘类型的知识共享对公铁联运业务流程协同效率产生的具体影响，即同时考虑不同托盘类型中知识共享内容以及知识共享范围两个维度对公铁联运业务流程协同效率的影响。

同时做出如下假设。

假设 1：具有完善的托盘共用系统平台，且平台由托盘租赁公司管理。

假设 2：托盘共用系统平台统一使用 1.2 m×1.0 m 的标准托盘。

假设 3：托盘租赁公司的空托盘保有量、公路承运人可用车辆数量足够，能够满足客户的需求。

假设 4：承运人与托盘租赁公司签订了托盘的租赁合同，保证货物从仓库出发至货运站装车全程机械化运输。

假设 5：承运人能够很快地联系公路承运人、铁路货运承运人/部门，并顺利签订相关合同，即在整个业务流程中，办理相关单据手续所花费的时间尽可能少。

假设 6：车厢内托盘是整车运输且整车的车载量确定，且一车厢/一辆汽车的载货托盘量为 40 件，托盘载货数量为 20 件。

假设 7：运输的货物均可以用标准托盘进行承运。

假设 8：一批订单对应一个工组，该工组负责该仓库货物的装卸作业。

2. 公铁联运业务流程全过程时间分析

根据上述描述，得到如图 10.4 所示的托盘共用下公铁联运业务流程全过程时间。其全过程时间主要分为三部分：前期准备时间、运输时间、后期时间。前期准备时间指的是托运人向货运代理人发出托运申请，经过一系列的准备和安排后完成货物装车的这段时间，主要包括订单处理时间、空托盘配送时间、货物装盘时间、安排运输计划时间、货物装车时间等。运输时间包括公路运输和铁路运输时间，同时也包含货物中转及运输方式更换等时间。后期时间则指货物到达后的系列操作时间，主要包括收货、验收、托盘回收等时间（因为是对托盘共用下公铁联运全程时间的分析，所以包含托盘的回收时间）。对于运输过程中，运输时间

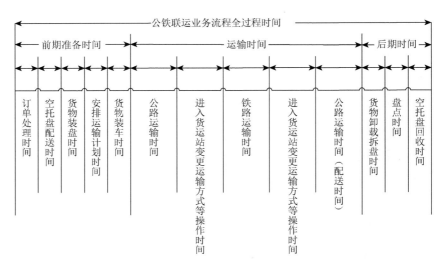

图 10.4　公铁联运业务流程全过程时间

会根据订单的要求以及实际运输情况、铁路货运站的班列安排等有所不同。具体时间范围如图 10.4 所示。

1）订单处理时间为 t_{order}

t_{order} 包含托运人与承运人签署合同的时间，以及托运人与公路运输承运公司、铁路局以及托盘租赁公司签订相应合同的时间。

2）空托盘配送时间 t_p

$$t_p = t_{pt} + t_{pp} \tag{10.1}$$

$$t_{pt} = \sum_{i=1}^{n} t_{pti} \tag{10.2}$$

$$t_{pti} = \frac{l_i}{v_i} \tag{10.3}$$

$$t_{pp} = \sum_{i=1}^{n} t_{ppi} \tag{10.4}$$

式中，t_{pt} 为空托盘运输时间，即从 i 个站点调取符合要求的托盘数量的时间；t_{pti} 为具体到第 i 个站点的调取符合要求的托盘数量时间；l_i 为第 i 个托盘站点到目标使用地的距离；v_i 为相应的平均运输速度；t_{pp} 为空托盘准备时间，即对上述 i 个站点进行盘点的时间；t_{ppi} 为第 i 个站点的空托盘准备时间。

3）货物装盘时间 t_l

空托盘送达到托运人仓库后，承运人安排相关工作人员进行货物装盘，不考虑装盘时间与货物属性的关系，仅考虑工人数量以及工作效率对该时间的影响。

$$t_l = \frac{n_{总}}{n_w \times n_g} \tag{10.5}$$

式中，$n_{总}$ 为货物总数量；n_w 为工人数量；n_g 为一个工人单位时间装盘的货物数量。

4）安排运输计划时间 t_a

$$t_a = t_c + \frac{l_c}{v_c} \tag{10.6}$$

式中，t_c 为盘点车辆、安排车辆时间；l_c 为车辆距离服务地的距离；v_c 为车辆的平均运输速度。

5）货物装车时间 t_{load}

完成装盘之后，托运人安排相应的运输公司，并安排人员，采用叉车将托运货物装上运输工具。

$$t_{load} = t_{check} + \frac{n_{总1}}{n_f \times n_p} \tag{10.7}$$

式中，t_{check} 为装盘货物盘点时间；$n_{总1}$ 为转货托盘总数量；n_f 为叉车数量；n_p 为一台叉车单位时间装盘的货物数量。

6）车辆在途行驶时间 t_R

$$t_R = \frac{l_R}{v_R}$$　　　　　　　　　　　　（10.8）

式中，l_R 为车辆在途行驶距离；v_R 为车辆在途行驶的平均速度。

7）车辆处理障碍时间 t_{ch}

$$t_{ch} = t_{chn} + t_{chh}$$　　　　　　　　　　　（10.9）

式中，t_{chn} 为通知时间；t_{chh} 为处理故障的时间（其中包括等待救援到达时间）。

8）换车/中转时间 t_{pt}

$$t_{pt} = \sum_{x=1}^{m} t_{1x} + t_{2x} + t_{3x} + k(t_{4x} + t_{5x} + t_{6x}), m \in N^*$$　　　　（10.10）

式中，x 为换车/中转次数；t_{1x} 为换车或在中转站中转准备时间；t_{2x} 为装卸搬运时间；t_{3x} 为盘点时间；t_{4x} 为存储相关作业准备时间；t_{5x} 为出入库相关操作执行时间；t_{6x} 为在库时间；k 为 0 或 1，当有出入库相关作业时 k 为 1，反之 k 为 0。

9）铁路在途行驶时间 t_t

铁路运输时间一般都有较为固定的时刻表，按照铁路运行计划执行。

10）列车集结编组时间 t_{tm}

$$t_{tm} = t_{tm1} + t_{tm2} + t_{tm3} + k \cdot (t_{4x} + t_{5x})$$　　　　　（10.11）

式中，t_{tm1} 为列车集结编组准备时间；t_{tm2} 为列车集结编组装卸搬运时间；t_{tm3} 为货物盘点时间。

11）收货时间 t_d

$$t_d = t_{d1} + t_{d2} + t_{d3}$$　　　　　　　　　（10.12）

式中，t_{d1} 为收货的准备时间；t_{d2} 为收货时的卸货时间；t_{d3} 为盘点时间。

12）托盘回收时间 t'_p

$$t'_p = t'_{p1} + t_{pt}$$　　　　　　　　　　　（10.13）

式中，t'_{p1} 为空托盘盘点时间。

13）办理相关进站手续时间 t_i

载货托盘被运输工具运输到货运站后，需要进行相应的检查、检斤过磅、补全运单、支票承运以及缴纳相关费用等操作。

$$t_i = t_{iw} + t_{io}$$　　　　　　　　　　　（10.14）

式中，t_{iw} 为等待进行相关操作的时间；t_{io} 为进行相关操作的时间。

公铁联运业务流程全过程时间 T 为

$$T = t_{order} + t_p + t_l + \sum_{s=1}^{o} t_{as} + \sum_{j=1}^{q} t_{loadj} + t_R + \sum_{b=1}^{z} t_{chb} + t_{pt} + t_t + t_{tm} + t_d + t'_p + \sum_{r=1}^{y} t_{ir}$$

$$o \in N^*, q \in N^*, z \in N^*, y \in N^*$$

（10.15）

式中，o 为安排运输计划的次数；q 为公铁联运过程中进行货物装车的次数；z 为整个公铁联运运输过程中发生故障的次数；y 为办理进出站手续的次数。

3. 知识共享内容对全过程时间的影响

经过分析传统托盘和智能托盘在公铁联运过程中的应用情况，我们发现它们在共享内容上的主要区别在于位置信息和货物信息（包括货物种类、数量、目的地、收货人等）的实时更新能力。在传统托盘的使用过程中，实时共享位置信息和货物信息的功能并不明显。具体来说，只有在货物到达火车站时，才能获取相关信息。这意味着在使用传统托盘的公铁联运中，每一个业务流程只能在完成了前一个流程后开始准备、执行下一个操作。这导致相关的参与者或业务流程执行者无法及时准确地掌握货物的实时信息。而智能托盘在配合完善的托盘共用信息共享系统之后，具备自主共享货物信息和位置信息的能力。这种改进不仅提升了公铁联运的效率，还使得各个环节的参与者都能准确地掌握货物的实时信息。这一优势保证了物流过程的顺畅和准确，有力地推动了整个公铁联运流程的高效运行。不同托盘类型的信息共享内容对全过程时间的具体影响如表 10.1 所示。

表 10.1　不同托盘类型下公铁联运全过程时间对比

全过程时间	传统托盘下公铁联运全过程时间	智能托盘下公铁联运全过程时间
订单处理时间 t_{order}	t_{order}	t_{order}
空托盘配送时间 t_p	$t_p = t_{pt} + t_{pp}$	$t_p = t_{pt}$ （因为智能托盘带有智能芯片，所以可以通过相应的配套设施实现对托盘站点的实时监控，因此 $t_{pp} = 0$）
货物装盘时间 t_l	$t_l = \dfrac{n_{总}}{n_w \times n_g}$	$t_l = \dfrac{n_{总}}{n_w \times n_g}$
安排运输计划时间 t_a	$t_a = t_c + \dfrac{l_c}{v_c}$	$t_a = t_c + \dfrac{l_c}{v_c}$
货物装车时间 t_{load}	$t_{load} = t_{check} + \dfrac{n_{总1}}{n_f \times n_p}$	$t_{load} = \dfrac{n_{总1}}{n_f \times n_p}$ （智能托盘的货物盘点使用相应设备，时间与传统托盘相比可忽略）

续表

全过程时间	传统托盘下公铁联运全过程时间	智能托盘下公铁联运全过程时间
车辆在途行驶时间 t_R	$t_R = \dfrac{l_R}{v_R}$	$t_R = \dfrac{l_R}{v_R}$
车辆处理障碍时间 t_{ch}	$t_{ch} = t_{chn} + t_{chh}$	$t_{ch} = t_{chh}$ （使用智能托盘载货，可以实时共享位置信息，因此t_{chn}可忽略）
换车/中转时间 t_{pt}	$t_{pt} = \sum\limits_{x=1}^{m} t_{1x} + t_{2x} + t_{3x} + k(t_{4x} + t_{5x} + t_{6x})$	$t_{pt} = \sum\limits_{x=1}^{m} t_{2x} + t_{3x} + k(t_{5x} + t_{6x})$ （智能托盘信息的实时传递，使得其公铁联运业务流程能够提前做好准备等待货物到来执行相关操作，因此不需要相关准备时间）
铁路在途行驶时间 t_t	t_t	t_t
列车集结编组时间 t_{tm}	$t_{tm} = t_{tm1} + t_{tm2} + t_{tm3} + k(t_{4x} + t_{5x})$	$t_{tm} = t_{tm2} + kt_{5x}$
收货时间 t_d	$t_d = t_{d1} + t_{d2} + t_{d3}$	$t_d = t_{d2} + t_{d3}$
托盘回收时间 t'_p	$t'_p = t'_{p1} + t_{pt}$	$t'_p = t_{pt}$
办理相关进站手续时间 t_i	$t_i = t_{iw} + t_{io}$	$t_i = t_{io}$（$t_{iw} = 0$）

通过分析得出，公路在途运输时间、铁路在途运输时间、在库时间在整体运输过程中占有较大比重，并且知识共享内容对其影响不大，因此在后续的仿真建模及分析中，忽略这几部分时间。

4. 知识共享范围对全过程时间的影响

知识共享范围也指资源的扩散程度，即所有公铁联运业务流程中的参与者能接收到相关有效信息的范围。不同企业、同一企业不同部门、同一部门不同层级收到相关订单信息后，对业务流程也会产生不同的影响。对于同一企业内部，本章统一将其划分为业务操作流程直接执行者和决策者。根据上文分析得，传统托盘下的知识是直接传递给直接执行者，一般情况下，直接执行者还需要进一步向上级领导进行知识反馈，以确定下一步的执行流程；而智能托盘则是实现知识更广泛共享，众多参与者能够及时有效获取信息，避免了部门之间的信息传递过程，同时，利用已有知识，准确推断下一步的执行方案，节省准备时间。另外，公路运输承运人、铁路运输承运人、铁路局等需要处理大量的订单和客户需求，因此，知识共享能够有效解决重复操作的浪费资源的问题，对订单进行有效整合处理，进一步从整体上提升物流服务效率。公铁联运全过程时间由订单处理时间、信息传递时间、决策时间、准备时间、调度安排时间、装卸时间、盘点时间、出入库时间、运输时间、等待时间等组成。当公铁联运过程中知识共享的范围不涉及决策者（或需进行决策、发布命令的参与者），则有一个知识传递的过程，即知识获得后由人为主动向上级决策者进行汇报，决策者获取知识后将决策或者命令发布给活动或业务流程直接执行者。在该情况下，知识共享范围主要影响活动或业务流程等待、准备时间以及知识传递和决策时间。因此在知识共享范围的影响下，公铁联运全过程时间如下：

$$T = t_{\text{order}} + t_p + t_l + \sum_{s=1}^{o} t_{as} + \sum_{j=1}^{q} t_{\text{load}j} + t_R + \sum_{b=1}^{z} t_{chb} + t_{pt}$$

$$+ t_t + t_{tm} + t_d + t_p' + \sum_{r=1}^{y} t_{ir} + \sum_{X=1}^{M} t_{1X} + \sum_{Y=1}^{Q} t_{DY} \qquad (10.16)$$

$$o \in N^*, q \in N^*, z \in N^*, y \in N^*, M \in N^*, Q \in N^*$$

10.2.2　公铁联运业务协同仿真验证

着色 Petri 网（colored Petri net，CPN）是较为成熟的着色 Petri 网建模工具之一，由丹麦的奥胡斯大学推出的专门用于着色 Petri 网建模的软件。它可以将时间参数引入到模型中构建时间着色 Petri 网模型（colored time Petri net，CTPN）。CPN Tools 使用标准元语言声明颜色集、函数、监视器等，用户可以进行单步、自动、多步等仿真，包括空间状态分析，从而得到仿真报告、状态空间报告以及各种日志文件等。通常，可采用分层建模思路，即先建立顶层抽象模型时不考虑模块细节，在建立子模块时考虑细节。同时，对部分子模块仿真模型的修改不要求对模型的整体修改，便于模型的更改和优化。

1. 智能托盘的 CTPN 网仿真模型

1）颜色集与变量定义

数量颜色集：colset NUM = INT timed。变量：var gnum，pnum，cnum:NUM。该颜色集为带有时间戳的整型信息，用于表示货物数量、托盘数量、运输车辆数量。

货物类型颜色集：colset TYPE = INT timed；变量：var gtype:TYPE。该颜色集为带有时间戳的整型信息，用于表示货物类型，为了方便观测，用 1、2、3···来表示货物类型。

收货人颜色集：colset RECEIVER = STRING timed；变量：var receiver:RECEIVER。该颜色集为字符串，用来表示收货人信息。

货物订单信息颜色集：colset REQUIRE = product NUM * STATE* RECEIVER timed。货物信息由货物数量、地点、收货人信息构成。

托盘信息颜色集：colset PALL = product NUM * NUM * TYPE * STATE * RECEIVER timed。

运输车辆信息颜色集：colset CAR = product NUM * NUM * TYPE * STATE * RECEIVER timed。

货物信息颜色集：colset GOODS = product NUM*NUM * NUM * TYPE * STATE * RECEIVER timed。

通过智能托盘与传统托盘信息对比分析，在知识共享上添加运输车辆信息、托盘信息、位置信息，模型中变迁的颜色集也会改变，具体体现在后续仿真模型中。

2）仿真模型

智能托盘下公铁联运业务流程的 CPN 仿真模型同样分为两层，顶层为主流程，如图 10.5 所示，其中仿真模型将智能托盘携带的信息内容以及能够及时更新的位置信息体现在模型中，参与者或下一步业务操作人员能够及时根据所获得的信息进行相关准备工作，图 10.6 至图 10.10 为主流程中的替换变迁所对应的子流程。

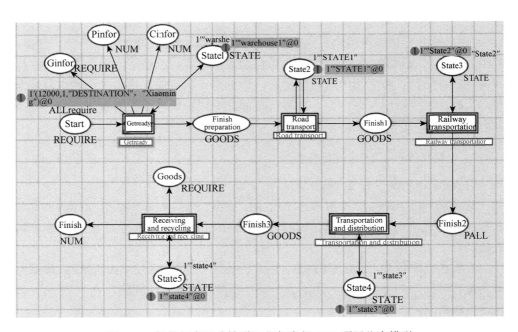

图 10.5　智能托盘下公铁联运业务流程 CPN 顶层仿真模型

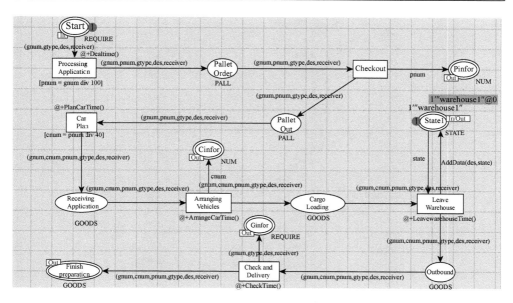

图 10.6　智能托盘下公铁联运业务流程 CPN 准备阶段仿真模型

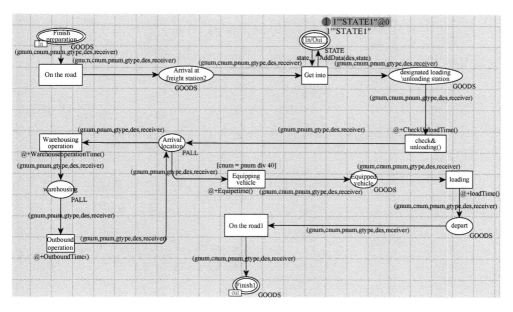

图 10.7　智能托盘下公铁联运业务流程 CPN 公路运输阶段仿真模型

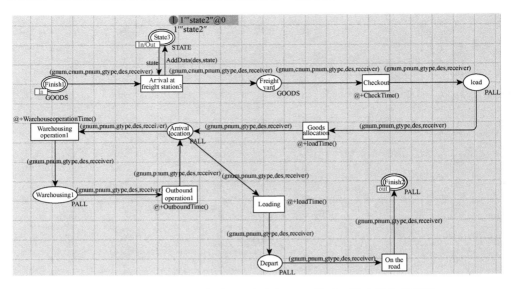

图 10.8　智能托盘下公铁联运业务流程 CPN 铁路运输阶段仿真模型

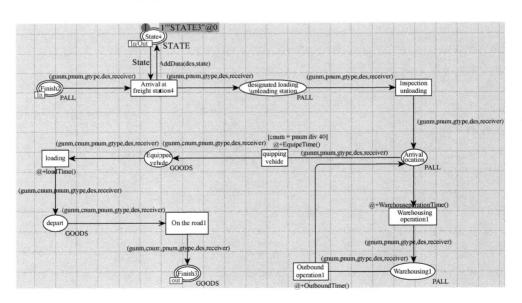

图 10.9　智能托盘下公铁联运业务流程 CPN 公路运输配送阶段仿真模型

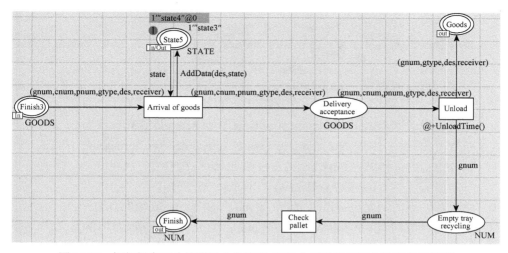

图 10.10　智能托盘下公铁联运业务流程 CPN 收货及托盘回收阶段仿真模型

智能托盘下公铁联运业务流程的主流程与传统托盘一致，但是模型中添加了一些变迁，用于实时获取相关信息，其具体内容如下。

变迁 Ginfor、Googs：表示货物相关信息，具体内容包含货物数量、类型、收货信息。

变迁 Pinfor：表示托盘数量信息。

变迁 Cinformation：表示车辆信息。

变迁 State1、State2、State3、State4、State5：均表示位置信息，当货物到达相应的地点时，该变迁用于捕捉位置信息。

2. 仿真参数设定

公铁联运业务流程是一个离散事件系统，因此其仿真模型业务流程执行事件均服从离散分布，具体设计如表 10.2 所示。

表 10.2　智能托盘下仿真模型参数设计

业务流程	参数（操作时间，单位：分钟）	业务流程	参数（操作时间，单位：分钟）
订单处理	30，60	卸载	75，85
空托盘盘点	—	入库	50，80
运输车辆准备	5，10	出库	70，90
车辆调度安排	5，10	设备就位	3，5
货物发出装车（包括验货、装盘、装车）	80，100	装载	75，85
装盘货物盘点	5，10		

注：前文中虽然提到，由于智能托盘的知识共享时，其过程中的盘点工作时间可忽略不计，但是现实中相关设备仍存在一个执行以及反应处理时间，故其时间仍符合相应的离散分布。

智能托盘下时间函数的定义如下。

实时获取位置信息函数：fun AddData(des, state) = if des<>state then des^stats else des。

订单处理时间函数：fun Dealtime() = discrete(30, 60)。

运输车辆安排时间函数：fun PlanCarTime() = discrete(5, 10)。

车辆调度时间函数：fun ArrangeCarTime() = discrete(5, 10)。

货物发出装车时间函数：fun LeavewarehouseTime() = discrete(80, 100)。

货物盘点时间函数：fun CheckTime() = discrete(5, 10)。

卸载时间函数：fun UnloadTime() = discrete(75, 85)。

盘点和卸载时间函数：fun CheckUnloadTime() = discrete(75, 85)。

入库操作时间函数：fun WarehouseperationTime() = discrete(50, 80)。

出库操作时间函数：fun OutboundTime() = discrete(70, 90)。

设备准备时间函数：fun EquipeTime() = discrete(3, 5)。

装载时间函数：fun loadTime() = discrete(75, 85)。

3. 仿真结果分析

对上述仿真模型进行仿真模拟，可以得出如表 10.3、表 10.4 所示的仿真结果。

表 10.3　智能托盘下仿真结果

仿真次数	货运站出入库/次	平均完成时间/min
15	0	718.9
15	1	852.1
15	2	964.5
15	3	1009.2

表 10.4　知识共享内容不同的情况下智能托盘的仿真结果分析

货运站出入库/次	智能托盘下平均完成时间/min	智能托盘提升的业务流程协同效率/%
0	718.9	22.6
1	852.1	22.8
2	964.5	24.3
3	1009.2	29.2

通过分析仿真结果可知，相较于使用传统托盘，使用智能托盘能够提升公铁联运业务流程协同效率 22.6%～29.9%。根据表 10.4 可知，出入库操作次数越多，智能托盘下公铁联运全过程较传统托盘提升的效率越高。综上所述，对位置信息、

货物信息的及时共享，能够有效减少相关操作流程的等待时间，提升单位运输车辆公铁联运业务流程协同效率约 24.9%，且全过程业务流程越多，知识共享提升的协同效率也越高。

10.3　公铁联运网络的铁路共用托盘调度优化

10.3.1　公铁联运网络的铁路共用托盘调度需求

本节聚焦于公铁联运托盘共用运作管理中的托盘调度问题，基于已有托盘共用系统的相关研究，探索公铁联运托盘共用中如何利用铁路完成共用托盘调度。首先分析铁路托盘调度现状与特征并给出铁路共用托盘调配的目标，其次构建时间与车辆约束下的铁路共用托盘调度模型，最后在模型优化基础上通过算例验证铁路共用托盘调度模型的有效性。

1. 铁路托盘调度的现状

托盘调度，也称托盘调配、托盘调运，是指托盘循环共用时，由于适盘货物运输流向和流量不均衡、货物发送需求剧增等原因导致货物发送点托盘备量不足，采用从托盘备量富余点调拨，补足货物发送点托盘备量欠缺的过程。托盘共用系统中，托盘调度通常需要托盘运营管理者、托盘富余点和托盘需求点等参与，包括托盘的回收、托盘的再分配和托盘运输等过程，需要具备足够的托盘富余量、运载工具及装载运输时间。托盘调度具有以下特征。

（1）供需不平衡。托盘调配的根源之一在于现有托盘的供给量与托盘的需求量之间存在差额，若现有托盘供给量小于托盘的使用需求量，则需要通过调配、购买、租赁等方式进行托盘的补充。

（2）运载能力受限。托盘调配需要使用车辆进行运输，但在调配过程中，可用运输车辆的数量与运输车辆装载量可能会存在一定的限制。

（3）时效性。托盘调配的目的是满足托盘使用的需求，而使用托盘进行货物装载通常具有一定的时间要求，因此托盘调配也具有一定的时效性。

从公铁联运托盘共用的现状可以看出，目前制约公铁联运托盘共用运作的一大因素是铁路运输系统内部未能实现托盘从"静态"使用到"动态"共用的转变。而铁路运输方面，未能进行托盘共用的主要原因在于：①托盘作为货运站点的辅助装卸搬运工具，是货运站点的"资产"，需要按时进行清算；②铁路现有托盘作为传统托盘，在运输过程中极易发生损坏或丢失；③若使用带板运输，货运站点现有托盘需要随货物发送出去，当前货运站点也会收到随货物运输而来的托盘，会造成货运站点的托盘过多或过少。

在制约铁路托盘共用的因素中，针对第①点，可以通过引入或成立托盘共用管理机构进行站点间的托盘借记管理解决，对第②点，可以考虑前期多加投入成本使用智能托盘解决，而针对第③点，则需要通过铁路托盘调配的组织管理解决。

铁路托盘调度是利用铁路运输作为运输方式的托盘调配，故具备托盘调度的所有特征，此外，铁路托盘调度还具备铁路运输的特性，包括以下几点。

（1）运输线路固定。铁路运输是在已有铁路路线网络中进行列车的开行，运输线路与运输计划相对固定，因此铁路托盘调度的运输路线也相对固定。

（2）发到时间固定。受运输列车开行计划影响，铁路托盘调度同运输列车一样，在出发地和到达地之间的运行时间相对固定。

（3）装卸能力有限。进行铁路托盘调度时，需由货物装卸搬运作业组进行装卸作业，可能会受铁路货运站点货物发送量和发送计划影响，在一定时间内可以装卸的托盘数量是有限的。

2. 铁路共用托盘调度的目标

由于铁路运输的特性，托盘调度运载车辆需沿既有路线网络进行运输，可开行路径相对固定，同时托盘发送点出发时间和托盘需求点的可到达时间在编组时即可明确，即托盘调度运输的发到时间相对固定。此外，铁路货物运输站点主要处理货物发送和货物到达及相关作业，运输货物的发货装载和到货卸载占据装卸人员的大部分工作时间，对于某些货运站点，货物装载效率影响且制约着该站点的最大货物发送能力，同时进行托盘调度属于装卸作业附加项，受到该货运站点的装卸效率影响。

因此，进行铁路托盘调度时存在富余托盘供给与托盘需求不平衡、需求站点对托盘调度到达时间有要求、托盘调度运输的出发和到达时间相对固定、托盘调度运输可选路径有限、可用运载车辆和运输能力有限、可装载托盘的数量受货运站点装卸能力影响等主要问题，此外还存在需特别满足某些站点的托盘调度需求、托盘调度数量欠缺等问题及由运输安全、国家或地区间不同运输管理规范引发的其他问题。

针对铁路托盘调度中存在的问题，在满足既有货物运输及列车开行计划的前提下，对铁路托盘调度提出以下目标。

（1）最大化满足托盘需求点所需托盘量。

（2）在托盘需求点的时限要求内进行托盘调度。

（3）在现有列车开行计划下利用可用运载车辆进行托盘调度运输。

（4）尽可能地利用货运站点的装卸能力。

（5）若托盘需求点因救灾、应援等紧急情况，需借助紧急货物运输计划优先进行托盘调配。

10.3.2　时间与车辆约束下的铁路共用托盘调度模型

1. 假设与符号定义

基于铁路托盘调度的目标，在同一区域内进行常规情况下的托盘调度，即托盘需求点不会因紧急情况需求优先调度托盘，同时托盘调度适用于同一运输管理规范，且调度过程中无安全事故，使托盘调度平稳顺利进行。

铁路托盘调度时，需在铁路路线网络中进行，对托盘调度过程做以下假设。

（1）铁路托盘调度时，需选择既有铁路路线网络作为运输路径，建模时将路线网络简化为有向图。

（2）托盘供应点（即托盘富余点）有一定的富余托盘，托盘调度时通常不开行专用列车，而是借助既有货物运输车辆和车辆开行计划进行调度运输。受货物运输列车开行计划影响，不同开行计划下托盘调度可用运载车辆和运载数量可能会不同。

（3）托盘需求点有明确的托盘需求数量和托盘调度的期望到达时间区间；托盘供应点的托盘调度实际出发时间随开行计划确定，对应托盘需求点的实际到达时间随列车开行计划和运输路线确定。

（4）若运输路线为单向通行路线，则不能逆向开行运输车辆；若运输路线为双向通行路线，则同一时间不能双向通行车辆。

（5）调度的托盘，在供应点和需求点均需进行装载，且装卸能力均有限制；若需求点的托盘调度需求量未完全满足，可就近购买/租赁新托盘，会产生较高的费用；若供应点有剩余托盘，需要保管会产生相应的费用。

（6）托盘共用中使用的均为同一类型的标准托盘，托盘调度时通常整车运输，整车车载量由车辆类型决定。

为便于模型构建，需要定义以下符号。

（1）标量。

$G = (V, E)$ 表示铁路简化网络图，$V = (v_1, v_2, \cdots, v_k, \cdots, v_n)$ 表示铁路货物运输站点，$E = (e_1, e_2, \cdots, e_m)$ 表示货运站点间的铁路路段，双线铁路对应于 2 条方向相反的单向弧，单线铁路对应于 1 条双向弧。

$i \in I = \{v_1, v_2, \cdots, v_k\}, k \leqslant n-1$ 表示托盘供给点（即托盘富余点），$j \in J = \{v_{k+1}, \cdots, v_n\}, k \leqslant n-1$ 表示托盘需求点。

（2）参数。

S_i 表示托盘供应点 $i(i \in I)$ 的供应量，$s(s = 1, 2, \cdots, l_i)$ 表示托盘供应点 i 的第 s 批次出发运输列车，出发时间为 t_{oi}^s，对应运载车辆 $V_{oi}^s = \{N_{oi}^s, \mathrm{VC}_{oi}^s, C_{oi}^s, \mathrm{VV}_{oi}^s\}$，包

含可用车厢数量 N_{oi}^{s}、每节车厢的容量 VC_{oi}^{s}、单节车厢每公里平均运输成本 C_{oi}^{s} 和车辆运行速度 VV_{oi}^{s}。

t_{oi} 表示托盘供应点 i 调度准备的初始时刻，t_{iL} 表示单位托盘装载时间；LN_i 表示同一时段可用装载组数，每个装载组同一时刻仅装载一节车厢；CL_i 表示单位托盘装载成本，h_{oi} 表示剩余托盘的库存成本。

d_j 表示托盘需求点 j 的托盘需求量，t_{jL} 表示单位托盘卸载时间，LN_j 表示同一时段可用卸载组数，每个卸载组同一时刻仅卸载一节车厢；CU_j 表示单位托盘卸载成本。

R_j 表示托盘需求点 j 向外购买/租赁托盘量（默认租赁），单位租赁成本为 r_{dj}，租赁托盘单位运输成本为 C_{dj}。

托盘需求点 j 对托盘调度到达时间有要求，ET_{dj} 表示最早期望到达时间，LT_{dj} 表示最晚期望到达时间；P_{dj} 表示调度延迟到达时单位托盘成本（即惩罚成本）。

es_m 表示路段 e_m（$m=1,2,\cdots,m_1$）的路程，ec_m 表示同一时段路段通行能力（可通行车厢数量），取值为整数；RL_{ij}^{sp}（$p=0,1,\cdots,p_1$）表示从供应点 i 到需求点 j 在 t_{oi}^{s} 时刻出发运输列车的第 p 条可选路径，可以通过供应点 i 与需求点 j 间的 K-短路形成该集合，p_1 表示运输路径的总数；若路径 RL_{ij}^{sp} 中包含路段 e_m，则路段 e_m 获得新名称，即路段 e_{ijm}^{spq}（$m=1,2,\cdots,m_1;q=1,2,\cdots,q_2,\cdots,q_1;q_1\leqslant m$），其中 q 表示运输列车通过路径 RL_{ij}^{sp} 中各路段的先后顺序，m_1 表示路网图中路段总数；q_1 表示完整运输路径 RL_{ij}^{sp} 的路段总数；q_2 表示路段 e_{ijm}^{spq} 在路径 RL_{ij}^{sp} 中处于第 q_2 位。

ρ_{ijm}^{spq} 为 0-1 变量，$\rho_{ijm}^{spq}=1$ 表示从供应点 i 到需求点 j 的第 s 批次出发运输列车的第 p 条路径经过路段 e_m，且路段 e_m 位于该路径中的第 q 位；若该路径未经过路段 e_m，则 $\rho_{ijm}^{spq}=0$，$q=0$。

（3）决策变量。

x_{ij}^{s} 表示供应点 i 到需求点 j 在第 s 批次发出的托盘调度量。

R_j 表示需求点 j 的托盘购买/租赁量。

2. 目标函数与约束

1）目标函数

进行铁路托盘调度时，由货运站点的作业、运输和管理等实际产生的费用主要可以归类至调度托盘的装卸成本、托盘调度运输成本、供应点剩余托盘库存成本和需求点向外购买/租赁托盘成本，总成本为所有作业成本之和。在时间和车辆约束下的托盘调度，其目标之一是总成本最小，得目标函数如下：

$$\min z = \sum_{i=1}^{k} \sum_{j=k+1}^{n} \sum_{s=1}^{l_i} \sum_{p=1}^{p_1} \mathrm{TN}_{oi}^s C_{oi}^s \left(\sum_{q=1}^{q_1} \sum_{m=1}^{m_1} \rho_{ijm}^{spq} \mathrm{es}_m \right) + \sum_{i=1}^{k} \left(S_i - \sum_{s=1}^{l} \sum_{j=k+1}^{n} x_{ij}^s \right) h_{oi}$$
$$+ \sum_{i=1}^{k} \left(\sum_{s=1}^{l_i} \sum_{j=k+1}^{n} x_{ij}^s \right) \mathrm{CL}_i + \sum_{j=k+1}^{n} \left(\sum_{s=1}^{l_i} \sum_{i=1}^{k} x_{ij}^s \right) \mathrm{CU}_j + \sum_{j=k+1}^{n} R_j (r_{dj} + C_{dj}) \qquad (10.17)$$

上式中等号右边第一项表示托盘调度运输成本,为各批次实际运载车厢数量、单节车厢每公里平均运输成本与运行路线距离的乘积之和;第二项表示各供应点剩余托盘的库存成本之和;第三项表示供给点的调度托盘装载成本之和;第四项表示需求点的调度托盘卸载成本之和;第五项表示需求点的托盘租赁与运输成本之和。

针对托盘需求点,对调度托盘到达时间具有一定的期望,期望时间区间为 $[\mathrm{ET}_{dj}, \mathrm{LT}_{dj}]$,托盘调度的目标是尽量在需求点期望时限内完成,得目标函数如下:

$$\min t = \sum_{j=k+1}^{n} \sum_{i=1}^{k} \sum_{s=1}^{l_i} \max \left\{ \mathrm{TD}_{ij}^s - \mathrm{LT}_{dj}, 0 \right\} + \max \left\{ \mathrm{ET}_{dj} - \mathrm{TD}_{ij}^s, 0 \right\} \qquad (10.18)$$

式中, TD_{ij}^s 为供应点 i 到需求点 j 的第 s 批次调度托盘实际到达需求点的时间。

2)供给约束

针对托盘供给点 i,发往所有需求点的托盘调度量 x_{ij}^s 之和应当小于托盘供应量 S_i,得供应量约束如下:

$$\sum_{s=1}^{l_i} \sum_{j=k+1}^{n} x_{ij}^s \leqslant S_i, i = 1, 2, \cdots, k \qquad (10.19)$$

同时,每批次托盘调度量之和应当小于该批次可用运载车辆的最大容量,得调度数量约束如下:

$$\sum_{j=k+1}^{n} x_{ij}^s \leqslant N_{oi}^s \mathrm{VC}_{oi}^s, i = 1, 2, \cdots, k; s = 1, 2, \cdots, l_i \qquad (10.20)$$

3)供给点装载能力约束

针对托盘供给点 i,其每批次装载托盘的整车数应当小于该批次最大可用车辆数。在第 s 批次时最大可装载托盘数量为 $\dfrac{(t_{oi}^s - t_{oi})\mathrm{LN}_i}{t_{iL}}$,对应车厢使用数量的最大值为 $\mathrm{INT}_i^s + 1$,其中 $\mathrm{INT}_i^s = \left[\left(\dfrac{(t_{oi}^s - t_{oi})\mathrm{LN}_i}{t_{iL}} \right) \middle/ \mathrm{VC}_{oi}^s \right]$ 为最大可装载托盘数量除以车厢装载容量的向下取整值。第 s 批次时实际装载托盘数量为 $\sum\limits_{j=k+1}^{n} x_{ij}^s$,实际装载

车厢数量为 $\mathrm{TN}_{oi}^{s} = \left[\dfrac{\sum\limits_{j=k+1}^{n} x_{ij}^{s}}{\mathrm{VC}_{oi}^{s}} \right] + 1$，得供给点的装载能力约束如下：

$$\mathrm{TN}_{oi}^{s} \leqslant \mathrm{INT}_{i}^{s} + 1 , \quad i = 1,2,\cdots,k; s = 1,2,\cdots,l_i \qquad (10.21)$$

4）需求约束

针对托盘需求点 j，收到供给点的托盘调度量 x_{ij}^{s} 和由外租赁的托盘量 R_j 之和应当满足需求量 d_j，得需求约束如下：

$$\sum_{s=1}^{l_i} \sum_{i=1}^{k} x_{ij}^{s} + R_j = d_j, j = k+1,\cdots,n \qquad (10.22)$$

5）需求点的卸载能力约束

需求点 j 的单位托盘卸载时间为 t_{jL}，每车托盘卸载平均时间为 $t_{jL}\overline{\mathrm{VC}_{oi}^{s}}$；需求点 j 对调度托盘的时间约束为 $[\mathrm{ET}_{dj}, \mathrm{LT}_{dj}]$，将约束达到区间 $[\mathrm{ET}_{dj}, \mathrm{LT}_{dj}]$ 分为单节车厢卸载的 μ_j 段时间 $\left(\mu_j = \left[\dfrac{\mathrm{LT}_{dj} - \mathrm{ET}_{dj}}{t_{jL}\overline{\mathrm{VC}_{oi}^{s}}} \right] + 1, \text{为正整数} \right)$，得到分段时间区间为 $\left[\mathrm{ET}_{dj} + \varphi_j t_{jL}\overline{\mathrm{VC}_{oi}^{s}}, \mathrm{ET}_{dj} + (\varphi_j + 1)t_{jL}\overline{\mathrm{VC}_{oi}^{s}} \right]$，其中 $\varphi_j = 0,1,\cdots,\mu_j$，若 $\varphi_j = \mu_j$ 则表示临近 LT_{dj} 时刻的最后一个时间区间。

从供应点 i 的第 s 批次出发运输列车经过第 p 条路径到需求点 j 的实际到达时间为 $\mathrm{TD}_{ij}^{s} = t_{oi}^{s} + \dfrac{\sum\limits_{q=1}^{q_1} \sum\limits_{m=1}^{m_1} \rho_{ijm}^{spq}\mathrm{es}_m}{\mathrm{VV}_{oi}^{s}}$，设置 0-1 变量 $\beta_{ij}^{s\varphi_j}$，若实际到达时间 $\mathrm{TD}_{ij}^{s} < \mathrm{ET}_{dj} + \varphi_j t_{jL}\overline{\mathrm{VC}_{oi}^{s}}$ 或 $\mathrm{TD}_{ij}^{s} > \mathrm{ET}_{dj} + (\varphi_j + 1)t_{jL}\overline{\mathrm{VC}_{oi}^{s}}$，令 $\beta_{ij}^{s\varphi_j} = 0$；若实际到达时间 $\mathrm{ET}_{dj} + \varphi_j t_{jL}\overline{\mathrm{VC}_{oi}^{s}} \leqslant \mathrm{TD}_{ij}^{s} \leqslant \mathrm{ET}_{dj} + (\varphi_j + 1)t_{jL}\overline{\mathrm{VC}_{oi}^{s}}$，令 $\beta_{ij}^{s\varphi_j} = 1$。

针对托盘需求点 j，同一时段内到达托盘接受卸载的数量应当小于最大卸载能力，即同一时段接受卸载的车厢数量应当小于参与卸载的最大作业组数，得卸载能力约束如下：

$$\sum_{i=1}^{k} \sum_{s=1}^{l_i} \beta_{ij}^{s\varphi_j} \left(\left[\frac{x_{ij}^{s}}{\mathrm{VC}_{oi}^{s}} \right] + 1 \right) \leqslant \mathrm{LN}_j \qquad (10.23)$$

$$\varphi_j = 0,1,\cdots,\mu_j; j = k+1,\cdots,n$$

6）路段分时段通行能力约束

针对路段 e_m，在同一时段可通行的运行车辆应当小于通行能力上限 ec_m。在托盘调度时，路段通行能力 ec_m 为最大可通行车厢数量。从供应点 i 到需求点 j 的第 s 批次出发运输列车经过第 p 条路径到达路段 e_m 的实际到达时间为

$$t_{ijm}^{spq_2} = t_{oi}^s + \frac{\sum_{q=1}^{q_2-1}\sum_{m=1}^{m_1}\rho_{ijm}^{spq}\mathrm{es}_m}{\mathrm{VV}_{oi}^s}，$$ 其中 q_2 表示路段 e_m 在第 p 条路径中位于第 q_2 位。$\dfrac{\mathrm{es}_m}{\mathrm{VV}_{oi}^s}$

表示运输列车通过路段 e_m 所需时间，若 $0 < \left| t_{i_1 j_1 m}^{s^1 p^1 q_2} - t_{i_2 j_2 m}^{s^2 p^2 q_2} \right| < \dfrac{\mathrm{es}_m}{\mathrm{VV}_{oi_1}^{s^1}}$，表示两辆运输

列车会在同一时段到达路段 e_m。设置 0-1 变量 $\theta_{ijm}^{spq_2}$，若 $0 < \left| t_{i_1 j_1 m}^{s^1 p^1 q_2} - t_{i_2 j_2 m}^{s^2 p^2 q_2} \right| < \dfrac{\mathrm{es}_m}{\mathrm{VV}_{oi_1}^{s^1}}$，

则 $\theta_{i_1 j_1 m}^{s^1 p^1 q_2^1} = \theta_{i_2 j_2 m}^{s^2 p^2 q_2^1} = 1$，否则均为 0。

在同一时段内，通过路段 e_m 的托盘运输列车的托盘装载车厢数量 TN_{oi}^s 之和应该低于路段通行能力 ec_m，得路段分时段通行能力约束如下：

$$\sum_{i=1}^k \sum_{j=k+1}^n \sum_{s=1}^{l_i} \sum_{p=1}^{p_1} \theta_{ijm}^{spq_2} \mathrm{TN}_{oi}^s \leq \mathrm{ec}_m，\quad m = 1,2,\cdots,m_1 \tag{10.24}$$

7）路段同时不对流约束

针对双向路段 e_m，在同一时段不可同时开行对流的运输列车，不允许运输列车同时段到达该路段，路段同时不对流约束如下：

$$\left(\sum_{i_1=1}^k \sum_{j_1=k+1}^n \sum_{s^1=1}^{l_i^1} \sum_{p^1=1}^{p_1^1} \theta_{i_1 j_1 m}^{s^1 p^1 q_2^1} x_{i_1 j_1}^{s^1} \right)\left(\sum_{i_2=1}^k \sum_{j_2=k+1}^n \sum_{s^2=1}^{l_i^2} \sum_{p^2=1}^{p_2^2} \theta_{i_2 j_2 m}^{s^2 p^2 q_2^1} x_{i_2 j_2}^{s^2} \right) = 0 \tag{10.25}$$

$$i_1,i_2 \in I; j_1, j_2 \in J; m = 1,2,\cdots,m_1$$

综上所述，采用整数规划的基本原理，构建的时间和车辆约束下的托盘调度模型如下：

$$\min z = \sum_{i=1}^k \sum_{j=k+1}^n \sum_{s=1}^{l_i} \sum_{p=1}^{p_1} \mathrm{TN}_{oi}^s C_{oi}^s \left(\sum_{q=1}^{q_1} \sum_{m=1}^{m_1} \rho_{ijm}^{spq} \mathrm{es}_m \right) + \sum_{i=1}^k \left(S_i - \sum_{s=1}^l \sum_{j=k+1}^n x_{ij}^s \right) h_{oi} \tag{10.26}$$

$$+ \sum_{i=1}^k \left(\sum_{s=1}^{l_i} \sum_{j=k+1}^n x_{ij}^s \right)\mathrm{CL}_i + \sum_{j=k+1}^n \left(\sum_{s=1}^{l_i} \sum_{i=1}^k x_{ij}^s \right)\mathrm{CU}_j + \sum_{j=k+1}^n R_j \left(r_{dj} + C_{dj} \right)$$

$$\min t = \sum_{j=k+1}^n \sum_{i=1}^k \sum_{s=1}^{l_i} \max\{\mathrm{TD}_{ij}^s - \mathrm{LT}_{dj}, 0\} + \max\{\mathrm{ET}_{dj} - \mathrm{TD}_{ij}^s, 0\} \tag{10.27}$$

$$\text{s.t.} \sum_{s=1}^{l_i} \sum_{j=k+1}^n x_{ij}^s \leq S_i, i=1,2,\cdots,k \tag{10.28}$$

$$\sum_{j=k+1}^n x_{ij}^s \leq N_{oi}^s \mathrm{VC}_{oi}^s, i=1,2,\cdots,k; s=1,2,\cdots,l_i \tag{10.29}$$

$$\text{INT}_i^s = \frac{\left(t_{oi}^s - t_{oi}\right)\text{LN}_i}{t_{iL}\text{VC}_{oi}^s} \tag{10.30}$$

$$\text{TN}_{oi}^s = \left[\frac{\sum_{j=k+1}^{n} x_{ij}^s}{VC_{oi}^s}\right] + 1, \quad i = 1, 2, \cdots, k; s = 1, 2, \cdots, l_i \tag{10.31}$$

$$\text{TN}_{oi}^s \leqslant \text{INT}_i^s + 1, \quad i = 1, 2, \cdots, k; s = 1, 2, \cdots, l_i \tag{10.32}$$

$$\sum_{s=1}^{l_i} \sum_{i=1}^{k} x_{ij}^s + R_j = d_j, j = k+1, \cdots, n \tag{10.33}$$

$$\text{TD}_{ij}^s = t_{oi}^s + \frac{\sum_{q=1}^{q_1} \sum_{m=1}^{m_1} \rho_{ijm}^{spq} \text{es}_m}{\text{VV}_{oi}^s}, \quad i = 1, \cdots, k; j = k+1, \cdots, n; s = 1, 2, \cdots, l_i; p = 1, 2, \cdots, p_1 \tag{10.34}$$

$$\overline{\text{VC}_{oi}^s} = \left(\sum_{s=1}^{l_i} \sum_{i=1}^{k} \text{VC}_{oi}^s\right)\bigg/ \sum_{i=1}^{k} l_i \tag{10.35}$$

$$\mu_j = \left[\frac{\text{LT}_{dj} - \text{ET}_{dj}}{t_{jL}\overline{\text{VC}_{oi}^s}}\right] + 1, \quad i = 1, \cdots, k; j = k+1, \cdots, n; s = 1, 2, \cdots, l_i \tag{10.36}$$

$$\beta_{ij}^{s\varphi_j} = \begin{cases} 0, \text{TD}_{ij}^s < \text{ET}_{dj} + \varphi_j t_{jL}\overline{\text{VC}_{oi}^s}\text{或}\text{TD}_{ij}^s > \text{ET}_{dj} + (\varphi_j+1)t_{jL}\overline{\text{VC}_{oi}^s} \\ 1, \text{ET}_{dj} + \varphi_j t_{jL}\overline{\text{VC}_{oi}^s} \leqslant \text{TD}_{ij}^s \leqslant \text{ET}_{dj} + (\varphi_j+1)t_{jL}\overline{\text{VC}_{oi}^s} \end{cases} \tag{10.37}$$

$$\varphi_j = 0, 1, \cdots, \mu_j$$

$$\sum_{i=1}^{k} \sum_{s=1}^{l_i} \beta_{ij}^{s\varphi_j}\left(\left[\frac{x_{ij}^s}{\text{VC}_{oi}^s}\right] + 1\right) \leqslant \text{LN}_j, \quad \varphi_j = 0, 1, \cdots, \mu_j; j = k+1, \cdots, n \tag{10.38}$$

$$t_{ijm}^{spq_2} = t_{oi}^s + \frac{\sum_{q=1}^{q_2-1} \sum_{m=1}^{m_1} \rho_{ijm}^{spq} \text{es}_m}{\text{VV}_{oi}^s}, \quad i = 1, \cdots, k; j = k+1, \cdots, n; s = 1, 2, \cdots, l_i; p = 1, 2, \cdots, p_1 \tag{10.39}$$

$$\theta_{i_1 j_1 m}^{s^1 p^1 q_2^1}, \quad \theta_{i_2 j_2 m}^{s^2 p^2 q_2^2} = \begin{cases} 1, 0 < \left|t_{i^{s^1} j_1 m}^{p^1 q_2^1} - t_{i_2 j_2 m}^{s^2 p^2 q_2^2}\right| < \dfrac{\text{es}_m}{\text{VV}_{oi_1}^{s^1}}, \quad i_1, i_2 \in I, I = \{1, 2, \cdots, k\} \\ 0, \text{其他}, \quad j_1, j_2 \in J, J = \{k+1, \cdots, n\}; s^1 \in \{1, 2, \cdots, l_i^1\}, s^2 \in \{1, 2, \cdots, l_i^2\}; \end{cases}$$

$$p^1 \in \left\{1, \cdots, p_1^1\right\}, p^2 \in \left\{1, \cdots, p_1^2\right\} \tag{10.40}$$

$$\sum_{i=1}^{k}\sum_{j=k+1}^{n}\sum_{s=1}^{l_i}\sum_{p=1}^{p_1}\theta_{ijm}^{spq_2}\mathrm{TN}_{oi}^{s}\leqslant\mathrm{ec}_m,\quad m=1,2,\cdots,m_1 \tag{10.41}$$

$$\left(\sum_{i_1=1}^{k}\sum_{j_1=k+1}^{n}\sum_{s^1=1}^{l_i^1}\sum_{p^1=1}^{p_1^1}\theta_{i_1j_1m}^{s^1p^1q_2^1}x_{i_1j_1}^{s^1}\right)\left(\sum_{i_2=1}^{k}\sum_{j_2=k+1}^{n}\sum_{s^2=1}^{l_i^2}\sum_{p^2=1}^{p_2^2}\theta_{i_2j_2m}^{s^2p^2q_2^2}x_{i_2j_2}^{s^2}\right)=0, \tag{10.42}$$

$$i_1,i_2\in I;j_1,j_2\in J;m=1,2,\cdots,m_1$$

$$x_{ij}^{s}\geqslant0,R_j\geqslant0\quad(\text{且为整数}) \tag{10.43}$$

其中，式（10.26）和式（10.27）为目标函数，式（10.28）和式（10.29）为供给约束，式（10.30）～式（10.32）为供给点装载能力约束，式（10.33）为需求约束，式（10.34）～式（10.38）为需求点卸载能力约束，式（10.39）～式（10.41）为路段分时段通行能力约束，式（10.42）为双向路段同时段不对流约束，式（10.43）为决策变量非负取整约束，模型中所有"[*]"均为向下取整函数。

10.3.3　共用托盘调度模型优化与算例验证

1. 目标函数优化

在时间与车辆约束下的托盘调度模型中，成本目标函数和时间目标函数均为同时求最优值，对模型求解会产生一定难度。分析时间目标可发现，若调度托盘实际到达需求点的时间超出需求点的时间预期，会对需求点的作业和管理产生负担，因此考虑付出调度托盘超过期望时间范围的惩罚成本 P_{dj}，利用惩罚函数并给予较高的惩罚成本 P_{dj} 将时间目标函数划归到成本目标函数，从而实现将双目标优化模型转化为单目标优化模型，可得成本目标函数如下：

$$\min z=\sum_{i=1}^{k}\sum_{j=k+1}^{n}\sum_{s=1}^{l_i}\sum_{p=1}^{p_1}\mathrm{TN}_{oi}^{s}C_{oi}^{s}\left(\sum_{q=1}^{q_1}\sum_{m=1}^{m_1}\rho_{ijm}^{spq}\mathrm{es}_m\right)+\sum_{i=1}^{k}\left(S_i-\sum_{s=1}^{l}\sum_{j=k+1}^{n}x_{ij}^{s}\right)h_{oi}$$

$$+\sum_{i=1}^{k}\left(\sum_{s=1}^{l_i}\sum_{j=k+1}^{n}x_{ij}^{s}\right)\mathrm{CL}_i+\sum_{j=k+1}^{n}\left(\sum_{s=1}^{l_i}\sum_{i=1}^{k}x_{ij}^{s}\right)\mathrm{CU}_j+\sum_{j=k+1}^{n}R_j(r_{dj}+C_{dj})+\sum_{j=k+1}^{n}\sum_{s=1}^{l_i}\sum_{i=1}^{k}\delta_{ij}^{s}x_{ij}^{s}P_{dj} \tag{10.44}$$

式中，新增的 $\sum_{j=k+1}^{n}\sum_{s=1}^{l_i}\sum_{i=1}^{k}\delta_{ij}^{s}x_{ij}^{s}P_{dj}$ 为需求点所需调度托盘延迟到达的惩罚成本之和，δ_{ij}^{s} 为 0-1 变量，若供应点 i 到需求点 j 的第 s 批次调度托盘延迟到达需求点，则 $\delta_{ij}^{s}=1$，否则 $\delta_{ij}^{s}=0$，取值约束如下：

$$\delta_{ij}^s = \begin{cases} 0, & \mathrm{ET}_{ij}^s \leqslant \mathrm{TD}_{ij}^s \leqslant \mathrm{LT}_{ij}^s \\ 1, & \mathrm{TD}_{ij}^s > \mathrm{LT}_{ij}^s \text{或} \mathrm{TD}_{ij}^s < \mathrm{ET}_{ij}^s \end{cases} \tag{10.45}$$

2. 需求点卸载能力约束优化

在需求点卸载能力约束中，需求点 j 可用卸载作业组数为 LN_j，可将期望到达时间区间 $[\mathrm{ET}_{dj}, \mathrm{LT}_{dj}]$ 分为单节车厢卸载的 μ_j 段时间，其中 $\mu_j = \left\lceil \dfrac{\mathrm{LT}_{dj} - \mathrm{ET}_{dj}}{t_{jL} \overline{\mathrm{VC}_{oi}^s}} \right\rceil + 1$，使用的 $\overline{VC_{oi}^s}$ 为所有可用装载车厢的平均容量，容易出现的问题包括装载车厢未必全部使用和车厢可能未满载等，因此造成 μ_j 存在一定误差，从而对分段时间区间 $\left[\mathrm{ET}_{dj} + \varphi_j t_{jL} \overline{\mathrm{VC}_{oi}^s}, \mathrm{ET}_{dj} + (\varphi_j + 1) t_{jL} \overline{\mathrm{VC}_{oi}^s} \right]$（$\varphi_j = 0,1,\cdots,\mu_j$）的大小有较大影响。此外，不满载的运载车厢卸载用时必然小于分段区间，留有时间盈余。因此，为减少可用卸载组数的建模误差造成的对决策变量 x_{ij}^s 的影响，虚设 α_j（$0 \leqslant \alpha_j < 1$），用于可用卸载组数的弹性取值，实际表现为在分段区间 $\left[\mathrm{ET}_{dj} + \varphi_j t_{jL} \overline{\mathrm{VC}_{oi}^s}, \mathrm{ET}_{dj} + (\varphi_j + 1) t_{jL} \overline{\mathrm{VC}_{oi}^s} \right]$ 到达的调度运载车辆，可在区间内进行排队等候卸载，排队等候时间不计延迟和惩罚，则需求点卸载能力约束变为

$$\sum_{i=1}^{k} \sum_{s=1}^{l_i} \beta_{ij}^{s\varphi_j} \left(\left\lceil \frac{x_{ij}^s}{\mathrm{VC}_{oi}^s} \right\rceil + 1 \right) \leqslant \mathrm{LN}_j (1 + \alpha_j) \tag{10.46}$$

$$0 \leqslant \alpha_j < 1; \varphi_j = 0,1,\cdots,\mu_j; j = k+1,\cdots,n$$

式中，虚拟值 α_j（$0 \leqslant \alpha_j < 1$）可根据实际托盘调度要求和需求点可供运载车厢排队数量进行确定。

3. 路段通行时间优化

在计算路段通行时间的过程中，仅考虑路段通行时间为路段路程 es_m 和实际运输列车运行速度 VV_{oi}^s 的比值，并依据路段通行时间来计算运输列车到达路段 e_m 和需求点 j 的实际时间。和现实货物运输过程相比，该计算方法还存在一定的误差，如现实中存在货物运输列车可在货物运输站点暂时停靠等待作业或让行，也存在在站点间暂时停靠让行等情况，该部分时间在建模过程中尚未予以考虑，会产生时间误差。因此，对路段 e_m 虚设时间误差弹性系数 et_m，作用在路程 es_m 上，表示由于运输列车在货运站点停靠或运输路线中停靠所占用的时间。因此，加入时间误差弹性系数 et_m 后，运输列车到达路段 e_m 的实际时间为

$$t_{ijm}^{spq_2} = t_{oi}^s + \frac{\sum\limits_{q=1}^{q_2-1}\sum\limits_{m=1}^{m_1}\rho_{ijm}^{spq}\,\text{es}_m(1+\text{et}_m)}{\text{VV}_{oi}^s} \tag{10.47}$$

$$i = 1,\cdots,k; j = k+1,\cdots,n; s = 1,2,\cdots,l_i; p = 1,2,\cdots,p_1$$

式中，et_m 的取值为 $\text{et}_m \geqslant 0$，通过对路段及路段两端货运站点一段时间的货运列车暂停时间数据进行分析，可更准确地确定 et_m 的取值。对路段通行时间进行优化，间接地对路段分时段通行能力产生积极影响，避免因为理论路段通行时间造成实际调度过程中的路段通行能力超限和实际运输时间超限。同时，运输列车到达需求点 j 的实际时间优化为

$$\text{TD}_{ij}^s = t_{oi}^s + \frac{\sum\limits_{q=1}^{q_1}\sum\limits_{m=1}^{m_1}\rho_{ijm}^{spq}\,\text{es}_m(1+\text{et}_m)}{\text{VV}_{oi}^s} \tag{10.48}$$

$$i = 1,\cdots,k; j = k+1,\cdots,n; s = 1,2,\cdots,l_i; p = 1,2,\cdots,p_1$$

4. 算例分析

1）参数赋值

假定在铁路托盘共用中，某区域内共用 6 个适盘货物运输站点，其中 V_1、V_2 为托盘供给点，提供富余托盘，V_3、V_4、V_5、V_6 为托盘需求点。货运站点及运输线路相对位置如图 10.11 所示，其中路段 e_1、e_2、e_3、e_4 为单向通行路线，e_5、e_6、e_7、e_8 为双向通行路线，各路段的路程与通行能力如表 10.5 所示，算例中暂不考虑各路段的时间误差弹性系数。路网简化图 $G = (V, E)$，其中，$V = \{V_1, V_2, V_3, V_4, V_5, V_6\}$，$E = \{e_1, e_2, e_3, e_4, e_5, e_6, e_7, e_8\}$。

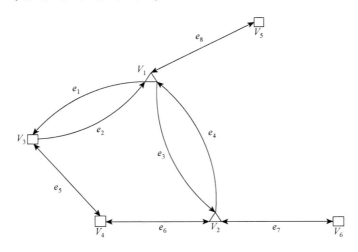

图 10.11 托盘调度货运站点与路段通行图

表 10.5 路段路程与通行能力

路段 e_m	路程 es_m /km	通行能力 ec_m /车
e_1	120	6
e_2	120	6
e_3	160	8
e_4	160	8
e_5	100	4
e_6	80	4
e_7	150	6
e_8	120	4

对于托盘供给点 V_1，可供给托盘量 S_1 为 5000 片，单位托盘剩余成本 h_{o1} 为 2 元，单位托盘装载成本 CL_1 为 0.15 元，单位托盘装载时间 t_{1L} 为 0.0025 h（小时），可用装载组数 LN_1 为 4 组。可选发送批次总数 $l_1 = 5$，各发送批次对应的出发时间、开行路线和可用装载车辆信息如表 10.6 所示，初始时刻 t_{o1} 为 10:00。

表 10.6 供给点 V_1 托盘调度发送批次及参数

时间 t_{o1}^s	列车开行路线	经过需求点	车厢数量 N_{o1}^s /节	车厢容量 VC_{o1}^s /(个/车)	运输成本 C_{o1}^s /(元/车·km)	速度 VV_{o1}^s /(km/h)
11:00（$s = 1$）	e_3—e_7	$j = 6$	4	390	0.13	60
12:00（$s = 2$）	e_1—e_5—e_6—e_7	$j = 3, 4, 6$	6	390	0.13	60
	e_3—e_6—e_5	$j = 3, 4$				
13:00（$s = 3$）	e_1—e_5—e_6	$j = 3, 4$	3	300	0.11	60
15:00（$s = 4$）	e_3—e_6	$j = 4$	2	390	0.13	60
15:30（$s = 5$）	e_8	$j = 5$	1	390	0.13	60

对于托盘供给点 V_2，可供给托盘量 S_2 为 5500 片，单位托盘剩余成本 h_{o2} 为 2 元，单位托盘装载成本 CL_2 为 0.15 元，单位托盘装载时间 t_{2L} 为 0.0025 h（小时），可用装载组数 LN_2 为 4 组。可选发送批次总数 $l_2 = 6$，各发送批次对应的出发时间、开行路线和可用装载车辆信息如表 10.7 所示，初始时刻 t_{o2} 为 10:00。

表 10.7 供给点 V_2 托盘调度发送批次及参数

时间 t_{o2}^s	列车行车路线	经过需求点	车厢数量 N_{o2}^s /节	车厢容量 VC_{o2}^s /(个/车)	运输成本 C_{o2}^s /(元/车·km)	速度 VV_{o2}^s /(km/h)
10:30（$s = 1$）	e_6—e_5—e_2—e_8	$j = 3, 4, 5$	4	390	0.13	60
11:30（$s = 2$）	e_4—e_8	$j = 5$	2	300	0.11	60

续表

时间 t_{o2}^s	列车行车路线	经过需求点	车厢数量 N_{o2}^s /节	车厢容量 VC_{o2}^s /(个/车)	运输成本 C_{o2}^s /(元/车·km)	速度 VV_{o2}^s /(km/h)
12:30（$s=3$）	e_4—e_1—e_5	$j=3,4$	4	300	0.11	60
13:00（$s=4$）	e_6—e_5	$j=3,4$	2	300	0.11	60
14:00（$s=5$）	e_4—e_1	$j=3$	2	390	0.13	60
15:00（$s=6$）	e_7	$j=6$	2	390	0.13	60

对于托盘需求点 V_3、V_4、V_5、V_6，各需求点的需求量 d_j、期望到达时间[ET_{dj}，LT_{dj}]、向外租赁托盘的单位租赁成本 r_{dj}、租赁托盘单位运输成本 C_{dj}、调度托盘的单位卸载时间 t_{jL}、单位托盘卸载成本 CU_j、可用卸载组数 LN_j 和可用卸载组数弹性系数 α_j 的取值分别如表 10.8 所示。对于调配托盘超过期望时间范围的惩罚成本 P_{dj}，给予较高的惩罚成本，以保证托盘调度的实际到达时间能符合各需求点的期望到达时间，令 $P_{dj}=30$（$j=3,4,5,6$）。

表 10.8　各托盘需求点托盘调度与托盘租赁的参数

需求点 j	需求量 d_j	最早时间 ET_{dj}	最晚时间 LT_{dj}	单位租赁成本 r_{dj} /(元/片)	单位运输成本 C_{dj} /(元/片)	单位卸载成本 CU_j /(元/片)	单位卸载时间 t_{jL} /h	卸载组数 LN_j /组	弹性系数 α_j
$j=3$	3200	14:30	18:00	15	0.9	0.05	0.0012	5	0.2
$j=4$	3950	16:00	20:00	15	0.9	0.05	0.0012	5	0.2
$j=5$	1500	16:00	18:00	15	1.0	0.05	0.0012	3	0.35
$j=6$	2280	16:00	18:30	15	1.0	0.05	0.0012	4	0.25

2）算例求解与结果

依据算例假设，使用交互式的线性和通用优化求解器 Lingo 软件编写程序求解，它是美国 LINDO 系统公司（LINDO System Inc）推出的用于求解最优化问题的软件，可以求解线性、非线性或方程组等问题。运用 Lingo 软件得到最优解方案，如表 10.9 所示。

表 10.9　满足托盘调度需求的最优托盘调度方案

需求点 j	接受的调配量 x_{ij}^s	调配路线 RL_{ij}^{sp}	租赁托盘量 R_j
$j=3$	$x_{13}^3=231$	e_3—e_6—e_5	$R_3=765$
	$x_{13}^4=517$	e_1	
	$x_{23}^1=1048$	e_6—e_5	

需求点 j	接受的调配量 x_{ij}^s	调配路线 RL_{ij}^{sp}	租赁托盘量 R_j
$j=3$	$x_{23}^3=40$	$e_4\!-\!e_1$	$R_3=765$
	$x_{23}^4=599$	$e_6\!-\!e_5$	
$j=4$	$x_{14}^2=938$	$e_3\!-\!e_6$	$R_4=692$
	$x_{14}^4=382$	$e_1\!-\!e_5$	
	$x_{14}^5=779$	$e_3\!-\!e_6$	
	$x_{24}^3=1159$	$e_4\!-\!e_1\!-\!e_5$	
$j=5$	$x_{15}^*=390$	e_8	$R_5=0$
	$x_{25}^1=511$	$e_6\!-\!e_5\!-\!e_2\!-\!e_8$	
	$x_{25}^2=599$	$e_4\!-\!e_8$	
$j=6$	$x_{16}^1=1501$	$e_3\!-\!e_7$	$R_6=0$
	$x_{26}^e=779$	e_7	

依据最优托盘调度方案，可得最低总成本为 $z=28\,127.1$ 元，调度运输到达时间均满足各自需求点期望到达时间区间，目标函数 $t=0$。供给点 i 的托盘发送量与剩余量及相应成本、需求点 j 的托盘调度量与租赁量及相应的成本，分别如表 10.10 和表 10.11 所示。

表 10.10　供给点的托盘发送量、剩余量及相应成本

供给点 i	托盘发送量/片	调配运输与装卸成本/元	托盘剩余量/片	剩余托盘库存成本/元
$i=1$	4738	1434	262	524
$i=2$	4735	1472.8	765	1530

表 10.11　需求点的托盘调度量、租赁量及相应成本

需求点 j	接受调配量/片	托盘租赁量/片	托盘租赁与运输成本/元	惩罚成本/元
$j=3$	2 435	765	12 163.5	0
$j=4$	3 258	692	11 002.8	0
$j=5$	1 500	0	0	0
$j=6$	2 280	0	0	0

分析算例与最优托盘调度方案可知，算例求解结果存在两个主要问题：①供

给点留有较多的剩余托盘；②需求点向外租赁较多的托盘，致使托盘租赁成本和总成本均偏高。出现上述问题的原因在于：①算例中需求点需求托盘总量和（10 930 片）大于供给点供给托盘总量和（10 500 片），供需总量不平衡，需求点必定会向外租赁托盘；②算例中各需求点均有各自的期望到达时间[ET_{dj} , LT_{dj}]，较高的惩罚成本要求调度托盘必须在期望时间到达才能满足总成本最小，需求点租赁托盘的成本小于调度托盘早到/迟到的惩罚成本，因此供给点留有较多的剩余托盘，同时需求点向外租赁较多的托盘。

从上述分析可知，通过根据实际情况调节需求点期望到达时间[ET_{dj} , LT_{dj}]、惩罚成本 P_{dj} 或在成本目标函数中对各成本进行权重赋值，可以得到具有不同侧重的符合实际条件的最优托盘调度方案。同时亦说明本节中所建立的托盘调度模型是有效的，可用于辅助决策者制订合理的托盘调度方案。

参 考 文 献

[1] 李佳宾, 朱秀梅, 汤淑琴. 知识共享研究述评与未来展望[J]. 情报科学, 2019, 37(5): 166-172.

[2] Agarwal U A, Anantatmula V. Psychological safety effects on knowledge sharing in project teams[J]. IEEE Transactions on Engineering Management, 2023, 70(11): 3876-3886.

[3] 徐锐. 企业变革中的业务流程分析与优化[J]. 信息技术与信息化, 2010(3): 21-25.

[4] Niedermann F, Schwarz H. Deep business optimization: Making business process optimization theory work in practice[C]//International Workshop on Business Process Modeling, Development and Support, International Conference on Exploring Modeling Methods for Systems Analysis and Design. Berlin, Heidelberg: Springer, 2011: 88-102.

[5] Tsakalidis G, Vergidis K. Towards a comprehensive business process optimization framework[C]//2017 IEEE 19th Conference on Business Informatics(CBI). Thessaloniki, Greece. IEEE, 2017: 129-134.

[6] 黄忱, 虞诗强. 传统企业数字化转型与业务协同的策略研究[J]. 经济问题探索, 2023(3): 68-78.

[7] Ouyang C, Dumas M, van der Aalst W M P, et al. From business process models to process-oriented software systems[J]. ACM Transactions on Software Engineering and Methodology, 2009, 19(1): 1-37.

[8] 范玉顺. 工作流管理技术基础[M]. 北京: 清华大学出版社, 2001.

[9] 曾炜, 阎保平. 工作流模型研究综述[J]. 计算机应用研究, 2005, 22(5): 11-13.

[10] 孟广学. 基于 Petri 网的工作流模型的研究与分析[D]. 成都: 电子科技大学, 2012.

[11] 黄俊飞, 刘杰. 区块链技术研究综述[J]. 北京邮电大学学报, 2018, 41(2): 1-8.

[12] Yin W S. Standard model of knowledge representation[J]. Frontiers of Mechanical Engineering, 2016, 11(3): 275-288.

[13] 田玲, 张谨川, 张晋豪, 等. 知识图谱综述: 表示、构建、推理与知识超图理论[J]. 计算机应用, 2021, 41(8): 2161-2186.

[14] Li Z, Liu X, Wang X, et al. TransO: A knowledge-driven representation learning method with ontology information constraints[J]. World Wide Web, 2023, 26(1): 297-319.

[15] 潘理虎, 张佳宇, 张英俊, 等. 煤矿领域知识图谱构建[J]. 计算机应用与软件, 2019, 36(8): 47-54.

[16] 王杨, 许闪闪, 李昌, 等. 基于支持向量机的中文极短文本分类模型[J]. 计算机应用研究, 2020, 37(2): 347-350.

[17] 刘鹏程, 孙林夫. 基于第三方云平台的服务价值链多链知识图谱构建[J]. 计算机集成制造系统, 2022, 28(2): 612-627.

[18] 张吉祥, 张祥森, 武长旭, 等. 知识图谱构建技术综述[J]. 计算机工程, 2022, 48(3): 23-37.

[19] 李阳, 高大启. 知识图谱中实体相似度计算研究[J]. 中文信息学报, 2017, 31(1): 140-146.

[20] 黄刚. 知识图谱构建方法及其在油气勘探开发领域应用研究[D]. 大庆: 东北石油大学, 2019.

[21] 岳昆, 阚伊戎, 王钰杰, 等. 面向电子商务应用的知识图谱关联查询处理[J]. 计算机集成制造系统, 2020, 26(5): 1326-1335.

[22] 王静. 知识异质性、知识协同与团队创造力的关系研究[D]. 武汉: 武汉理工大学, 2020.

[23] Rasan N E, Mani D K. A survey on feature extraction techniques[J]. International Journal of Innovative Research in Computer and Communication Engineering, 2015, 3(1): 52-55.

[24] Maulud D, Abdulazeez A M. A review on linear regression comprehensive in machine learning[J]. Journal of Applied Science and Technology Trends, 2020, 1(2): 140-147.

[25] 张荣荣, 李永明. 犹豫直觉模糊集的知识测度及其应用[J]. 计算机工程与科学, 2019, 41(11): 2017-2026.

[26] 曹准, 李永建. 采用复合学习时间的复杂任务知识量测度[J]. 科技进步与对策, 2016, 33(15): 106-110.

[27] Kankanhalli A, Tan B C Y. Knowledge management metrics[J]. International Journal of Knowledge Management, 2005, 1(2): 20-32.

[28] Guo K H, Xu H. A unified framework for knowledge measure with application: from fuzzy sets through interval-valued intuitionistic fuzzy sets[J]. Applied Soft Computing, 2021, 109: 107539.

[29] Liu C, Zhang Q P, Shan W. Evolution game analysis of knowledge-sharing based on organization knowledge structure[C]//2009 International Conference on Management Science and Engineering. Moscow, Russia. IEEE, 2009: 1110-1115.

[30] Gnyawali D R, Ryan Charleton T. Nuances in the interplay of competition and cooperation: towards a theory of coopetition[J]. Journal of Management, 2018, 44(7): 2511-2534.

[31] Movahedian-Attar F. A participative method to improve knowledge absorption capacity in collaborative innovation projects[C]//2016 IEEE Tenth International Conference on Research Challenges in Information Science(RCIS). Grenoble, France. IEEE, 2016: 1-6.

[32] Sjödin D, Frishammar J, Thorgren S. How individuals engage in the absorption of new external knowledge: a process model of absorptive capacity[J]. Journal of Product Innovation Management, 2019, 36(3): 356-380.

[33] 吴悦, 李小平, 涂振洲, 等. 知识流动视角下动态能力影响产学研协同创新过程的实证研究[J]. 科技进步与对策, 2020, 37(8): 115-123.

[34] Jean R J B, Sinkovics R R, Hiebaum T P. The effects of supplier involvement and knowledge protection on product innovation in customer-supplier relationships: a study of global automotive suppliers in China[J]. Journal of Product Innovation Management, 2014, 31(1): 98-113.

[35] Katok E, Pavlov V. Fairness in supply chain contracts: a laboratory study[J]. Journal of Operations Management, 2013, 31(3): 129-137.

[36] 叶宝忠. 组织公平与信任对知识共享的影响研究[J]. 技术经济与管理研究, 2014(9): 27-31.

[37] Rutten W, Blaas-Franken J, Martin H. The impact of(low)trust on knowledge sharing[J]. Journal of Knowledge Management, 2016, 20(2): 199-214.

[38] 刘柳. 物流产业集群企业间信任的影响因素分析: 基于网络嵌入视角[J]. 商业经济研究, 2021(3): 103-106.

[39] 林挺, 张诗朦, 韩薇薇. 信任对供应链知识共享影响效果的差异性荟萃分析[J]. 商业经济研究, 2019(14): 9-12.

[40] 王萌, 王靖婷, 江胤霖, 等. 人机混合的知识图谱主动搜索[J]. 计算机研究与发展, 2020, 57(12): 2501-2513.

[41] 徐进. 基于知识情境的项目知识表示与推荐方法研究[D]. 成都: 西南交通大学, 2015.

[42] 国家市场监督管理总局, 国家标准化管理委员会. 物流术语: GB/T 18354—2021[S]. 北京: 中国标准出版社, 2021.

[43] Gu J X, Goetschalckx M, McGinnis L F. Research on warehouse operation: a comprehensive review[J]. European Journal of Operational Research, 2007, 177(1): 1-21.

[44] 邬益男, 战洪飞, 余军合. 面向业务问题求解的知识情境集成建模方法研究[J]. 软科学, 2018, 32(3): 134-138, 144.

[45] Choy K L, Ho G T S, Lee C K H. A RFID-based storage assignment system for enhancing the efficiency of order picking[J]. Journal of Intelligent Manufacturing, 2017, 28(1): 111-129.

[46] Urh B, Zajec M, Kern T, et al. Structural indicators for business process redesign efficiency assessment[C]//Hamrol A, Grabowska M, Maletic D, et al. International Scientific-Technical Conference MANUFACTURING. Berlin, Heidelberg: Springer, 2019: 16-32.

[47] 李志民, 赵一丁. 基于工作流的大型仓库物流监控系统设计[J]. 现代电子技术, 2016, 39(6): 66-69.

[48] 崔鹏. 基于工作流的仓储管理系统设计及关联仿真[D]. 成都: 西南交通大学, 2020.

[49] 雷斌, 王菀莹, 赵佳欣. 货位分配优化研究综述[J]. 计算机工程与应用, 2021, 57(1): 48-55.

[50] 彭小利, 郑林江, 蒲国林, 等. 制造物联环境下智能仓库货位分配模型[J]. 计算机应用研究, 2018, 35(1): 24-30.

[51] 刘庭煜, 汪惠芬, 贾可存, 等. 基于多维情境本体匹配的产品开发过程业务产物智能推荐技术[J]. 计算机集成制造系统, 2016, 22(12): 2727-2750.

[52] 张亮, 任亚茹, 李梦茹, 等. 基于团队科研—知识应用情境匹配的数字图书馆知识推荐方法研究[J]. 情报杂志, 2021, 40(2): 195-200.

[53] Algergawy A, Nayak R, Saake G. XML Schema element similarity measures: A Schema matching context[C]//OTM Confederated International Conferences "On the Move to Meaningful Internet Systems". Berlin, Heidelberg: Springer, 2009: 1246-1253.

[54] 杨天剑, 吕廷杰. 基于广义随机 Petri 网的供应链订货提前期建模[J]. 北京邮电大学学报, 2007, 30(3): 40-44.

[55] Du Y H, Yu Z, Yang B Y, et al. Modeling and simulation of time and value throughputs of data-aware workflow processes[J]. Journal of Intelligent Manufacturing, 2019, 30(6): 2355-2373.

[56] 陈相汝. 集装箱公铁联运流程优化[D]. 成都: 西南交通大学, 2015.

[57] 潘常虹, 范厚明. 集装箱多式联运系统的 Petri 网建模及其性能分析[J]. 铁道运输与经济, 2015, 37(3): 59-63, 88.

[58] Kurganov V, Gryaznov M, Dorofeev A. Management of transportation process reliability based on an ontological model of an information system[J]. Transportation Research Procedia, 2018, 36: 392-397.

[59] 吕雪婷, 贾瑞生, 孙惠惠. 证据冲突下 D-S 融合算法的改进[J]. 系统仿真学报, 2013, 25(3): 571-574.

[60] Xiao F Y, Cao Z H, Jolfaei A. A novel conflict measurement in decision-making and its application in fault diagnosis[J]. IEEE Transactions on Fuzzy Systems, 2021, 29(1): 186-197.

[61] Jarwar M A, Ali S, Chong I. Microservices based linked data quality model for buildings energy management services[J]. Proceedings of Symposium of the Korean Institute of Communications and Information Sciences, 2019: 640-643.

[62] 杨玉基, 许斌, 胡家威, 等. 一种准确而高效的领域知识图谱构建方法[J]. 软件学报, 2018, 29(10): 2931-2947.

[63] Suárez-Figueroa M C, Gómez-Pérez A, Fernández-López M. The NeOn methodology for ontology engineering[C]//Ontology Engineering in A Networked World. Berlin, Heidelberg: Springer, 2011: 9-34.

[64] Morais G, Adda M. OMSAC-ontology of microservices architecture concepts[C]//2020 11th IEEE Annual Information Technology, Electronics and Mobile Communication Conference(IEMCON). Vancouver, BC, Canada. IEEE, 2020: 293-301.

[65] Garriga M. Towards a taxonomy of microservices architectures[C]. Software Engineering and Formal Methods: SEFM 2017 Collocated Workshops, Trento, Italy, 2017.

[66] Steindl G, Kastner W. Semantic microservice framework for digital twins[J]. Applied Sciences, 2021, 11(12): 5633.

[67] 田阳, 陈智罡, 宋新霞, 等. 区块链在供应链管理中的应用综述[J]. 计算机工程与应用, 2021, 57(19): 70-83.

[68] 李刚, 扶明亮. 区块链技术在供应链中的应用: 理论述评与研究展望[J]. 供应链管理, 2021, 2(11): 21-34.

[69] Collier Z A, Sarkis J. The zero trust supply chain: Managing supply chain risk in the absence of trust[J]. International Journal of Production Research, 2021, 59(11): 3430-3445.

[70] 杨川, 蹇明, 邱小平. 基于区块链的多仓储标准化集成管理系统与控制方法: CN115660543A[P]. 2023-01-31.

[71] 金炜. W 食品企业自动化立库仓储优化研究[D]. 无锡: 江南大学, 2022.

[72] 许圣雪. 不确定需求下第三方仓储作业资源配置研究[D]. 徐州: 中国矿业大学, 2020.

[73] 刘亚辉, 申兴旺, 顾星海, 等. 面向柔性作业车间动态调度的双系统强化学习方法[J]. 上海交通大学学报, 2022, 56(9): 1262-1275.

[74] 杨玮, 吴莹莹, 王婷. 子母式穿梭车仓储系统配置优化问题研究[J]. 计算机工程与应用, 2021, 57(4): 258-265.

[75] 于振华. 基于 LSTM 需求预测的库存控制方法: 以 W 企业铝材产品为例[D]. 大连: 东北财经大学, 2022.

[76] Ragin C C. Fuzzy sets: calibration versus measurement[J]. Methodology Volume of Oxford Handbooks of Political Science, 2007, 2: 174-198.

[77] De Siqueira Braga D, Niemann M, Hellingrath B, et al. Survey on computational trust and reputation models[J]. ACM Computing Surveys, 2018, 51(5): 1-40.

[78] Hao C C, Du Q, Huang Y D, et al. Evolutionary game analysis on knowledge-sharing behavior in the construction supply chain[J]. Sustainability, 2019, 11(19): 5319.

[79] 姚书杰. 从劳动分工到知识分工: 物流组织结构演变——基于中国物流组织变迁[J]. 云南社会科学, 2012(1): 114-118.

[80] 陈树彬, 周殿佩. 铁路集装化运输在我国蓬勃发展[J]. 铁道知识, 1990(3): 6-7.

[81] 邱小平, 陈怡静, 车恒夫, 等. 无车承运人参与下的公铁联运物流服务协同形成机理[J]. 北京交通大学学报, 2018, 42(3): 1-9.

[82] 蔡冬松, 毕达天, 周浩. 产学研共同体信息供应链网络的信息传递效率研究[J]. 情报理论与实践, 2013, 36(9): 7-12.

[83] Canavari M, Fritz M, Hofstede G J, et al. The role of trust in the transition from traditional to electronic B2B relationships in agri-food chains[J]. Computers and Electronics in Agriculture, 2010, 70(2): 321-327.

[84] 吴聪, 杨建辉. 基于改进粒子群算法的物流配送车辆调度优化[J]. 计算机工程与应用, 2015, 51(13): 259-262.